칼빈의 기독교강요 개설

나 용 화 著

기독교문서선교회

Calvin: Institutes of the Christian Religion

By

Yong Wha Na

1992

Christian Literature Crusade

Seoul, Korea

저자의 말

　권위주의의 노예가 되어 불법과 타락과 사치와 방탕의 늪에 빠져있던 중세 로마카톨릭 교회를 개혁하기 위해 일어났던 루터와 칼빈은 무엇보다 진정한 권위의 회복을 위해 노력하였다. 이를 위하여 그들은 성경의 신적 권위 회복에 전심전력하였던 것이다. 성경의 신적권위 앞에서 모든 인간은 순종해야 하며, 이로써 진리가 주는 자유와 생명을 체험하고, 권위주의의 굴레로부터 해방을 누리게 될 수 있기 때문이었다.
　오늘의 시대는 권위부재의 현상이 두드러진다. 하나님도, 성경도 그 권위를 인정받지 못하고 어떠한 인간의 권위도 거부되고 있다. 이로써, 범신론적 혼합주의가 득세하고, 자기 목소리를 갖는 사람이 출세하며, 사람마다 자기 생각에 좋을 대로 편리하게 살려고 한다. 그런 까닭에 참종교가 변질되고, 가치기준이 흔들리며, 도덕도 타락되어가고 있는 것이다.
　오늘의 이같은 권위부재 현상과 그것으로 말미암아 생겨난 각종 사회병리 현상을 치료하는 길은 성경과 그것의 저자이신 하나님의 권위회복 운동에 있다. 이같은 운동은 칼빈의『기독교강요』에 대한 깊은 연구와 이해를 요구한다. 이에 필자는 칼빈의 저서를 일반 독자들이 쉽게 접근할 수 있도록 하기 위하여 개략적인 설명을 시도해 보았다.
　지금까지 칼빈의『기독교강요』가 완역출간되었을 뿐만 아니라,『기독교강요선』및『칼빈기독교강요 요약』,『기독교강요 분석』등이 출간되었으나

『기독교강요』를 체계적으로 쉽게 이해할 수 있게 하는 데는 분량과 체계면에서 다소 어려움이 있는 것 같아서, 분량면에서 크게 줄이고, 체계면에서는 주제와 내용을 따라 정리하였다. 그리고 영문으로도 읽을 수 있는 기회를 주기 위해 영문을 함께 실었다.

  본서의 초안은 미국 LA에 소재하는 국제신학대학(International Theological Seminary, 학장 김의환 박사)에서 지난 겨울 신학원생들에게 강의하기 위하여 영문으로 만들었었다. 강의할 기회를 주셨던 김의환 박사님과 요셉 통(Joseph Tong) 박사님께 그리고 ITS의 신학생들에게 깊은 감사를 드리며, 또한 원고를 세밀하게 교정해 준 김경희 전도사님과 본서를 기꺼이 출판해 주신 기독교문서선교회의 박영호 박사님과 여러 직원들의 수고에 대하여서도 심심한 감사를 드린다.

  본서가 하나님의 영광과 교회의 부흥에 기여할 뿐만 아니라, 권위부재의 사회적 질병을 치료하는 데 쓰임받을 수 있게 되기를 희망한다.

1991년 8월 1일
광주 두암동에서
저자

목 차

- 저자의 말
- 서론

제 1 권 창조주 하나님
    Ⅰ. 하나님에 관한 지식 ·· 15
    Ⅱ. 증명들: 왜 성경은 하나님의 말씀으로 받아들여져야 하는가? ········· 22
    Ⅲ. 삼위일체 ··· 29
    Ⅳ. 사람에 관한 지식 ·· 39
    Ⅴ. 섭리 ··· 46

제 2 권 구속주 하나님
    Ⅰ. 죄 ··· 57
    Ⅱ. 율법과 복음에 계시된 구속주 그리스도 ··· 65
    Ⅲ. 구약과 신약 ··· 75
    Ⅳ. 그리스도의 위격 ·· 78
    Ⅴ. 그리스도의 사역 ·· 84

제 3 권 성령 하나님
    Ⅰ. 성령의 사역 ··· 93
    Ⅱ. 신앙 ··· 94
    Ⅲ. 회개: 믿음에 의한 중생 ·· 100
    Ⅳ. 그리스도인의 생활(중생에 대한 실제적인 설명) ·························· 109
    Ⅴ. 믿음에 의한 칭의 ·· 117
    Ⅵ. 그리스도인의 자유 ·· 123
    Ⅶ. 기도 ··· 125
    Ⅷ. 영원한 예정 ··· 135
    Ⅸ. 최후의 부활 ··· 139

제 4 권 외적 방편 또는 수단
    Ⅰ. 교회의 정의 ··· 143
    Ⅱ. 교회에 대한 교리 ·· 145
    Ⅲ. 성례 ··· 153
    Ⅳ. 세속정치 ··· 162

- 영문판 "칼빈의 기독교강요 개설" ··· 169

서 론

A. 기독교 강요의 역사

1. 제 1판은 1536년 4월에 출판되었다. 내용은 여섯 개의 장으로 구성되었고, 1장에는 십계명, 2장에는 사도신경, 3장에는 주기도문, 4장에는 성례, 5장에는 거짓성례 그리고 6장에는 기독교인의 자유가 다루어졌다.

2. 제 2판은 1539년 8월에 출판되었다. 내용은 17장으로 확대되었으며, 하나님과 사람에 대한 지식, 삼위일체, 신구약의 유사점과 차이점, 칭의, 예정 그리고 기독교인의 생활 등이 새로운 주제들로 다루어졌다.

3. 제 3판은 1543년에 출간되고 21장으로 구성되었으나, 내용에 있어서는 제 2판과 크게 다르지 않았다.

4. 제 4판은 1550년에 출간되고 전 21장으로 되었으며 새로운 주제들로는 성경의 권위, 형상 및 성자숭배, 신체적 부활 등이 첨가되었다.

5. 최종판은 1559년 8월에 출간되었다. 내용이 4권 80장으로 대폭 증보되었다.

B. 저작목적

1. 실제적 목적: 기독교의 교리들을 단순하면서도 체계적으로 설명하여 성도들이 성경에 쉽게, 그러면서도 걸려 넘어짐이 없이 접근할 수 있게 하려는 데 있다.

2. 변호적 목적: 핍박자들의 비난을 성경적으로 논박하는 데 있다(프란시스 1세에게 보내는 헌사를 참조할 것).

C. 기독교강요의 중심 주제

1. 하나님 곧 우리의 사랑 많으신 아버지에 대한 지식

   a. 하나님에 대한 지식: 하나님을 모든 좋은 것의 원천이신 아버지로 알 뿐만 아니라, 절대주권적 소유주이시요 통치자인 주님으로 아는 지식이다. 이 지식은 그리스도 안에서 계시되었고, 성령께서 성경을 가지고 교회를 통해서 증거하셨다.
   b. 경건: 경건은 하나님을 아는 지식에서 결과된다. 경건한 자는 하나님 아버지를 사랑하고 신뢰하며, 주님이신 하나님을 경외하는 것이다.
   c. 능력있는 믿음: 경건은 능력있는 믿음의 기초이다. 이 믿음은 우리의 끊임없는 기도에 의하여 강화되는바, 기도는 믿음의 으뜸가는 행사(行使)이다.

2. 중심주제와 관련하여 본 체계적 구조

   a. 하나님에 대한 지식의 원천: 성경계시
   b. 창조주 하나님을 아는 지식: 하나님
   c. 창조에 나타난 하나님 지식: 인간(우주와 만물)
   d. 하나님에 대한 지식 상실(타락): 죄
   e. 하나님에 대한 지식 회복: 그리스도 안에서
   f. 하나님에 대한 지식의 개인적 습득: 성령에 의하여
   g. 하나님에 대한 지식의 성장: 교회를 통해서
   h. 하나님에 대한 충만하고 온전한 지식: 마지막 날에

D. 개요

1. 사도신경의 구조에 따른 개요

   a. 제Ⅰ권   아버지 하나님에 대한 지식: 하나님
   b. 제Ⅱ권   구속주 하나님에 대한 지식: 그리스도
   c. 제Ⅲ권   그리스도의 은혜를 받는 방법: 성령
   d. 제Ⅳ권   외적 방편: 교회

2. 중심주제에 따른 개요

   a. 하나님에 대한 지식

   ⎰ 창조주   하나님(제Ⅰ권)
   ⎱
   ⎰ 구속주   ⎰ 그리스도(제Ⅱ권)
       (타락)   ⎨ 성령에 의한 그리스도와의 연합(제Ⅲ권)
               ⎱ 외적 방편에 의한 그리스도와의 연합(제Ⅳ권)

   b. 우리 자신에 대한 지식

   ⎰ 피조된 존재(타락) 제Ⅰ권
   ⎱ 구속된 존재 제Ⅱ권

3. 하나님의 사역에 따른 개요

   a. 창조주 하나님
         창조와 섭리   ⎱
         인간: 무죄상태 섭리   ⎰ 제Ⅰ권

   b. 구속주 하나님
      죄인들의 구속을 위한 구속주 하나님의 활동
      (1) 그리스도 안에서 구원의 성취: 구약 아래에서 이미 준비되어 있

음. 제 Ⅱ권
(2) 성령을 통한 구원의 적용
― 구원의 내적 과정 제 Ⅲ 권
― 하나님이 사용하는 외적 방편 제 Ⅳ 권

4. 주요 내용에 따른 개요

제 Ⅰ 권: 창조주 하나님
 Ⅰ. 하나님에 대한 지식
   A. 하나님 자신이 요구하시는바 하나님에 대한 지식의 종류(1~2장)
   B. 하나님에 대한 지식의 원천(3~9장)
     1. 사람: 신의식, 종교의 씨, 양심(3~4장)
     2. 자연의 구조: 창조, 역사(5장)
     3. 성경(6~9장)
   C. 하나님에 대한 거짓된 지식과 참된 지식(10~13장)
     1. 불경건한 우상숭배(10~11장)
     2. 참된 예배(12장)
     3. 삼위일체(13장)
 Ⅱ. 사람에 대한 지식
   A. 우주 창조(14장)
   B. 인간 창조(15장)
 Ⅲ. 하나님과 사람에 대한 이중적 지식의 예증: 섭리(16~18장)

제 Ⅱ 권 : 구속주 하나님
 Ⅰ. 타락, 자유의지의 상실(1~5장)
 Ⅱ. 율법과 복음(6~11장)
 Ⅲ. 그리스도(12~17장) ; 성육신(12~14장), 삼중의 직분(15장), 신분: 죽음, 부활, 승천(16~17장)

제 Ⅲ 권: 성령 하나님
  Ⅰ. 내면적 사역(1장), 신앙(2장)
  Ⅱ. 회개(3~5장), 기독교인의 생활(6~10장)
  Ⅲ. 믿음으로 말미암은 칭의(11~18장)
  Ⅳ. 그리스도인의 자유(19장), 기도(20장)
  Ⅴ. 예정(21~24장), 최후부활(25장)

제 Ⅳ 권: 교회
  Ⅰ. 교회
    A. 본질(1~2장)
    B. 조직(3~7장)
    C. 권세(8~13장)
  Ⅱ. 성례
    A. 성례(14장)
    B. 세례와 유아세례(15~16장)
    C. 성만찬(17장)
    D. 거짓된 성례(18~19장)
  Ⅲ. 세속정치(20장)

E. 프란시스 1세에게 쓴 칼빈의 머리말

1. 『기독교강요』를 처음에 쓰게 된 배경

   a. 기독교의 몇 가지 기본 진리들을 밝혀 참된 경건을 원하는 열심있는 자들을 돕기 위해
   b. 복음주의자들에 대한 핍박과 그릇된 소문 때문에
   c. 참된 기독왕이 온전하고 공정한 조사를 해줄 것을 요청하기 위해

2. 핍박을 받고있는 복음주의자들을 위한 탄원

   a. 왕이 정당한 변호에 대하여 귀를 막지 않고, 그의 나라를 통치함에

있어서 자신이 하나님의 영광을 위해 봉사하는 하나님의 일꾼임을 알도록 하기 위해
  b. 우리의 교리는 우리에게서 나온 것이 아니라, 살아계신 하나님과 그리스도에게서 나온 것이며, 우리의 믿음은 성경적으로 정립되어 있다.
  c. 그러나 우리의 대적자들은 성경말씀으로 전해내려 온 참 종교를 무시하며 멸시하고 있다.

3. 복음주의 교리를 반대하는 자들의 비난에 대한 논박
  a. '새로 날조된 것'이라는 비난에 대해: 하나님의 거룩한 말씀을 날조된 것으로 결코 비난할 수가 없다.
  b. '전혀 생소한 것'이라는 비난에 대해: 참된 교리가 인간의 불경건의 허물 때문에 오래도록 알려지지 않고 묻혀 있었다.
  c. '불확실한 것'이라는 비난에 대해: 우리의 확신은 저들의 의심과는 대조적이다.
  d. '지지해주는 이적들이 없다'는 비난에 대해: 복음에 의하여 선포된 구원은 이미 표적들과 여러 이적들을 통해서 확증된바 있다. 주의할 것은 사탄이 행하는 그릇된 이적들도 있다는 점이다. 우상숭배는 희한한 이적들을 통하여 조장되어 왔다.

4. 종교개혁 사상과 가르침이 교부들의 것과 조화되지 않는다고 하는 잘못된 주장
  a. 초대교회 교부들의 소위 경건한 후예들이라고 자처하는 로마주의자들은 그 교부들의 그릇된 것들과 오류들만을 맹종하고 있다.
  b. 또한 교회교부가 말한 것을 로마주의자들은 왜곡시켜 행하고 있다.
  c. 성경의 전체 권위가 교회의 판단에 전적으로 달려있다고 로마주의자들은 주장한다.

5. 진리를 거슬러 관습을 좇음

   대부분의 관습은 대중의 빗나간 악덕의 산물이다. 대중이 따른다 하여 그릇된 것이 정당화되거나 합리화될 수 있는 것이 아니다.

6. 교회의 본질에 대한 오류들을 지적함

   a. 참된 교회는 한 분 하나님과 주 그리스도를 섬기며 경배하되, 모든 경건한 사람들이 항상 해온 대로 한다.
   b. 참된 교회의 표지는 하나님의 말씀에 순전한 선포와 성례의 적법한 시행에 있다.
   c. 로마주의자들은 교회의 형태가 항상 가견적이라고 주장한다.

7. 종교개혁 교리가 평지풍파를 일으켰다고 하는 주장

   수세기 동안 사탄이 교회를 세속적인 허식 가운데서 잠자게 했다.

8. 왕에게 그릇된 비난을 조심할 것을 권하고, 무죄한 자들로 하여금 하나님의 선처를 기다리도록 권함

   "우리의 간청으로 말미암아 당신의 태도가 바뀌어지기를 바라지만, 그렇지 아니할지라도, 우리는 만왕의 왕을 여전히 신뢰할 것입니다."

제 1 권

창조주 하나님

Ⅰ. 하나님에 관한 지식(i-vii)

A. '하나님에 관한 지식'의 의미(i-ii)

1. 결코 단순한 객관적 지식이 아님

    a. 지식, 그것은 어떤 용어를 사용하든지간에, 칼빈의 경우 결코 '단순'하거나 순전히 객관적인 지식이 아니고, 우리를 향한 하나님의 부성적 은총을 확신하는 데서 오는 신앙의 지식이다(Ⅲ. ⅱ. 14).
    b. 하나님에 관한 지식은 공허한 추측으로 만족하거나 단지 머리 속에서 맴도는 그러한 사변적 지식이 아니고, 가슴에 뿌리를 박으면 건실해지는 지식이다(Ⅰ. ⅴ. 9). 이 지식은 산체험에서 얻어진다(Ⅰ. ⅹ. 2).
    c. 이러한 종류의 지식으로 말미암아 우리는 하나님을 예배할 마음을 갖게 될 뿐만 아니라, 우리가 깨어서 힘을 얻어 내세의 소망을 갖게 된다(Ⅰ. ⅴ. 10). 이 점에서 복된 삶의 최종적 목표는 하나님에 대한 지식에 있는 것이다(참고: 요 17:3; Ⅰ. ⅴ. 1). 하나님을 아는 것이 인간의 으뜸되는 목적이고, 그 지식으로 말미암아 인간의 존재가 정당화된다(주석; 렘 9:24).

d. 칼빈의 과제는 기독교강요 초판의 원제목대로 『경건의 총체적 요점과 구원의 교리핵심』을 해설하는 것이다. 그러므로, 그의 저작은 '신학강요'가 아니라 '경건강요'라고 불리우는 것이다.
   e. 경건은 칼빈의 신학을 이해하는 열쇠이고, 하나님에 대한 참되고 건전한 지식의 필요조건이다. 이 점에서, 하나님에 관한 지식은 하나님에 대한 사랑과 신뢰와 경외를 함의하고 있는 것이다. 종교 또는 경건이 없이는 하나님을 알 수가 없다(Ⅰ. ⅱ. 1).

2. 하나님에 관한 지식은 우리 자신에 관한 지식과 연관되어 있다.
   a. 참되고 건전한 지혜는 하나님과 사람에 관한 이중의 지식으로 이루어져 있다(Ⅰ. ⅰ. 1).
   b. 사람은 누구나 자기를 살펴보는 순간 곧바로 자기의 생각을 돌이켜, 자신이 '힘입어 살며 기동'(행 17:28)하고 있는바 하나님을 깊이 생각하지 않을 수가 없다(Ⅰ. ⅰ. 1).
   c. 한편, 사람이 자신에 관한 분명한 지식을 얻으려면, 먼저 하나님의 얼굴을 구하여 바라본 다음, 그분을 생각하는 것을 잠시 멈추고 자신을 세밀히 검토하여야 하는 것이다.
   d. 사람은 자신을 하나님의 위엄과 비교해 보기 전에는, 결단코 자기의 비천한 상태를 충분하게 인식하지 못한다(Ⅰ. ⅰ. 3).

3. 하나님에 관한 지식은, 사실 경외(reverence)이다.
   a. 하나님에 관한 지식의 두 가지 면(Ⅰ. ⅱ. 1)
      (1) 우리의 창조주이신 하나님이 우리를 그의 권능으로 보전하시고, 그의 섭리를 통하여 우리를 다스리시며, 그의 선하심을 통하여 우리를 양육하시고, 모든 종류의 축복으로 우리를 보살펴 주고 계신다는 것을 피부로 느끼는 것.
      (2) 그리스도 안에서 우리에게 베풀어진 화목의 은혜를 수납하는 것
      (3) 성경의 일반적인 가르침에서처럼 우주를 창조하심에 있어 주님은

자신을 단지 창조자로 나타내 보이셨으나, 그리스도의 얼굴에서 그는 자신을 구속주로 나타내 보이셨다.
  b. 경건의 시작(Ⅰ. ⅱ. 1)
  (1) 하나님이 모든 좋은 것의 원천이시므로 그분을 제쳐놓고 다른 곳에서 우리가 아무것도 구해서는 안되는 것이다.
  (2) 하나님의 선하심을 이같이 깨닫게 될 때 우리가 경건을 배우게 되는 것이며, 이 경건으로부터 종교가 가능케 된다.
  (3) 경건은 하나님의 은총에 관한 지식을 통해서 체감(體感)하는 하나님에 대한 사랑이 곁드려진 경외이다. 이 경건은 사람들이 자기들이 하나님께 모든 것을 빚지고 있다는 것과, 하나님의 부성적 사랑으로 길리움을 받고있다는 것과 하나님이 모든 좋은 것의 원천이시라는 것을 깨달을 때에만 가능하다.
  c. 하나님에 관한 지식은 신뢰와 경외를 함의한다(Ⅰ. ⅱ. 2).
  (1) 하나님에 관한 지식을 통해서 우리는 먼저 하나님을 두려워하고 경외하기를 배워야 하며, 하나님에게서 모든 좋은 것을 구하는 것을 배워야 하고, 좋은 것을 받은 경우 그것을 하나님의 것으로 돌리는 것을 배워야 하는 것이다.
  (2) 경건한 마음을 가진 사람은 하나님을 주(主)요 아버지로 인식하기 때문에, 범사에 그의 권위를 인정하고, 그의 위엄을 존중하며, 그의 영광을 드러내는 데 마음을 기울이고, 그의 계명들에 순종하는 것을 합당하게 생각한다.
  (3) 경건한 사람은 하나님을 아버지로 사랑하고 경외하기 때문에, 그를 또한 주님으로 경배하며 찬양한다. 여기에 순수하고 진정한 종교가 있다. 그러기에, 종교란 하나님에 대한 진실한 경외와 결합되어 있는 신앙인 것이다.

4. 하나님에 관한 지식의 목적(Ⅰ. ⅴ. 10)
  이 목적은 세 가지이다.

a. 우리가 하나님께 예배할 마음을 갖게 되는 것
　　b. 우리로 내세의 소망을 갖도록 이끌어 주는 것
　　c. 우리를 참되고 온전한 행복에로 초대하는 것

B. 하나님에 관한 지식의 원천(iii-vii)

　1. 창조사역

　　a. 주관적 내적계시
　　　(1) 인간의 마음 속에는 본능적으로 신의식(神意識)이 있다. 이는 하나님 자신이 모든 사람에게 하나님의 신적 위엄에 대한 다소간의 이해력을 심어주신 까닭이다(Ⅰ. iii. 1). 그러기에 하나님에 대한 어떤 개념이 모든 사람들의 마음 속에 항상 살아 남아있는 것이다(Ⅰ. iii. 2).
　　　(2) 모든 사람들은 하나같이 하나님이 계신다는 것과 그분이 자기들을 창조하신 분이라는 것을 알고 있다. 그들에게는 하나님이 모든 사람들에게 심어주신 종교의 씨가 여전히 남아있는 것이다(Ⅰ. iii. 1; iv. 1). 이 종교의 씨는 신의식이(행동과 같은 어떤 것으로) 반응을 보여 생겨난 싹과도 같다. 그런 까닭에, 사람들은 그것이 무르익도록 잘 길러야 하는 것이다(Ⅰ. iv. 1).
　　　(3) 실제적인 불경건(또는 불신앙)은 불가능하다. 이는 신의식이 결코 멸절될 수가 없고, 오히려 무성해지고, 현재에도 싹트고 있기 때문이다. 하나님에 대한 예배만이 사람을 짐승으로부터 구별하여 더욱 고상한 존재가 되게 하여 주는 것이다(Ⅰ. iii. 3).
　　b. 객관적 외적 계시
　　　(1) 하나님께서는 사람들의 마음 속에 종교의 씨를 심어주었을 뿐만 아니라, 모든 사람들이 볼 수 있도록 우주의 전창조(全創造) 가운데서 자신을 계시하셨고 매일같이 나타내 보여주고 계신다. 이는 그가 만드신 작품마다 그의 영광과 지혜와 권능의 명백한 표지들을

새겨놓으셨기(Ⅰ. v. 1,2) 때문이다.
  (2) 우주의 정교한 질서는 우리가 하나님을 묵상할 수 있는 일종의 거울과 같다(Ⅰ. v. 1).
  (3) 하나님의 놀라운 지혜를 선포하는 수많은 증거들이 하늘과 땅에 있는 까닭에 가장 무식하고 못배운 사람들마저도 그들의 눈을 뜨자마자 그 증거들을 목격하지 않을 수 없게 되어 있는 것이다(Ⅰ. v. 2).
  (4) 사람은 하나님의 권능과 선하심과 지혜의 걸작품이기 때문에 소우주로 불리우는 것이 적절하다. 그러므로 하나님을 감지하기 위하여 우리 자신들 밖으로 나갈 필요가 없다(Ⅰ. v. 3).
  (5) 우발적으로 일어난 것처럼 생각되는 것들도 하늘의 섭리, 특별히 하나님의 부성애에 대한 허다한 증거들이다. 이로써, 경건한 자들이 기뻐할 근거가 마련되어 있는 것이다(Ⅰ. v. 8).
c. 자연신학의 불충분성
  (1) 사람 '안에' 있는 하나님의 내적 계시는 인간의 죄로 말미암아 소멸되어 있다. 마찬가지로, 자연계에 나타나 있는 하나님의 표적들과 징조들을 통하여 '밖에서부터' 사람에게 오는 하나님의 외적계시도 소멸되어 있는 것이다(p. 89. 각주 1; 참조, Ⅰ. v. 4).
  (2) 하나님께서는 자기자신과 그의 영원한 왕국을 그의 사역들을 거울로 사용하여 아주 명백하게 보여주고 계시지만, 우리가 너무나 우둔한 까닭에 그 뚜렷한 증거들을 대하면서도 점점 더 무디어져서, 그 사역들이 우리에게 아무 유익도 주지 못한 채 스쳐지나가 버리는 것이다(Ⅰ. v. 11).
  (3) 사람마다 대부분 나름대로 신을 섬기고 있었다. 경솔함과 천박함이 무지와 흑암으로 더불어 뒤얽혀 있는 까닭에, 하나님 대신 우상이나 허황된 것을 독자적으로 조작해내지 아니한 사람이 지금까지 거의 하나도 없었던 것이다(Ⅰ. v. 12).
  (4) 그러므로 우주의 창조자의 영광을 드러내기 위하여 수많은 등불들이 찬란한 우주 가운데서 우리를 위하여 빛을 발하여도 헛될 뿐이

다. 그 등불들이 다소의 섬광을 발하기는 하지만 충분한 빛을 발하기도 전에 우리의 우둔함의 허물 때문에(Ⅰ. v. 15) 꺼져버리는 것이다(Ⅰ. v. 14).
(5) 하나님의 보이지 않는 신성이 이러한 찬란한 자연 가운데 나타나 있지만, 믿음을 통해서 하나님의 내적 계시에 의하여 그것들이 조명되지 않는 한 우리는 이 신성을 볼 수가 없는 것이다(Ⅰ. v. 14). 자연신학은 신앙과 하나님에 대한 지식에 이르는 다리가 아니다.
(6) 칼빈의 경우, 창조에 나타난 하나님의 계시는, 아담이 타락하지 아니하고 건전한 상태로 남아 있었다고 한다면, 자연신학의 기초가 될 수 있었을 것이다. 그러나 죄 때문에 건전한 자연신학은 전혀 불가능하다. 오직 성령만이 창조주를 아는 데 있어서와 창조에 나타난 하나님의 계시를 터득하는 데 있어서 유일한 방편이다(p. 84, 각주 2).
(7) 인간이 고안해 낸 것치고 종교를 비열하게 부패시키지 아니한 것은 하나도 없었다. 그것은 악한 종교를 낳았다(Ⅰ. v. 12).

2. 성경

a. 성경은 안내자요 교사로서 필요하다.
(1) 하나님께서는 하늘에서 뿐만 아니라 땅에서도 자기의 임재를 예외없이 모든 사람들에게 볼 수 있게 나타내 보이고 있는데도 불구하고, 우주를 만드신 바로 그 창조자에게로 우리를 제대로 인도하기 위해서는 다른 더 좋은 도움이 첨가되어야 할 필요가 있다(Ⅰ. vi. 1).
(2) 노인들이나 시력이 약한 자들이 안경을 사용하면 똑똑하게 글을 읽어낼 수 있게 되는 것처럼 성경도 우리의 마음 속에서 하나님에 대한 혼란된 지식을 한데 모아 우리의 우둔함을 제하고서 분명하게 참 하나님을 우리에게 보여준다(Ⅰ. vi. 1).
(3) 아담, 노아, 아브라함 그리고 나머지 족장들은 성경의 도움을 받아

서 하나님에 대한 깊은 지식에 통달하게 된 것이 분명하다. 이는 그들이 사망에서 생명으로 옮겨가기 위해서는 하나님을 창조주로서 뿐만 아니라 구속주로 아는 것이 필요하였기 때문이다(Ⅰ. vi. 1).
(4) 성경의 제자가 되지 않고서는 아무도 바르고 건전한 교리를 조금이라도 전혀 맛볼 수가 없다(Ⅰ. vi. 2). 사람들의 건망증과 부패한 마음 뿐만 아니라 자연계시의 불충분한 효과 때문에 하나님께서는 자기의 모든 백성들을 위해서 말씀계시를 방편으로 마련해 주셨다(Ⅰ. vi. 3).
(5) 진리가 역사를 통하여 대대로 가르쳐짐으로써 세상에 영원토록 살아남아 있도록 하기 위하여 하나님께서는 자기가 족장들에게 주셨던 바로 그 말씀들을 돌판에 공개적으로 기록하기를 기뻐하셨던 것이다(Ⅰ. vi. 2).

b. 성경은 성령의 증거에 의하여 확증되어야 한다.
(1) 현재 우리는 매일같이 하늘로부터 직접 하나님의 말씀들을 받는 것이 아니다. 대신, 하나님께서는 오직 성경 안에서만 그의 진리가 영원토록 보존되는 것을 기뻐하셨다(참고, 요 5:39). 그런 까닭에, 사람들이 성경을 하늘로부터 온 것으로 여기는 때에만 성경이 신자들 가운데서 온전한 권위를 인정받게 되는 것이다. 성경의 권위는 하나님 자신으로부터 나온다(Ⅰ. vii. 1).
(2) 흰 것과 검은 물체들이 그것들의 색깔로 구별되고, 단 것과 쓴 것이 그것의 맛으로 구별되듯이, 성경도 그것 자체가 진리임을 분명한 증거로 온전하게 드러내 보이고 있다(Ⅰ. vii. 2).
(3) 비록 성경은 본질적으로 진리임이 드러나 있지만, 성령께서 그 확실성을 증거해주는 때에야 비로소 그것이 권위를 갖게 되는 것이다. 따라서 성령의 은밀한 내적 증거를 통해서 성경에 대한 확신을 구하여야 한다(Ⅰ. vii. 4).
(4) 오직 하나님만이 자기의 말씀에서 자신에 대한 합당한 증인이듯이, 그 말씀이 사람들의 심령 속에서 권위가 있으려면 먼저 성령의 내

적 증거에 의하여 확증되어야 하는 것이다(Ⅰ. vii. 4).
(5) 성경은 자증(自證)한다. 그러나 우리가 성경에 대하여 마땅히 인정해야 하는 확실성은 성령의 증거에 의하여 가능하다. 비록 성경이 그것 자체의 위엄으로 말미암아 스스로 경외감을 불러일으킬만 하지만 성령을 통해서 우리 심령에 확증되는 때에만 우리에게 진정으로 감동을 주는 것이다(Ⅰ. vii. 5).
(6) 일종의 상호적(相互的) 결속에 의하여 주님이 그의 말씀과 성령의 확실성을 결합시켜 놓았기 때문에, 성령이 조명하는 때에 말씀의 완전한 종교가 우리의 마음 가운데 거할 수 있게 된다(Ⅰ. ix. 3).
(7) 성경은 사람들의 수고를 빌리되 하나님의 바로 그 입으로부터 왔다(Ⅰ. vii. 5). 그것은 성령의 학교이다. 그러므로 주께서 그의 거룩한 입을 다물고 침묵하시는 때에는, 탐구하는 길을 그가 또한 막으실 것이기 때문에(Ⅲ. xxi. 3) 우리는 하나님이 침묵하는 부분에 대하여 묻는 것을 삼가해야 하는 것이다.

Ⅱ. 증명들: 왜 성경은 하나님의 말씀으로 받아들여져야 하는가?(viii-xii)

A. 내적 증명: 성령의 증거(vii)

(※ 여기에 대하여는 앞서 Ⅰ. 2. b에서 다루었다.)

B. 외적 증명(viii)

1. 성경은 인간의 모든 지혜보다 뛰어나다.
   a. 성령의 은밀한 증거에 의하여 성경의 자명(自明)한 확실성을 우리가 일단 수용하기만 하면 이전에는 쓸모없었던 증명들이 우리가 성경을 이해하는데 아주 유용한 도움들이 되는 것이다(Ⅰ. viii. 1).
   b. 성경에 사용된 고상한 언어보다는 웅대한 주제들로 인하여 우리가 성경

을 감탄하는 것이다. 게다가, 신적 지혜의 경륜이 매우 질서있게 잘 배열되어 있고, 성경의 교리가 전혀 세속적인 냄새가 없이 온전히 천상적인 특징을 지니고 있으며, 성경의 모든 부분들이 서로 아름답게 조화를 이루고 있어서 성경의 책들에 위엄이 있는 것이다(Ⅰ. viii. 1).

2. 표현의 다양성

성경에 사용된 언어들이 세련되지 못하고 순박하며, 어떠한 웅변보다도 스스로 큰 경외심을 우리에게 불어넣어주기 때문에, 성경의 진리가 지니고 있는 힘이 두드러지게 너무나 강력하여 말의 기교를 필요로 하지 않는다고 우리는 결론지을 수 있다(Ⅰ. vii. 1).

3. 성경의 고전성(Ⅰ. viii. 3)

a. 애굽의 신관이나 여타의 모든 종교들은 모세의 시대보다 연대적으로 훨씬 후대의 것들이다.
b. 모세는 어떤 새로운 신을 고안해낸 것이 아니고, 오히려 족장들에 대하여 대대로 믿어온 영원한 하나님에 관하여 이스라엘 사람들이 신봉했던 진리를 밝히 말한 것에 지나지 않는다.
c. 만일 모세가 그의 교리의 전승을 그토록 오래된 근원에까지 거슬러 올라갔다고 하면, 성경은 다른 모든 경전들보다 그 역사가 훨씬 앞선 것으로 결론지을 수 있다.

4. 모세의 모범에 나타난 성경의 진실성

모세는 자기의 조상 레위와 자기의 형 아론 및 자기의 누이 미리암(참조, 민 12:1)에 관하여 혈육의 감정을 거부하고 진솔하게 기술하였는가 하면, 자기의 아들들을 가장 낮은 사회적 지위로 떨어뜨렸었는데, 이같은 그의 모범은 모세가 분명코 하늘로부터 온 하나님의 천사처럼 보냄을 받았다는 확신을 뒷받침해주는 확실한 증거들인 것이다(Ⅰ. viii. 4).

5. 이적은 하나님의 사자(使者)들의 권위를 강화시킨다.

모세가 언급하고 있는 수많은 특출한 이적들은 그가 전한 율법과 그가 선포한 교리와, 그리고 선지자로서의 그의 권위를 강화시켜 주는 증거들이다(Ⅰ. viii. 5).

6. 하나님은 예언의 말씀들을 확증하셨다(Ⅰ. viii. 8).
   a. 이사야의 실례
      (1) 이사야는 예루살렘이 갈대아인들에게 함락될 것을 예언했다(사 39: 6~7).
      (2) 그는 고레스라는 이름까지 대면서(사 45:1), 이 고레스를 통하여 갈대아 사람들이 정복당하고 이스라엘 백성들이 해방될 것을 예언했다.
   b. 예레미야와 에스겔의 실례
      (1) 예레미야는 포로기간이 70년이 될 것을 말함과 아울러 귀환과 해방에 대하여도 예언하였다(렘 25:11~12).
      (2) 예레미야와 에스겔은 서로 멀리 떨어져 있으면서 같은 시대에 예언했는데도 그들의 모든 진술들이 일반적으로 일치되고 있다.
   c. 다니엘 또한 그가 마치 일반적으로 널리 알려진 사건들의 역사를 기록이나 하고 있는 것처럼 예언하였다.

7. 율법의 전승은 신뢰할 만하며 하나님께서는 율법과 선지자들을 이적적으로 보존하셨다.
   a. 선지자들의 글들은 오직 한 가지 방법으로, 즉 손에서 손으로 그 후 손에게 전수되었다(Ⅰ. viii. 9).
   b. 이적이 나타난 것은, 안티오커스의 그 유혈 포고령 속에서 하나님이 그의 언약의 서판들을 건져내신 일에서 뿐만 아니라(마카비일서 1: 56~57), 유대인들이 수없이 거듭되는 재난들로 말미암아 짓이겨지고 황폐되어 마침내는 거의 멸절상태에 이르는 그 정황 속에서도 성

경의 책들이 본래대로 안전하게 보존된 일 등에 있다(Ⅰ. viii. 10).

8. 신약의 증명들(Ⅰ. viii. 11).

   a. 처음의 세 복음서 기자들은 그들의 보잘것 없고 천한 문체 때문에 어떤 교만한 사람들로부터 멸시당하고 있지만, 인간의 능력을 초월하는 하늘의 비밀들에 관하여 사실상 강론하고 있는 것이다.
   b. 이것은 특별히 요한복음과 바울과 베드로의 글들의 경우 사실이다.
   c. 바울의 갑작스럽고 뜻하지 않았던 회심은 그가 지난날 반대했던 교리를 변호하도록 하늘의 권세에 의하여 강요되었다는 것을 의미한다.
   d. 이전에는 일반 대중 가운데서 비천한 자로 멸시받았으나 이제는 하늘의 비밀들에 대하여 아주 찬란하게 갑자기 강론하기 시작한 이 사도들은 성령에게 가르침을 받았음에 틀림없다.

9. 교회의 동의와 순교자들의 충성

   a. 성경이 출간된 이래로, 장구한 시대를 거쳐 교회는 한결같이 그리고 하나같이 성경에 순종하기를 동의하였다(Ⅰ. viii. 12).
   b. 성경은 지상(地上)의 모든 세력들로부터 사방으로 아주 강력하게 공격을 받아왔으나 성공적으로 저항해냈다. 바로 이같은 사실로 말미암아 성경이 하나님께로부터 왔음이 입증되는 것이다. 왜냐하면 인간이 모든 노력을 기울여 성경에 반항함에도 불구하고, 성경은 여전히 그 자체의 힘으로 지금까지 널리 보급되었기 때문이다(Ⅰ. viii. 12).
   c. 우리가 아는 대로, 성경의 교리가 많은 성도들의 피로써 확증되었다. 그들은 성경의 존귀성과 위엄을 추종한 것이다. 이 존귀성과 위엄은 성령의 내적 증거에 의하여 확증되었다(Ⅰ. viii. 13).

C. 성경의 중요한 문제들(vii)

1. 무오성

칼빈이 성경의 무오성을 믿었다는 것을 우리는 단정적으로 말할 수가 있는데 이는 하나님이 성경의 저자인 것과, 성경이 하나님의 바로 그 입으로부터 나왔다는 것과, 하나님께서 속임이나, 모호함이 없이 말씀하셨다는 것(사 43:10)과, 하나님이 친히 성경에서 말씀하고 계신다는 것 그리고 오직 하나님만이 그의 말씀에서 자신에 대한 적합한 증인이라는 것 등을 칼빈이 확신하고 있었기 때문이다(Ⅰ. vii. 4, 5).

2. 자명성

성경의 위엄과 확실성은 성령의 은밀한 증거와 내적 확증을 통해서만 우리의 심령 위에 인쳐질 수가 있다. 그러나 그것이 가능하게 되는 것은 다만 성경이 자명하기 때문이요(Ⅰ. vii. 5), 또한 흰 것과 검은 것이 그것들의 색깔로 스스로 구별되듯이 성경이 그것 자체의 진리에 대한 증거를 명백하게 나타내보이고 있기 때문이다(Ⅰ. vii. 2).

D. 칼빈의 방법론상의 특징들(ix-x)

1. 성경에 대한 강조

   a. 광신자들의 그릇된 성령관(Ⅰ. ix. 1)
      (1) 자유사상가들은 성경을 버리는가 하면, 죽은 그리고 죽이는 문자를 아직도 따르는 자들의 순박함을 비웃고, 성령의 가르치는 직분을 찬양했다.
      (2) 그리스도의 사도들과 초대교회의 다른 신자들은 그리스도의 성령에 의하여 깨우침을 받았다. 그러나 그들 가운데 아무도 그것을 연유로 하여 하나님의 말씀을 멸시하게 되지는 아니했다. 오히려, 사도들의 글들에 아주 찬연하게 증거되어 있는 대로 각 사람마다 성경을 더욱 경외하는 마음이 깊어졌던 것이다. 특별히 바울은 그의 황홀한 체험에도 불구하고(고후 12:2) 디모데에게 성경을 읽는 일에 유의할 것을 강권하였다(딤전 4:13).
      (3) 성령의 과업은 전혀 들어보지도 못한 새로운 계시들을 날조하거나,

새로운 종류의 교리를 만들어내어 기존의 복음교리로부터 우리를 떠나가게 하는 것이 아니라, 다만 복음이 말하는 바로 그 교리를 가지고 우리의 마음에 인쳐주는 것이다.
b. 성령은 성경과 합치될 때 인정된다(Ⅰ. ix. 2).
 (1) 만일 우리가 하나님의 영으로부터 무슨 유익이나 은택을 얻고자 한다면, 우리는 열심으로 전심전력하여 성경을 읽을 뿐만 아니라 청종해야 한다.
 (2) 만일 하나님의 말씀의 지혜를 제쳐놓고 다른 교리를 우리에게 슬그머니 주입하는 어떤 영(靈)이 있다고 한다면 그 영은 마땅히 허망하고 거짓된 것으로 의심을 받아야 한다(갈 1:6~9).
 (3) 성령은 성경의 저자이다. 그는 이랬다저랬다하며 변하거나 변덕을 부리실 리가 없다. 그런 까닭에, 그는 성경에서 일단 자신을 계시하신 대로 언제나 동일하게 존재하실 것임에 틀림없다.
c. 말씀과 성령은 불가분하다(Ⅰ. ix. 3).
 (1) 자유사상가들은 우리를 죽이는 문자에 집착하고 있다고 비난한다. 그러나 이 점에서 그들은 성경을 멸시하는 죄를 범하고 있다. 왜냐하면 고린도후서 3장 6절에서 바울이 주장하는 바에 의하면, 성령께서는 그가 성경에서 보여주신 자신의 진리와 아주 불가분하게 결속되어 있어서, 그 말씀에 합당한 경외와 위엄이 돌려지는 때에만 비로소 성령이 그의 능력을 발휘하시기 때문이다.
 (2) 말씀은 주께서 자기의 성령으로 신자들을 깨우치실 때 사용하는 방편이요, 신자들은 성령의 음성을 통해서 그 말씀을 청종할 것을 계속적으로 권유받게 되는 것이다.

2. 성경 밖에서 예증을 구하는 것을 금함
 a. 하나님을 가시적 형상으로 만드는 것은 그의 존재와 모순된다:
  하나님은 모든 형상들을 아주 분명하게 적대시하여 말씀하신다(신 4:15). 이는 하나님의 가시적 형상을 동경하는 자들마다 모두 하나님을 이미 배반하고 떠나있는 것임을 우리로 하여금 알도록 하기 위함이다 (Ⅰ. xi. 2).
  b. 형상 사용은 우상숭배를 초래한다:
   (1) 세계가 창조된 이래로 거의 모든 시대에 걸쳐서, 사람들은 유형적 (有形的) 신성에 대한 이같은 맹목적 욕망을 충족시키기 위해서, 그들의 육안(肉眼)에 하나님이 나타난 것으로 믿어지는 형상들을 만들어 세웠다(Ⅰ. xi. 8).
   (2) 하나님의 무한성을 고려해 볼 때, 우리 자신의 감각으로 하나님을 헤아려 보려고 하는 생각을 품어서는 결코 안된다. 진실로, 하나님은 본질상 영이시기에 그에 대하여 세속적이거나 육신적인 어떤 것도 우리가 생각해서는 안되는 것이다(Ⅰ. xiii. 1).
  c. 칼빈은 삼위일체 하나님의 삼위간의 구별을 설명하기 위하여 인간사(人間事)에서 비유를 드는 것을 거부하였다. 왜냐하면 그러한 비유나 유추적 예화들이 전혀 부적합한 것으로 그가 확신했기 때문이다(Ⅰ. xiii. 18).

3. 참된 예배에 대한 강조

　칼빈의 경우, 하나님에 대한 지식은 냉랭한 사색에 기초하지 않고, 하나님을 존귀하게 여겨 섬기는 것을 수반하고 있다. 참된 종교는 하나님을 유일하신 하나님으로 알고 우리로 하여금 그 하나님께 철저하게 순복하게 하는 것이다. 칼빈은 순수한 종교를 미신과 구별한다. 순수한 종교에는 합당한 경외가 함축되어 있는가 하면, 하나님께 대한 왜곡된 예배를 삼가하고, 대신 하나님의 율법에 명시된 규칙에 순복하는 것을 의미한다. 하나님께서는 자신의 뜻에 따라서 적합하게 예배하는 규칙을 제정해 놓으셨다. 한마디로 말해서, 사람이 하나님의 뜻에 순응하도록 하기 위해 규범과 바른 예배가 하나님의 율법에 함께 규정되어 있는 것이다(Ⅰ. xii. 1).

Ⅲ. 삼위일체(xiii)

A. 정의(xiii. 1~6. 18~20)

1. 삼위일체 교리의 근원

    a. 성경이 삼위일체 교리의 유일하고 독특한 근원이다. 하나님의 무한하시고 신령하신 본질에 관한 성경의 가르침은 통속적인 망상들을 일축할 뿐만 아니라, 교활한 세속주의 철학을 논박하기 충분함에 틀림없다(Ⅰ. xiii. 1).
    b. 하나님의 무한하고 신령한 본질은 우리 자신들의 육감으로는 결코 헤아려 알 수가 없다. 하나님에 대하여 세속적이거나 육감적인 어떤 것도 우리는 억측하기를 삼가해야 하는 것이다. 성경이 하나님에게 입, 귀, 눈, 손과 발 등이 있는 것으로 자주 표현하고 있는 사실에 근거하여 신인동형 동성론자(神人同形 同性論者)들이 육체를 가진 하나님을 상상해내는 것은 실로 어리석기 이를 데 없다(Ⅰ. xiii. 1).
    c. 창조주 하나님은 창조세계를 통해서가 아니라, 오직 성경을 통해서만 알 수가 있는 것이다.

2. '삼위일체'라는 용어

    a. 오직 성경이 증거하며 보증하는 것만을 설명하는 용어들을 이단자들이 부인하는 것은 참으로 사악하다 할 것이다(Ⅰ. xiii. 3).
    b. 만일 어떤 용어들이 하나님 말씀의 순전함에 위배된다고 하면 그러한 것들은 거부되어 마땅하다. 그러나 만일 그 용어들이 성경의 진리를 정확하게 표현하고 있다고 하면 용인되어 마땅한 것이다. 교회가 '삼위일체'와 '위'(位)라는 단어들을 사용한 것은 절대적으로 불가피했다(Ⅰ. xiii. 3).
    c. 교회는 '삼위일체', '위'와 같은 표현들이 아리우스나 사벨리우스와 같은 거짓 교사들의 허위를 폭로하는 데 필요한 것으로 간주했다(Ⅰ.

xiii. 4).

3. 하나님의 단일성과 삼위

   a. 마음 중심에 경건을 소유한 건실한 학자들은 "삼위가 한 분 하나님 안에 존재한다. 또는 하나님의 단일성 안에 존재한다"라고 솔직하게 단언하였다(Ⅰ. xiii. 4). 하나님의 한 본질 안에 삼위가 계신다(Ⅰ. xiii. 5).
   b. 하나님의 본질은 단일하고 분할되지 아니하며, 자신 안에 모든 것을 포함하고 계시되, 부분적으로나 파생적으로가 아니라 통전적으로 완전하게 포함하고 계시기 때문에, 하나님의 단일한 본질은 세 위격으로 분할될 수가 없는 것이다. 한 위를 다른 위와 구별해 주는 세 실재가 있다. 진실로, 이것은 본질의 구별이 아니다(Ⅰ. xiii. 2).
   c. 성부와 성자와 성령은 한 하나님이시지만, 성자는 성부가 아니고, 성령은 성자가 아니며, 그들은 고유한 특질에 의하여 구별되어 있다(Ⅰ. xiii. 5, 22).

4. 성부와 성자와 성령의 차이점(Ⅰ. xiii. 18)

   a. 성부는 활동의 시작이 되시고, 만물의 기초와 원천이 되시며, 성자는 지혜와 모사이시고, 만물을 질서있게 배열하는 분이시나, 성령은 그 활동을 가능케하는 권세를 가지신 분이다.
   b. 영원이라는 개념 속에는 시간상의 전후(前後)가 있을 수 없다. 그렇지만 차서(次序)를 고려해 보는 것은 무의미하지 않다. 즉 성부가 제일 위이시고, 그 다음에 성부로부터 성자가 나오고, 마지막으로 그 두 분으로부터 성령이 나오신 것으로 생각할 수 있다. 이러한 이유로, 성자가 오직 성부로부터 오시고, 성령은 성부와 성자로부터 오셨다고 말하는 것이다.

5. 성부와 성자와 성령의 관계(Ⅰ. xiii. 9)

   a. 삼위의 각 실재에는 신적 전본질(神的 全本質)이 있다. 그러나 각 실

재마다 그 자신의 고유한 특질을 가지고 있는 것이다.
b. 삼위간의 구별은 그들 상호간의 관계를 의미하며, 그들을 하나이게 한 바로 그 본질을 의미하지 않는다. 이같은 의미에서, 고대의 학자들은 한편으로는 성부가 성자의 시작(기원)이라고 가르치고 있으나, 다른 한편으로는 성자는 스스로 자신의 신성과 본질의 기원이요, 따라서 성부와 더불어 동일한 시작을 가지고 있는 것으로 선포하였다.
c. 어거스틴이 밝힌 대로, 그리스도는 본래(본질상으로) 하나님으로 불리우시나, 성부와의 관계에 있어서는 성자로 불리우신다. 그리고 성부는 본래 하나님이시지만, 성자와의 관계에 있어서는 성부로 불리우시며, 성령도 본래 하나님으로 불리우시나 성부와 성자와의 관계에 있어서는 성령으로 불리우시는 것이다.

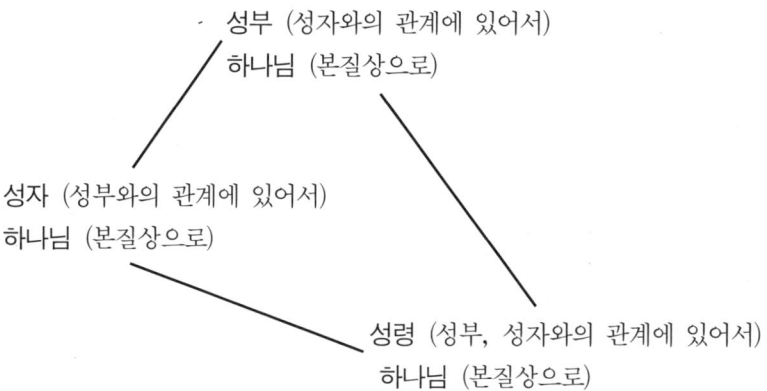

d. 그러므로 성부와 관계없이 성자에 대하여 우리가 단순히 말할 때에는, 그가 자신의 기원을 스스로 가지고 있는 자존하시는 분으로 선언하여 마땅하다. 그런 까닭에 우리는 그를 유일한 기원이라고 부르는 것이다. 그러나 성부에 대해서는, 성부가 성자의 기원이라고 해야 합당하다.

6. 삼위일체 하나님(Ⅰ. xiii. 20)

   a. 우리가 한 분 하나님을 믿는다고 고백할 때, 그 하나님의 이름 아래 세 위격 또는 실재(實在)로서 존재하는 단일한 본질을 생각하고 있는 것이다.
   b. 그러나 위격들에게 있는 고유한 특질들에는 차서(次序)가 포함되어 있다. 예컨대 성부에게는 시작과 근원이 있는 것이다.
   c. 이같이 본질의 단일성이 보전되고, 적절한 차서가 유지되나, 그렇다고 해서 성자와 성령의 신격(神格)이 조금이라도 손상되는 것은 아니다.

7. 가장 중요한 개념의 의미(Ⅰ. xiii. 6)

   a. '위'라는 용어는 하나님의 본질에 있어서의 한 '실재'를 의미한다.
   b. '실재'라는 말은 공통된 결속에 의하여 본질과 관계되어 있으면서도, 비공유적(非共有的)인 특성에 의하여 구별되는 존재의 행위를 의미한다.
   c. '관계' : 하나님이라는 이름이 단순하게 불특정적으로 언급되는 때에는 성부만이 아니라 성자와 성령에게도 적용되는 것이다. 그러나 삼위일체의 위격들이 서로 비교되는 경우에는, 그들의 고유한 특성으로 말미암아 서로간에 구별이 되는 것이다.
   d. 하나님 앞에 있는 일종의 분배 또는 경륜은 본질의 단일성에 전혀 영향을 주지 않는다.

8. 칼빈의 삼위일체 교리에 대한 요점

   a. 단일성: 삼위 하나님은 한 분의 단일한 하나님이시다.
   b. 구별이 있음: 삼위 간에는 정연한 차서가 있으며, 고유한 특질에 의한 구별이 있으나, 세 위격으로 나뉘어진 분할은 없다.
   c. 동등성: 삼위 하나님은 각기 자신에 대하여 한 동일한 하나님으로서 자존하신다.
   d. 요약하자면, 예컨대 성자는 그가 하나님이시기 때문에 독자적으로 존재하시나, 그는 성자이시기 때문에 성부 하나님으로부터 기원하여 존

재하시는 것이다.

B. 성자의 신격에 대한 증거들(xiii. 7~13)

1. 말씀의 신격(xiii. 7)

   a. 구약과 신약에 언급되어 있는 '말씀'은 단순한 말이 아니고, 하나님과 함께 계시는 영원한 지혜를 의미하며, 모든 예언의 근원이다(벧전 1:10~11; 벧후 1:21).
   b. 말씀은 시간이 있기 전 영원한 때에 성부로부터 나신 것으로 이해되어야 한다(참고; 라틴역 집회서 24:14; 공동번역 집회서 24:9).
   c. 모세가 창세기 1장에서 분명하게 가르치고 있는 대로, 말씀은 성자의 명령으로 이해되고 있다. 그 성자 자신은 성부의 영원하고 본질적인 말씀이시며, 그 성자를 통하여 세계가 창조되었다. 또한 성자는 그의 권능의 말씀으로 만물을 붙드신다(히 1:2~3).
   d. 사도 요한이 밝힌 대로, 태초로부터 하나님과 더불어 계신바 하나님이신 말씀은 성부 하나님과 더불어 또한 만물의 원인이었다(요 1:1~3).
   e. 이 본체적 말씀은 불변하시는 까닭에 하나님과 함께 영원히 한결같이 계시며, 하나님 자신이시다.

2. 말씀의 영원성(xiii. 8)

   a. 말씀은 항상 영원토록 하나님이시요 또한 우주의 조성자이셨다. 하나님께서 "빛이 있으라"(창 1:3, 참조; 요 17:5)고 말씀하시기 이미 오래 전에 그 말씀은 벌써 계셨다.
   b. 시간이 시작되기 전에 말씀은 하나님에게 배태되어 있었고, 그래서 그와 함께 영원토록 존재하셨던 것이다. 이로써, 그의 영원성과 그의 참된 본질 및 그의 신성이 증명된 것이다.

3. 구약에 나타난 그리스도의 신격(xiii. 9)

a. 이사야는 그리스도를 하나님으로 공포하였을 뿐만 아니라, 최고의 권세를 가지신 분으로 찬미하였다(사 9:6).
b. 예레미야는 그리스도에 대하여 "보라 때가 이르리니 내가 다윗에게 한 의로운 가지를 일으킬 것이라 … 그 이름은 '여호와 우리의 의'라 일컬음을 받으리라"고 예언했다(렘 23:5, 6).
c. 에스겔이 말한 바 '여호와 삼마'나, 모세가 기념비를 세우고 그 이름을 '여호와 닛시'라 칭한 것 등은 그리스도가 영존하시는 하나님이심을 지지해주고 있다.

4. 영원하신 하나님의 천사(xiii. 10)

a. 거룩한 족장들에게 나타났던 한 천사는 자기의 이름이 영원한 하나님이라고 주장한 바 있다(삿 6:11, 12, 20, 21, 22; 7:5, 9). 그는 여호와 자신이었다(삿 13:18).
b. 창세기 32:29, 30; 고린도전서 10:4; 호세아 12:5; 스가랴 2:3, 9; 말라기 3:4과 같은 구절들로 미루어보아, 교회 교부들이 그 천사를 말씀이신 그리스도로 해석한 것은 옳은 것으로 여겨진다.

5. 신약에 나타난 그리스도의 신격(xiii. 11)

a. 바울이 그리스도에게 적용한(롬 9:32~33; 14:10~11) 이사야서에서 인용된 구절들(사 8:14; 45:23)에 의하면, 그리스도는 그의 영광이 다른 누구에게도 양도될 수 없는 하나님 자신이심을 의미하고 있다.
b. 요한의 주장에 의하면, 이사야가 그의 성전 환상에서 본 하나님의 보좌(사 6:1)는 사실상 그리스도이셨다(요 12:41).
c. 사도들이 자기들의 글들에서 성자에게 부여한 하나님의 호칭들은 가장 영광스런 것들로써 전혀 열등한 신의 개념이 포함되어 있지 않고, 오히려 그리스도를 항상 예배 받으시기에 합당한 그 유일한 하나님으로 선언하고 있는 것이다.

(1) "주여, 태초에 주께서 땅의 기초를 두셨으며 하늘도 주의 손으로 지으신 바라"(히 1:10; 시 101:26).
(2) "하나님의 모든 천사가 저에게 경배할지어다"(히 1:6; 시 96:7).
(3) 요한은 말씀이 영원히 하나님이시라고 선언함으로써(요 1:1, 14) 하나님의 위엄을 그리스도에게 돌리기를 주저하지 아니했다.
(4) 바울은 그리스도가 하나님의 심판보좌에 앉으신 것으로 말하는가 하면(고후 5:10), 그가 '영원히 찬양받으실 하나님'(롬 9:5)이심과, '하나님이 육신으로 나타나신바'(딤전 3:16)되었으며, '그는 근본 하나님의 본체'(빌 2:6)이셨고, "하나님이 자기 피로 사신 교회를 치게 하셨느니라"(행 20:28)고 선포함으로서, 그리스도가 하나님이심을 단언하였다.
(5) 요한은 한걸음 더 나아가 말하기를 "그는 참 하나님이시요 영생이시라"(요일 5:20)고 하였고, 요한복음에서 도마는 공개적으로 그리스도를 자기의 주이시며 하나님이시라고 선포하였다(요 20:28).

6. 그리스도의 신격이 그가 하신 일들에서 입증되었다(xiii. 12).

   a. 예수님은 자기가 태초로부터 지금까지 성부와 더불어 일하여 왔다고 말함으로써(요 5:17), 자신을 성부 하나님과 동등시하셨다(요 5:18).
   b. 그리스도께서는 섭리를 통해서 우주를 다스리시고, 그 자신의 권능의 명령을 통해서 만물을 규제하심으로써 자기의 신격을 나타내 보이셨다(히 1:3).
   c. 그리스도께서는 죄 용서의 권세가 자기에게 있다는 것을 말로써 주장했을 뿐만 아니라 이적을 통해서도 증거해 보이셨다(마 9:6). 그리스도에게는 사람들의 마음 속에 숨은 생각까지 꿰뚫어 보는 능력이 있었으며(마 9:4; 요 2:25), 이로 보건대 우리는 그가 참 하나님이셨다고 결론지을 수가 있는 것이다.

7. 그리스도의 신격이 그가 하신 이적들을 통해서 입증되었다(xiii. 13).

   a. 선지자들과 사도들도 이적들을 행하였으나, 그들의 경우는 그들의 사역을 통하여 하나님의 은사를 나타내 보인 것 뿐이다. 그러나 그리스도는 자기 자신의 권능을 나타내 보이셨던 것이다.
   b. 더욱이나 그들은 그같은 종류의 이적을 행함에 있어서 권능이 그리스도로부터 왔다는 것을 십분 드러내 보였다. 예를 들면, "예수 그리스도의 이름으로…일어나 걸으라"(행 3:6)고 베드로가 명하여 이적을 행한 것 등, 이러한 이적들은 그리스도의 신성에 대한 아주 좋은 증거가 되는 것이다.

C. 성령의 신격에 대한 증거들(xiii. 14~15)

1. 성령의 사역에 나타난 증거(xiii. 14)

   a. "하나님의 신은 수면에 운행하시니라"(창 1:2)고 한 모세의 증거에 의하면 우주의 아름다움이 그처럼 찬란하게 잘 보전된 것은 성령의 권능 때문이고, 그 성령께서는 혼돈된 우주를 열심으로 돌보셨다.
   b. 성령께서는 성부 하나님과 함께 선지자들을 보내는 일에 참여하셨다(사 48:16).
   c. 성경으로부터 뿐만 아니라, 우리 자신의 확실한 경건의 체험을 통해서도 우리는 성령의 다양한 신적활동들을 잘 알고 있다:
    (1) 성령은 하늘과 땅에 있는 만물을 유지시키고, 그것들을 성장케 하시며, 또한 소생시키신다.
    (2) 성령은 다른 분의 힘을 빌리지 아니하고 자기 자신의 힘으로 우리를 거듭나게 하시는 분이시다.
    (3) 우리에게 지혜와 말하는 은사를 성령이 주신다(고전 2:10).
    (4) 칭의, 권능, 성화(참고, 고전 6:11), 진리, 은혜 그리고 모든 좋은 것들(고전 12:11)을 성령이 우리에게 주신다.

d. 그래서 바울은 성령에게 신적권능을 아주 분명하게 돌리고 있으며, 성령께서 하나님 안에 실재적(實在的)으로 존재하심을 밝히 말하고 있는 것이다.

2. 성령의 신격에 대한 명백한 증거들(xiii. 15)

  a. 성경은 성령에 대하여 말할 때 '하나님'이라고 칭하기를 주저하지 않는다.
    (1) 하나님의 성령이 우리 안에 거하고 계신다는 사실로 미루어 바울은 우리가 하나님의 성전이라고 결론지어 말한다(고전 3:16~17; 6:19; 고후 6:16).
    (2) 베드로는 아나니아가 성령께 거짓말한 것을 꾸짖으면서, 그가 사람들에게가 아니라 하나님에게 거짓말했다고 말하고 있다(행 5:3~4).
    (3) 선지자들은 자기들이 한 말들이 만군의 주의 말씀인 것으로 말하는 것이 보통인데, 그리스도와 사도들은 그 말들을 성령의 것으로 돌리고 있다(참고; 벧후 1:21).
  b. 만일 성령을 훼방하는 죄가 이 세대에서 뿐만 아니라, 오는 세대에서도 용서될 수 없다고 한다면, 이는 곧 성령의 신적 위엄을 확실하게 선언하고 있는 것과도 같다.

D. 반(反)삼위일체 이단들에 대한 논박(xiii. 21~24)

1. 논박의 원리: 성경(xiii. 21)

  a. 부분적으로는 성자와 성령의 신적 본질에 관하여, 그리고 부분적으로는 위격(位格)들의 구별에 관하여 사탄을 대적할 때에, 우리의 사상이나 우리의 말이 하나님의 말씀 자체가 규정하고 있는 범위 밖으로 넘어가지 않도록 우리는 각별하게 주의해야 한다.
  b. 우리가 명심해야 할 것은, 첫째 하나님의 거룩한 말씀 외에는 어떠한

곳에서도 하나님을 찾지 않을 것, 둘째 하나님의 말씀에 부합되지 않는 것은 하나님에 대해서 어떠한 것도 생각하지 않을 것, 셋째 하나님의 말씀으로부터 나오지 않은 것은 어떠한 것도 말하지 않을 것 등이다.
c. 그러므로 비록 사람들의 생각들이 하나님의 심오한 비밀을 제대로 파악하지 못할지라도, 그들은 천래(天來)의 말씀들에 순복하여 지배를 받아야 하는 것이다.

2. 세르베투스의 반삼위일체 이단사상(xiii. 22)

a. 세르베투스의 주장에 의하면 하나님의 본질 안에 세 위격이 존재한다고 보는 경우, 하나님은 삼분화(三分化)되고 만다. 이것은 가공적(架空的) 삼두신(三頭神)인바, 이는 그같은 교리가 하나님의 단일성과 배치되기 때문이다.
b. 위격들은 실제로는 하나님의 본질 안에 존재하지 않으며, 단지 형식상의 개념들에 지나지 않고, 하나님을 이모양 저모양으로 나타내고 있을 뿐인 것이다. 다시 말해서, 위격이라는 용어는 하나님의 영광에 대한 가시적 현현에 불과하다.
c. 태초에는 하나님에게 전혀 아무런 구별이 없었다. 왜냐하면 말씀과 성령이 원래는 구별이 없이 하나로서 동일하였기 때문이다.
d. 그러나 구별이 생기게 된 것은 그리스도가 하나님으로부터 하나님으로 오시고, 성령이 또한 하나님으로부터 또 하나의 다른 하나님으로 나오심으로 해서였다.
e. 하지만 곧이어 세르베투스에 의하면, 그리스도 뿐만 아니라 성령의 신격이 부인되고 만다. 왜냐하면 사람인 우리들 안에 그리고 또한 나무와 돌 안에 실체적으로 존재하고 있는 바로 그 성령이 하나님의 한 부분인 것처럼 하나님이 자기의 처분(處分)을 따라 할당하심으로써 그리스도 안에 뿐만 아니라 성령 안에도 하나님의 일부분이 있게 되었다고 주장하기 때문이다.

f. 이와 같이 성자와 성령이 아무런 차별없이 보편적으로 피조물들과 같은 부류로 여겨지고 있는가 하면 신자들의 영들이 하나님과 함께 영원하며 공존하는 것으로 주장되고 있다.
　　g. 하나님의 본질에는 여러 부분들과 구분들이 있으며, 각 부분마다 하나님이라는 것이다.

3. 세르베투스에 대한 칼빈의 반박(xiii. 23~29)

　　a. 우리는 성경적 삼위일체 교리를 보수해야 한다. 성경의 가르침에 의하면 한 분 하나님의 본질은 단일하며 분할되지 않고, 그 본질을 성부, 성자, 성령이 다같이 소유하고 있으나, 어떤 고유한 특질에 의하여 성부는 성자와 다르고, 성자는 성령과 다르다(Ⅰ. xiii. 22).
　　b. 칼빈은 그의 독자들에게 무익한 고통을 주지 않고, 별로 유익을 주지 못하는 것들에 대해서는 다루지 아니하려고 조심했다. 그가 확신하는 바로는 세 위격이 영원부터 단일한 하나님에게(또는 하나님의 단일성 안에) 존재하였다. 이와 관련하여 칼빈의 경우, 성부가 성자를 항상 낳고 있다고 상상하는 것은 어리석다.

Ⅳ. 사람에 관한 지식(xiv-xv)

A. 우주의 창조(xiv)

1. 창조의 일반(xiv. 1~2)

　　a. 창조의 역사(歷史)를 분명하게 계시하는 것이 하나님의 뜻이었다. 이로써 이 창조사(創造史)에 근거하여 모세는 우주의 창조주요 창시자로 소개한 그 하나님 외에 다른 신을 교회가 신앙적으로 구하지 않도록 하셨다.
　　b. 이 창조 역사에서 시간이 제일 먼저 언급된 것은, 세월의 흐름을 되짚어 신자들이 인류와 만물의 최초의 근원에 도달할 수 있도록 하기

위함이었다.
   c. 불가견의 하나님께서 자신의 살아있는 형상을 확실하게 보여주는 거울로 모세의 역사를 우리 앞에 제시하셨다는 것을 잊지 말자. 이는 우리의 눈이 노안(老眼)이 되거나 약시(弱視)가 되어 흐려진 때에 안경의 도움을 받지 아니하면 아무것도 선명하게 분별할 수 없는 것처럼, 우리는 영적으로 아주 허약한 까닭에, 성경이 우리를 안내하여 하나님을 만나게 해주지 아니하면, 우리는 금방 혼란에 빠지고 말기 때문이다.
   d. 그러므로 우리의 심령이 곁길로 빠지지 않도록 우리를 울타리로 쳐 가두어 제한하기를 하나님이 기뻐하신 이 한계선 안에 기꺼이 갇혀 머물도록 하자.

2. 천사창조(xiv. 3~12)
   a. 신학자의 임무는 많은 말로 귀를 즐겁게 하는 데 있지 않고, 참되고 확실하며 유익한 것들을 가르쳐 양심을 견고케 하는 데 있는 것이다. 그러므로 성경의 단순한 가르침 속에서 주님이 자기의 천사들에 대하여 우리로 알게 하기를 원하신 것만을 살피기로 하자(xiv. 4).
   b. 천사는 단순한 관념이 아니라 실재이다.
      (1) 천사들은 실존하는 영들로서, 기뻐할 줄 알고(눅 15:10), 그 손으로 신자들을 붙들며(시 91:11; 마 4:6), 신자들의 영혼을 인도하여 안식처에 이르게 하고(눅 16:22), 성부 하나님의 얼굴을 뵙는(마 18:10) 등 다양하게 행하는 실재들이다(xiv. 9).
      (2) 천사들은 하나님의 명령을 수행하는 직분을 맡은 하나님의 일꾼들인 까닭에 그것들이 하나님의 피조물이라는 것은 의심할 여지가 없는 사실이다(시 103:20~21) (xiv. 4, 5).
   c. 성경에 나타난 천사의 명칭(xiv. 5)
      (1) 하늘의 영들(시 103:20~21): 하나님이 작정한 모든 일들을 실행에 옮기는 일꾼들이다.

(2) 천군(눅 2:13) : 왕의 근위병들이다.
　(3) 정사(政事: 엡 1:21) : 천사들을 통하여 하나님은 자기 손의 권능과 힘을 발휘하며 선언하신다.
　(4) 권세, 능력, 주관하는 자(골 1:16; 엡 1:21; 고전 15:24) : 이들을 통하여 하나님은 세상에서 자기의 권세를 발휘하신다.
　(5) 보좌(골 1:16) : 하나님의 영광이 천사들에게 임하여 있다.
　(6) 신들(시 138:1) : 이들을 통하여 하나님은 자기의 신적 위엄의 임재를 나타내 보인다.
d. 천사들이 하는 일(xiv. 6~7)
　(1) 천사들은 우리들을 향한 하나님의 은총을 베풀며 관리하는 자들이다. 그들은 우리의 안전을 위하여 항상 깨어 있으며, 우리를 보호하는 책임을 맡고 있고 우리의 길을 지도하며, 우리로 하여금 해(害)를 당하지 않도록 한다(시 91:11~12; 34:7; 창 16:9; 24:7; 48:16; 출 14:19; 23:20; 삿 2:1; 6:11; 13:3~20).
　(2) 천사들은 그리스도를 수종들고(마 4:11), 그가 어려움 가운데 있을 때 그를 도왔으며(눅 22:43), 그의 부활(마 28:5, 7)과 영광스런 재림(행 1:10)을 선포하였다.
　(3) 우리를 보호하는 임무를 완수하기 위하여 천사들은 마귀와 우리의 모든 원수들을 대적하여 싸우며 우리를 해치는 자들에 대하여 하나님의 보복을 시행한다.
　(4) 특수한 천사들은 세상 나라와 지방들의 수호자로 임명되었다(단 10:13, 20; 12:1). 또한 어린아이들을 위한 천사들도 있다(마 18:10).
e. 천사들의 계급과 수효와 형태(xiv. 8)
　(1) 계급: 천사장 미가엘(단 12:1; 유 9절, 살전 4:16)과 가브리엘(단 8:16; 눅 1:19, 26) 그리고 라파엘(토빗 12:15) 등이 있다.
　(2) 수효: "열두 영(營) 더 되는 천사"(마 26:53), "천천이요…만만이며"(단 7:10), "여호와의 사자가… 둘러 진(陳)치고"(시 34:7) 등의 구절에서 알 수 있는 대로 천사는 그 수효에 있어서 거대하다.

(3) 형태: 천사는 영물(靈物)이기 때문에 신체적인 형태를 가지고 있지 않다.

3. 마귀(xiv. 13~19)

　a. 마귀는 단순한 관념이 아니고 실재이다.
　　(1) 마귀들은 본래 하나님의 천사들로 창조되었으나, 타락함으로 말미암아 악하여지고 스스로 몰락하여 다른 피조물을 파괴하는 도구로 전락하였다(xiv. 16).
　　(2) 하나님께서는 범죄하여(벧후 2:4) 본래의 선한 본성을 갖추지 못하고 자기들의 처소를 떠난(유 6) 그러한 사악한 천사들을 용서하지 않으셨다(xiv. 16).
　　(3) 만일 마귀가 비실재(非實在)라고 한다면, 마귀들이 영원한 심판을 받도록 되어 있다는 표현이나, 불의 심판이 그들을 위해 준비되어 있다고 하는 표현 등은 아무런 의미가 없을 것이다(마 25:41; 벧후 2:4)(xiv. 19).
　b. 마귀의 호칭과 활동
　　(1) 사탄은 이 세상의 신(고후 4:4)이요 임금(요 12:31), 공중의 권세 잡은 영(엡 2:2) 그리고 우는 사자(벧전 5:8) 등으로 불리우고 있다(xiv. 13). 그리고 사탄 또는 마귀가 단수로 쓰인 경우는 악의 왕국을 의미한다(xiv. 14).
　　(2) 성경에는 마귀들을 복수형으로 표현하고 있는데, 이러한 표현은 우리를 대적하는 원수가 대군(大軍)임을 우리에게 상기시켜, 우리가 안이해지는 대신에 그들을 대적하여 전투를 하도록 하기 위함이다(xiv. 14).
　　(3) 마귀는 성경 어디에서나 하나님과 우리의 대적자로 불리우고 있다. 그는 우리를 미혹하여 하나님께 마땅한 순종을 하지 못하도록 함으로써, 동시에 하나님에게서 그의 합당한 영예를 빼앗는가 하면, 인간을 파멸에 처넣으려한다(창 3:1~5). 사탄 마귀는 모든 사악과

불의의 창시자요, 지도자이며, 설계자이다(xiv. 15).
    (4) 그렇지만 사탄은 하나님의 허용이 있어야만 행동할 수가 있는 것이다(욥 1:6; 2:1) (xiv. 17).
  c. 승리의 확신
    사탄의 머리를 박살나게 한다고 하는 그 약속(창 3:15)이 그리스도와 그의 모든 지체들에게 공통적으로 해당되기 때문에, 신자들은 결코 사탄에게 정복이나 패배될 수가 없는 것이다. 신자들은 평생 고전을 면치 못하나 마침내는 승리를 얻는다(xiv. 18).

4. 창조에서 배우는 영적 교훈(xiv. 2, 20~22)

  a. 육일의 창조사역은 사람들에 대한 하나님의 선하심을 보여주고 있다(xiv. 2).
    (1) 하나님이 만물을 창조하신 바로 그 순서에서 우리는 인류를 향한 하나님의 부성애(父性愛)를 깊이 감지해야 하는 것이다. 왜냐하면 하나님께서는 아담을 위하여 우주 가운데 모든 종류의 좋은 것들을 아낌없이 만들어 준비해 놓으신 후에야 아담을 창조하셨기 때문이다.
    (2) 하나님께서 인간의 유익을 위하여 해와 별들의 움직임을 조정하시고, 땅과 물과 공중의 생물로 가득 채우시며, 먹을 양식으로 주시려고 풍부한 과일을 맺게 하신 것은, 한 가정에서 선견지명이 있고 부지런한 가장의 책임을 이같이 다하심으로써, 우리를 향한 자기의 말로 다할 수 없는 선하심을 나타내 보이신 것이다.
  b. 우리에게 신앙이 있다고 하는 첫번째 증거는 이 우주의 만물을 하나님이 무슨 목적으로 창조하셨는가를 경건하게 깊이 묵상하는 데 있다(xiv. 20).
  c. 신앙과 관계된 규칙의 두 요소
    (1) 그 규칙의 첫번째 요소는 우주창조에 나타난 하나님의 권능을 인식하는 것이다. 이를 위해서는 하늘의 별떼를 놀라운 질서에 따라 배치, 배열하시고 서로 어울리게 하신 그 제작자의 위대성을 깊이 생

각해야 한다(xiv. 21).
	(2) 그 규칙의 두 번째 요소는 하나님께서 우리의 유익과 구원을 위하여 만물을 작정하셨다는 것을 인식하는 것과 또한 우리의 모습과 우리에게 그가 베푸신 큰 은택들에서 그의 권능과 은혜를 느낌으로써 우리가 마음에서 우러나 하나님을 신뢰하고, 그에게 간구하며, 그를 찬미하고 사랑하는 것이다(xiv. 22).
d. 그러기에 모든 좋은 것들의 충만을 오직 하나님에게서만 기대하고, 하나님이 우리에게 주시게 될 모든 것을 온전히 신뢰하며, 우리의 희망을 오직 그분에게만 걸어야 하는 것이다. 따라서 우리는 또한 우리가 원하는 것은 무엇이나 하나님께 간구하고, 우리의 몫으로 주어진 모든 은택은 그에게로부터 온 축복으로 알고 감사하게 받으며, 우리의 마음을 다하여 그를 사랑하고 섬기기를 힘써야 하는 것이다(xiv. 22).

B. 인간의 창조(xv)

1. 몸의 구조: 육체와 영혼

a. 우리 자신에 관한 지식은 이중적이다(xv. 1).
	(1) 우리가 본래 창조되었을 때 우리의 모습이 어떤 것이었는가를 아는 것과,
	(2) 아담의 타락 후 우리의 상태가 어떻게 변했는가를 아는 것.
b. 인간은 영혼과 육체적 몸으로 구성되어 있다.
	(1) 영혼은 불멸적이지만 피조(被造)된 본질로서, 인간의 구성요소 가운데 보다 더 고상한 요소이다. 그리고 육체와는 구별되어 있으며, 본질적인 어떤 것이다(전 12:7; 눅 23:46; 욥 4:19; 고후 7:1)(xv. 2).
	(2) 육체는 감옥소와 흙집과도 같다(욥 4:19). 또한 썩어질 장막에 지나지 않는다(고후 5:1)(xv. 2).
	(3) 하나님의 형상의 제 1차적인 자리는 사람의 마음과 가슴 또는 영혼

과 그것의 능력에 있었지만, 그러나 사람의 어느 부분에도 심지어는 육체 자체에도 그 형상의 광채가 조금이라도 빛나지 않은 곳은 없었다(xv. 3).

2. 하나님의 형상대로 창조된 인간

   a. 하나님은 사람을 자기의 형상대로 창조하셨다(창 1:27). 그래서 사람은 하나님을 닮은 것이다(xv. 3).
   b. 하나님의 형상은 밝은 지성과, 올바른 마음과, 건강한 몸의 모든 부분들에 다시 말해서, 지식과 순전한 의와, 거룩으로 나타났다(엡 4:24; 골 3:10) (xv. 4).

3. 인간은 창조될 때 두 가지의 기능, 곧 오성(悟性)과 의지로 구성되어 있다(xv. 7).

   a. 인간의 영혼은 두 가지의 기능, 곧 오성과 의지로 구성되어 있다(xv. 7).
   (1) 오성이 하는 일은 대상(또는 객체)들을 식별하여 옳고 그른 것을 판단하는 것이다.
   (2) 의지가 하는 일은 오성이 선하다고 판단한 것을 선택하여 추종하되, 오성이 찬성하지 않는 것을 거부하여 멀리하는 것이다.
   (3) 오성은 영혼의 지도자요, 통치자이며, 의지는 오성의 명령을 항상 유념하고 오성의 판단을 기다린다.
   b. 자유선택과 책임(xv. 8)
   (1) 인간의 영혼은 선악과 옳고 그름을 구별하는 지성(오성)을 구비하였다.
   (2) 하나님이 이 오성과 의지를 결합시켰으며, 의지의 통제 아래 선택이 이루어진 것이다.
   (3) 타락하기 이전 본래의 상태에서 인간은 천부적 재능들이 탁월하였던 까닭에, 인간의 이성, 오성, 분별력과 판단 등이 세속적 삶을 지도하는 데 충분하였을 뿐만 아니라 이같은 순결 상태에서는 자유의지를 통하여 복된 영생에 이를 능력이 있었다.

(4) 인간이 스스로 타락하여 자신의 축복을 부패시키기 이전에는, 그의 몸의 모든 유기적 부분들은 잘 순종할 수 있도록 구성되어 있었던 것이다.

V. 섭리(xvi-xviii)

A. 정의

1. 창조와 섭리의 불가분한 관계(xvi. 1)

 a. 육신적 감각은, 창조사역 자체에서 하나님의 권능을 감지하더라도, 생각이 거기서 멈추어 버리고, 대신 자연의 보존하며 조절하는 일반원리를 탐구한다. 그리고 육신적 감각의 판단에 따르면, 이 일반원리로부터 자연계의 운동의 힘이 기원하는 것이다. 요약하자면, 일단 만물을 창조하고서는 그것들에게 처음부터 충분한 에너지를 공급하여 이후로는 저절로 움직여 나가도록 방임해 버리고 초연해 있는 일종의 신을 육신적 감각은 알 따름인 것이다.

 b. 그러나, 신앙은 하나님에 대하여 보다 더 깊이 꿰뚫어 볼 수 있어야 하는 것이다. 즉 하나님이 만물의 창조주임을 발견한 다음에는 곧바로 그 하나님께서 또한 영원한 통치자요 보존하는 자이심을 깨달아야 하는 것이다.

 (1) 하나님은 천체를 움직이실 뿐만 아니라;
 (2) 모든 인간사를 포함하여, 그가 만드신 모든 것, 심지어 가장 작은 참새까지라도(마 10:29) 보전하시고, 양육하시며, 돌보시기 때문에, 그는 통치자요 보존자이시다.

 c. 우주가 하나님에 의하여 만들어진 것을 알고 있어도, 그가 자기의 피조물들을 돌보고 계신다는 것을 확신하지 못하는 자는 참으로 믿고 있는 것이 아니다. 비록 우리가 하나님 안에서 존재하며 기동하며 살고 있다고 한 바울의 말에 세속철학자들이 동의하고 있으나(행 17:28), 그렇지만 그들은 바울이 감격하고 있는 바 은혜에 대한 깊은 느

낌을 전혀 알지 못하고 있다. 왜냐하면 하나님의 부성애를 알게 하는 유일한 방편인 그의 특별한 보살핌을 그들은 전혀 맛보지 못하고 있기 때문이다.

2. 운명이나 우연은 전혀 없다(xvi. 2).

   a. 모든 시대를 걸쳐서 대부분의 모든 사람들은 만물이 우연하게 생성되었다는 생각을 똑같이 갖고 있다. 이로써, 하나님의 섭리에 대한 교리가 흐려져 있을 뿐만 아니라, 거의 망각되어 버린 것이다. 그러나 하나님의 섭리는 운명이나 우발적 사건들과는 정반대가 되며, 만사가 하나님의 뜻을 따라서 일어난다는 것을 우리는 알아야 한다(참고. Ⅰ. xvi. 8).
   b. 자연의 맹목적 본성에 따라 태양이 날마나 뜨고 지는 것이 아니라, 하나님 자신이 우리를 향한 그의 부성적 사랑이 늘 새롭게 기억되게 할 목적으로, 그것의 궤도를 주관하고 계시는 것이다.

3. 섭리의 두 주제

   a. 하나님이 절대 통치권자이시요 만물을 다스리신다. 하나님이 그의 지식과 의지로 작정하신 것이 아니면 아무것도 일어나지 않는다(xv. 4).
   b. 하나님은 사랑으로 돌보시는 아버지이시다(xvi. 1).

4. 섭리의 성질

   a. 섭리는 단순한 예지나 허용 이상의 것이다.
      (1) 아브라함이 그의 아들에게 "하나님이 친히 준비하시리라"(창 22:8)고 말한 것은, 미래사에 대한 하나님의 예지를 확언한 것일 뿐만 아니라, 당혹스런 일들에 대하여 해결의 길을 열어 주시는 하나님의 뜻에 미지의 사건에 대한 염려를 맡기는 것을 의미했다. 이 점에서 섭리는 사건들에 대한 단순한 예지가 아니라 적극적인 통치이다(xvi. 4).

    (2) 욥기 1장으로 미루어 우리가 아는 대로, 사람들이나 사탄 자신이 무엇을 선동하는데 하나님께서 열쇠를 쥐고 계신다. 그리하여 하나님은 그들의 선동이나 장난을 돌려가지고 자신의 심판을 수행하시며, 그래서 그에게는 아무런 허물이 없으시고, 그는 언제나 거룩하시다. 그러므로 하나님의 섭리는 그저 단순한 허용이 아닌 것이다 (xviii. 1).
  b. 섭리는 일반적, 보편적, 비인격적이기보다는 특정적, 개별적, 인격적이다.
    (1) 우주는 하나님이 주관하고 계신다. 이는 그 자신이 제정해 놓으신 자연의 질서를 그가 감독하고 있을 뿐만 아니라, 그가 만드신 피조물을 하나하나 특별하게 돌보고 있기 때문이다(xvi. 4).
    (2) 하나님께서 사건 하나하나마다 세심하게 규제하고 계시고, 모든 사건들이 하나님의 작정된 계획으로 말미암아 일어나기 때문에, 아무것도 우연하게 발생되는 것은 결코 없다(xvi. 4).
    (3) 어떤 종류의 일들은 마치 하나님의 영원한 명령에 순종한 것처럼 자연의 은밀한 충동에 의하여 움직이고, 하나님의 한번 결정해 놓으신 것은 저절로 진행되는 것이 사실이다(xvi. 4).
    (4) 그러나, 보잘것없는 작은 참새 한 마리마저도 하나님 아버지의 뜻이 아니면 땅에 떨어지지 않는다(마 10:29). 만일 새들의 날으는 것도 하나님의 명확한 계획에 의하여 다스려지고 있는 것이 확실하다고 하면, 우리도 어떤 선지자처럼, 하나님은 높은 곳에 계시나 자신을 낮추어 하늘과 땅에서 일어나는 일마다 살피고 계신다는 것을 고백해야 마땅하다(시 113:5~6) (xvi. 5).
  c. 하나님의 섭리는 특별히 사람과 관계가 있다(xvi. 6).
    (1) 우주가 특별히 인류를 위하여 창조된 것처럼, 하나님께서 우주를 통치 섭리하는 목적도 이와 같다. 그래서 예레미야 선지자가 외치기를 "여호와여 내가 알거니와 인생의 길이 자기에게 있지 아니하니 걸음을 지도함이 걷는 자에게 있지 아니하니이다"(렘 10:23)고

했고, 더욱이나, "그 걸음을 인도하는 자는 여호와시니라"(잠 16: 9)고 솔로몬은 말했다.
　(2) 성경은 세상에서 아무것도 하나님의 결정이 없으면 이루어질 수 없다는 것을 보다 더 분명하게 하기 위하여, 외관상 가장 우연하게 보이는 것들도 사실은 하나님께로 말미암는다는 것을 밝히고 있다. 예컨대 만일 나뭇가지가 갑자기 부러져 내려 지나가는 행인이 그 가지에 맞아죽게 된 경우, 살해자의 손에 하나님이 그를 내어주었다고 하나님은 말씀하신다(출 21:13).
d. 하나님의 섭리는 '자연' 가운데서 일어나는 일들도 규제하신다(xvi. 7).
　(1) 성경에 나와 있는 예들로는, 바람(출 16:13; 욘 1:4; 시 104:3~4; 107:25; 암 4:9), 생식력(시 127:3; 창 30:2), 일용할 양식(마 6: 11; 시 136:25) 등이 하나님께로부터 말미암는다.
　(2) "여호와의 눈은 의인을 향하시고 그 귀는 저희 부르짖음에 기울이시는도다"(시 34:15)는 말씀에서, 천지의 모든 피조물들이 기꺼이 순종함으로써, 하나님이 자기가 기뻐하시는 대로 그것들을 활용할 수 있게 된다는 것을 우리는 알아야 한다.
　(3) 하나님의 일반 섭리는 피조물들 가운데서 활발하게 자연의 질서를 보전할 뿐만 아니라, 그의 기이한 계획에 의하여 본래의 확정된 목적에 부합되는 것이다.
e. 섭리는 운명이 아니다(xvi. 8~9).
　(1) 만물의 지배자요 통치자이신 하나님은 자기가 장차 행하고자 하신 것을 자기의 지혜대로 영원 전부터 작정하셨으며, 그가 작정하신 것을 이제는 그의 권능으로 수행하고 계신다. 천지와 무생물들 뿐만 아니라, 사람들의 계획과 의도들까지도 그것들의 정해진 목적에 곧장 이르도록 그의 섭리에 의하여 다스려지고 있는 것이다.
　(2) 아무것도 우연하게 또는 우발적으로 일어나지 않는다. '운명'과 '우연'은 이교도적 용어들이다. 왜냐하면 만일 모든 형통이 하나님의 축복이고, 재난과 역경이 그의 저주라고 한다면, 인간사에서 운명이나

우연이라는 말이 용납될 여지가 전혀 있을 수 없기 때문이다.
(3) 일반적으로 '운명'이라고 불리우는 것도 은밀한 질서에 의하여 다 스려지고 있으며, 사물의 이유와 원인을 우리가 알 수 없는 경우에 만 우리가 '우연발생'이라고 말하고 있는 것이다.
(4) 아무것도 하나님의 명령이나 허용이 아니고서는 일어나지 않기 때 문에 하나님의 의지가 모든 일들의 최고 최초의 원인이시다.
(5) 범사가 하나님의 계획과 확실한 뜻을 따라서 섭리되고 있다 할지라 도, 우리에게는 그것들이 우발적인 것으로 보이는 것이다. 이 점에 서 '운명'이라는 단어가 전도서에 자주 반복사용되어 있다(2: 14~15; 3:19; 9:2~3, 11). 왜냐하면 사람들은 자기들에게 깊이 숨겨져 있는 최초의 원인을 얼핏 처음 보아서는 통찰하지 못하기 때문이다.
(6) 우리의 눈에 우발적인 것으로 보이는 것도, 신앙의 눈으로 보면 하 나님의 은밀한 의지에 의하여 계기가 마련되었음을 알 수 있다.

B. 하나님의 섭리에 대한 바른 이해와 적용(xvii)

1. 하나님의 방법의 의미: 범사가 하나님에 의하여 작정되어 있다고 성경이 가르치는 목적(xvii. 1)

   a. 하나님의 섭리는 과거 뿐만 아니라 미래와 관련해서도 고려되어야 한다.
   b. 하나님의 섭리가 때로는 매개체를 통해서, 때로는 매개체없이, 그리 고 때로는 모든 매개체를 역행하여 수행된다.
   c. 하나님의 섭리는 하나님이 온 인류에 대하여 관심을 가지고 계실 뿐 만 아니라, 특별하게는 그가 깨어서 교회를 다스리고 계신다는 것을 나타내 보이는 방향으로 이루어진다.

2. 하나님의 섭리를 해석하는 방법(xvii. 1)

   a. 때로는 사건들의 원인이 감추어져 있다. 그러나 우리 가운데서 일어

제1권 창조주 하나님 ■ 51 ■

　　나는 모든 일들을 맹목적인 운명의 탓으로 돌려서는 안된다. 만일 우리에게 조용하고 안정된 마음이 있어서 생각할 준비가 되어 있다고 하면, 하나님은 자기의 계획을 위하여 최선의 이유를 가지고 계신다는 것을 우리는 최종적 결과를 통해서 분명하게 알게 될 것이다.
 b. 때로는 모든 것이 우리에게 어지럽고 뒤엉킨 것처럼 보이는 수가 있다. 세상이 뒤죽박죽 됨으로 말미암아 우리가 판단력을 잃게 되지만, 그럴수록 우리는 마음을 침착하게 가다듬어 하나님께 책임추궁하려들지 말고, 그의 은밀한 판단을 경외하여야 한다. 그리하여, 하나님의 의지가 만사의 참으로 공의로운 원인인 것과, 하나님께서는 이처럼 혼란스럽게 보이는 것들을 최상의 질서를 따라 바른 목적을 향하여 자기의 공의와 지혜의 순수한 빛을 발하여 조절하시고 주관하시고 계신다는 것을 잊어서는 안된다.

3. 하나님의 섭리와 인간의 책임

　　하나님이 섭리하신다 하여 인간의 책임이 면제되거나 신중한 사려분별이 불필요한 것은 결코 아니다.
 a. 자유사상가들에 의하면 주께서 우리의 죽을 날을 정해 놓으셨다고 하면 우리로서는 그것을 회피할 수가 없다고 한다. 그렇다면 지금 일어나는 것은 무엇이나 그들은 하나님의 섭리로 돌리고, 그것을 분명히 실제로 행한 사람에게는 전혀 책임을 돌리지 않고 눈을 감아버린다 (xvii. 3).
 b. 그러나 이와는 반대로 침착하게 마음을 절제할 줄 아는 사람들은 모두가 과거의 불행이나 역경을 인하여 하나님께 불평하거나, 그들 자신의 사악함에 대한 비난을 하나님께 결코 뒤집어쒸우지 않는다. 오히려, 그들은 하나님을 기쁘시게 할 것이 무엇인가를 성경에서 연구하고 배워 성령의 인도하심을 받아 그것을 행하려고 노력하게 된다.
 c. 미래에 일어날 사건들과 관련하여, 솔로몬이 밝히고 있는 바에 의하면, 인간의 사려깊은 숙고(熟考)는 하나님의 섭리와 조화를 이루고 있다.

그래서 "사람이 마음으로 자기의 일을 계획하고, 하나님이 그의 걸음을 인도하실 것이라"(잠 16:9)고 그는 말한다. 이 말이 의미하는 바는, 하나님이 영원 전부터 모든 것들을 작정하셨다 하여 우리가 우리의 힘으로 앞을 내다보고 대비하지 않아도 된다거나 우리의 주변 일들을 질서있게 처리하지 않아도 되는 것이 아니라 오히려 하나님의 뜻에 순복하여 열심히 행하여야 할 것을 두고 말한다(xvii. 4).

d. 섭리의 하나님은 우리의 삶을 보전하는 방편과 수단을 제공해 주셨다; 그는 또한 우리로 하여금 앞에 있는 위험을 감지할 수 있는 분별력을 주셨다; 그리고, 예방조처와 구제책도 마련해 주셨다. 그러므로 이제 우리의 의무가 무엇인지 분명해졌다. 만일 주께서 우리에게 우리의 생명을 보호할 것을 위임하셨다고 하면, 우리의 의무는 하나님의 제공하신 모든 방편과 수단과 구제방법을 사용하여 생명을 보호하는 것이다(xvii. 4).

e. 하나님의 섭리는 항상 일목요연한 형태로 나타나는 것은 아니다. 어떤 의미에서 하나님은 사용된 방편을 통해서 나타내신다(xvii. 4). 그러므로 우리는 간접적인 제 2원인들을 결코 무시해서는 안된다(xvii. 9).

f. 하나님의 섭리로 말미암아 우리의 사악함이 무죄로 되는 것이 아니다. 단지 자기 자신의 사악한 욕정에 충동을 받아 악을 행하는 자는 하나님의 명령에 따라 그를 결코 섬기고 있는 것이 아니다(xvii. 5).

g. 강도들과 살인자들과 다른 행악자들은 하나님의 섭리의 도구들이요, 하나님 자신이 이들을 사용하여 심판을 행하신다. 그렇지만, 그들은 이를 근거로 하여 자기들의 악한 행동들에 대한 어떤 변명도 할 수 있는 것이 아니다. 왜냐하면 그들에게서는 오직 악만 발견되고 하나님은 그들의 악한 의도를 적법하게 사용하신 것 뿐이기 때문이다(xvii. 5).

제1권 창조주 하나님 ■ 53 ■

4. 하나님의 섭리를 알고 나면 형통할 때는 감사하고 어려울 때는 인내하게 된다.

   a. 그리스도인의 마음은 만사가 하나님의 계획에 의하여 일어난다는 것과, 아무것도 우연하게 일어나지 않는다는 것을 깊이 확신하여 온 까닭에, 하나님을 만사의 제 1 원인으로 늘 생각하게 될 것이지만, 경우에 따라서는 제 2 원인들에 대해서도 관심을 기울이게 될 것이다(xvii. 6).
   b. 그리스도인의 마음은 그들의 계획과 의지와 노력과 능력이 하나님의 통치 아래 있다는 것과 오직 하나님의 부성애적 섭리만이 신자들의 복지를 보장해 준다는 것을 알게 될 것이다(xvii. 6). 그러므로 무엇이든 자기 마음의 소원대로 형통하게 될 때에, 하나님의 종은 사람들의 손을 통하여 하나님이 은택을 베풀어 주신 것으로 생각되든, 아니면 무생물을 통하여 도움을 받았든 간에, 그는 전적으로 모든 것을 하나님의 덕택으로 돌릴 것이다. 다른 일들에서도 주님의 축복을 통해서만이 모든 일들이 형통하게 된다는 것을 하나님의 종은 의심하지 않을 것이다(xvii. 7).
   c. 만일 어떤 역경에 처하게 되면, 하나님의 종은 곧바로 이 경우에도 그의 마음을 들어 하나님께로 향하게 될 것이며, 하나님의 손이 우리의 심령에 인내와 평온을 쉽게 가져다 줄 것이다(xvii. 8).
   d. 하나님의 섭리에 대한 확신이 없으면, 인생은 견딜 수 없게 된다. 왜냐하면 우리가 어디로 눈을 돌리든 간에, 우리 주변의 모든 일들이 거의 신뢰할 수가 없을 뿐만 아니라 거의 공개적으로 우리를 협박하며 당장 죽일 것처럼 보이기 때문이다(xvii. 10).
   e. 하나님의 섭리에 대하여 확신하게 되면 우리의 마음에 하나님께 대한 즐거운 신뢰가 생겨난다. 그러나 섭리에 대한 무지는 최고의 불행이요, 최고의 행복은 하나님의 섭리에 대한 지식에 있다(xvii. 11).

5. 하나님은 후회하시는가?

   a. 하나님의 계획이나 의지 또는 결의는 결코 번복되거나 변경되지 않는다. 사람들이 보기에는 아무리 갑작스럽게 변경이 있는 것처럼 보일지라도 하나님께서는 그가 영원부터 미리 아시고 승인하시어 작정하신 것은 일관되게 수행하시는 것이다(xvii. 13).
   b. '후회'라고 하는 표현은 우리 자신의 인간적 경험으로부터 빌려왔다(xvii. 13).

C. 불경건한 자들의 악행을 하나님은 어떻게 이용하시는가?(xviii)

1. 단순한 '허용'이 아니다(xviii. 1).

   a. 하나님은 망대에 한가로이 앉아서 마치 자기의 판단이 인간의 의지에 달려있거나 한 것처럼 우발적 사건들을 기다리고 계시지 않는다. 사람들이나 사탄 자신이 무엇을 선동하든, 하나님이 열쇠를 쥐고 계시어, 그들의 행악을 바꾸어 자기의 심판을 수행하신다.
   b. 성경에 나오는 실례들;
   (1) 욥 자신이 인정하는 대로, 사탄이 아니라 하나님이 그의 시련의 근원이시다.
   (2) 아합의 눈이 멀고 미치광이처럼 행한 것(왕상 22:20, 22)
   (3) 사도들은 빌라도와 유대인들에 대하여 그들이 단지 하나님께서 작정하신 것을 수행한 것에 지나지 않는 것으로 보고 있다(행 4:28).
   (4) 압살롬이 근친상간하여 아버지의 침상을 더럽힌 죄(삼하 16:22)
   (5) 유대인들에 대한 갈대아 사람들의 잔악한 행위(렘 1:15; 7:14)

2. 하나님은 사람들에게 어떻게 충동하시는가?(xviii. 2)

   a. 많은 성경구절들(참고; 잠 21:2)에 보면, "무엇이든 우리의 마음 속으로 생각하는 것이 하나님의 은밀한 감동에 의하여 그 자신의 목적으로 향하게 된다"고 표현되어 있다. 즉, 하나님의 단순한 허용에 의

제1권 창조주 하나님 ■ 55 ■

해서가 아니라 성령의 적극적인 작용에 의하여 우리의 마음이 지배를 받고 있는 것이다.
  b. 이같은 사실은 '바로왕의 마음을 강퍅하게' 하시는 데서 두드러지게 나타나 있다;
   (1) 우선, 하나님이 바로의 마음을 강퍅하게 하셨다고 말씀되어 있다 (출 9:12; 10:1, 20, 27; 11:10; 14:8).
   (2) 또한 동시에 바로왕 자신이 그 자신의 마음을 강퍅하게 하였다고도 말씀되어 있다(출 8:15, 32; 9:34).
   (3) 하나님의 의지가 바로의 마음을 강퍅케 하는 원인으로 단정되어 있다(출 4:21).
  c. 요약하자면 하나님의 의지가 만사의 원인인 것으로 말씀되어 있기 때문에, 인간이 계획하며 행하는 모든 일들에 있어서 결정적인 원인은 하나님의 섭리인 것이다. 이로써, 성령으로 지배를 받고 있는 선택된 자들 안에서 그 힘을 나타낼 뿐만 아니라, 또한 버림받은 자들을 굴복시켜 순종케 하는 것이다.

3. 하나님의 의지는 단일하다(xviii. 3).

  a. 비방자들의 첫번째 반대: 만일 아무것도 하나님의 의지가 아니고서는 일어나지 않는다고 하면, 하나님에게는 두 개의 상반된 의지가 있다고 보아야 한다. 왜냐하면 자기의 율법대로 공공연하게 자기가 엄금한 것을 자기의 은밀한 계획에 의하여 작정한 때문이다.
  b. 칼빈의 대답: 우리의 정신적 무능력으로 인하여, 하나님이 다양한 방법으로 어떻게 어떤 일을 원하며 원하지 않는지를 우리가 알지 못하기 때문에, 하나님의 의지가 하나님에게는 단일하지만, 우리에게는 여럿으로 보이는 것이다.

4. 하나님이 자기의 목적을 위하여 불경건한 자들의 악행을 이용하시어도 비난의 대상이 되지 않는다(xviii. 4).

a. 비방자들의 두 번째 반대: 만일 하나님께서 불경건한 자들의 소행을 이용하실 뿐만 아니라, 그들의 계획과 의도를 주관하신다고 하면 그는 모든 사악의 창시자라고 보아 마땅하다. 그러므로 사람들이 하나님께서 작정하신 것을 수행하고 있다고 하면, 그들은 하나님의 의지에 순복한 것이 되므로 그들이 정죄받는 것은 부당한 것이다.
b. 칼빈의 대답: 하나님의 의지와 그의 명령적 교훈을 잘못 혼동하고 있다. 성경에 나오는 실례로는 압살롬의 근친상간(삼하 16:22), 여로보암왕의 등극(왕상 12:20), 가룟 유다가 우리 주님을 배반한 일 등이 있다. 하나님은 이 일들을 작정하셨으나, 근친상간이나 왕국분열 및 스승을 배반하는 일을 가르치지 아니하셨다.
c. 하나님은 사악한 자들을 통해서 그가 은밀한 의지에 의하여 작정해 놓으신 것을 성취하시지만, 그들의 경우는 하나님의 교훈(또는, 교훈적 의미)에 순복한 것이 아니라 그들 자신의 정욕에 충동을 받아 고의적으로 그의 교훈을 범한 까닭에 용서가 될 수가 없는 것이다.

5. 하나님의 전능하심과 선하심이 어떻게 조화될 수 있는가?

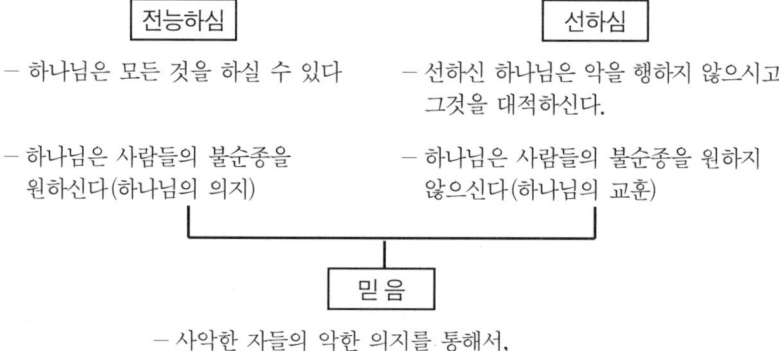

제 2 권

구속주 하나님

I. 죄(i-v)

A. 원죄(i)

1. 아담의 타락과 배반으로 말미암아 인류 전체가 저주를 받았고, 본래의 상태가 부패하여졌다(i. 제목).

2. 그리스도인의 생활의 역동성(i. 1)

   a. 우리 자신에 대한 참된 지식은 자기 부인을 결실하고, 자만심을 제거한다.

   b. 인간의 창조 당시의 최초의 존귀성을 생각하려고 하면, 그것과는 전적으로 대조되는 우리의 추악하고 부끄러운 모습을 탄식하지 않을 수가 없는 것이다. 왜냐하면 인류의 첫 사람인 아담과 함께 우리가 본래의 상태에서 타락했기 때문이다. 이같은 사실을 알게될 때 우리 자신을 증오하며 혐오하게 되고, 한편으로는 참으로 겸손하게 되는 것이다. 또한 이로 인하여 하나님을 사모하여 구하는 새로운 열심이 생겨난다. 우리 각자는 우리가 전적으로 완전히 상실해버린 선한 것들을 하나님 안에서 회복하게 된다.

3. 우리 자신에 관한 지식에 대한 정의(i. 1)

   a. 우리가 창조될 때 전혀 천박한 은사가 아니라 고귀한 은사들을 받았으며, 우리를 향해 하나님께서 그의 은총을 아주 관대하게 계속적으로 베풀고 계신다는 것을 알 뿐만 아니라,
   b. 아담의 타락 이후 우리는 이제 비참한 상태에 있다는 것을 아는 것이다.
   c. 그리고 거룩하고 바른 삶을 영위함으로써 복스런 불멸의 상태를 목표로 하여 우리가 정진할 수 있도록 우리에게 이성과 오성이 부여되었다는 점을 우리가 인식하는 것이다.

4. 아담의 죄에는 인간에게 주어진 본래의 은사의 상실과 전인류의 멸망이 수반되었다.

5. 죄의 정의

   a. 죄의 근원: 하나님의 말씀에 대한 불충과 불순종이 죄의 근원이다. 일단 우리가 하나님의 말씀을 멸시하게 되면, 하나님에 대한 모든 경외심을 버리게 되고 만다. 하나님의 말씀에 불충실하고 난 후, 배은망덕과 더불어 야심과 교만이 생겨났다(i. 4).

      참으로 모든 정욕을 억제하는 가장 좋은 굴레는 다른 것이 아니라, 하나님의 계명을 순종함으로서 의를 실천하는 것이 최상의 것이라고 생각하는 데 있다(i. 4).
   b. 죄의 본질: 조상으로부터 물려받은 부패, 곧 이전에 선하고 순결했던 본성이 악화된 것이 죄의 본질이다(i. 5). 원죄란 우리의 영혼의 모든 부분에 깊이 침투되어 있는바 우리의 본성의 유전적 타락과 부패인 것으로 보인다. 이 유전적 부패로 말미암아 먼저는 우리가 하나님의 진노를 받게 되고, 그 다음에는 우리 안에서 육체의 일들(갈 5: 19)을 열매로 맺게 된다(i. 8). 원죄는 '육욕'으로 불리우는 것이 적절하다(i. 8).

6. 아담의 원죄의 전가

   a. 아담은 인류의 시조였을 뿐만 아니라 인간 본성의 뿌리였다. 그래서 그가 부패하던 때에 인류가 부패하게 되는 것은 당연하였다. 아담은 범죄함으로 말미암아 그 자신이 불행과 파멸을 당하게 되었을 뿐만 아니라 우리 인간의 본성까지도 같은 멸망에 처하게 하였던 것이다. 이것은 그 자신의 죄책 때문만이 아니라, 그가 전락했었던 그 부패로 자기의 모든 후손을 오염시켰기 때문이다(i. 6).
   b. 인류의 최초의 사람이 하나님께서 그에게 주셨던 은사들을 받아 누리거나 또는 상실할 때 그것은 자기 자신만을 위한 것으로 끝나지 않고 동시에 그의 후손들과도 직접 관련되는 것이다. 다시 말해서, 그가 그 은사들을 받아 누리면 그의 후손들도 함께 받아 누리게 되지만, 그것들을 그가 상실하는 때에는 그 자신만이 아니라 그의 후손들까지도 동시에 상실하게 되고 만다.
   c. 그렇기 때문에 젖먹이들까지도 비록 그들이 모태로부터 저주를 받은 채로 태어나지만, 다른 사람의 허물 때문이 아니라 자기들 자신의 허물을 인하여 정죄되는 것이다(i. 8).
   d. 요약하자면 아담의 원죄는 모방에 의해서가 아니라 유전에 의하여 그의 모든 후손들에게 전달되었다. 아담이 인류의 뿌리이기 때문에 모태로부터 우리는 죄인인 것이다.

7. 아담의 죄의 결과

   a. 죄책: 사람들은 부패된 본성을 타고나기 때문에 하나님의 형벌을 받아 마땅하다. 그가 범죄함으로 인하여 우리가 더불어 저주를 받게 되었으므로, 그가 우리를 죄책이 있게 만들었다고 말할 수 있는 것이다. 하나님의 형벌이 아담으로부터 우리에게 임한 것이다(i. 8).
   b. 전적부패: 선한 것이 없음
   (1) 우리의 본성은 전혀 선한 것이 없을 뿐만 아니라, 각종 악을 생산

할 능력이 풍부하다. 인간은 머리로부터 발끝까지 육욕덩어리에 지나지 않는다(i. 8).
(2) 우리의 본성의 모든 부분이 너무나도 부패하고 타락되어 있기 때문에 이같은 전적 부패로 말미암아 우리가 하나님 앞에서 정죄받은 것은 마땅하다(i. 8).
(3) 이 부패는 우리 안에서 결코 없어지지 않고, 오히려 계속적으로 육체의 새로운 열매들을 맺는다(i. 8).
(4) 죄가 최초의 사람을 노예로 만든 그 시간으로부터 죄의 지배권은, 온 인류에게 미쳤을 뿐만 아니라, 각 개인들의 영혼까지 완전히 장악하게 되었다(ii. 1).

c. 무능력
(1) 죄로 인하여 사람에게 있는 자연적 은사들은 부패되었다(그래서, 다소간의 이성은 남아있다). 그러나 사람에게 있었던 초자연적 은사들은 완전히 소멸되고 말았다(ii. 12).
(2) 성령이 사람들을 '어두움'이라고 칭하고 있는 것은, 사람들에게 어떠한 영적분별 능력도 없음을 선언하고 있는 것을 의미한다(ii. 19).
(3) 사람에게는 의를 추구하거나, 선한 일들을 행할 수 있는 아무 능력도 없다(ii. 1; 참고, ii. 26).

B. 의지의 자유(ii. 1∼17)

1. 철학자들의 견해(ii. 2)

a. 이성이 사람의 마음 가운데 자리잡고 있어서, 등불과 같이 모든 생각들을 비추어 주고, 여왕처럼 의지를 다스린다.
b. 복된 삶을 영위하는 데 있어서 최상의 주도적 원리인 오성에는 이성이 있다.
c. 감각은 저급한 충동이다.
d. 의지는 이성과 감각의 중간에 위치하고 있다. 의지에는 독자적인 권

리와 자유가 있어서, 이성에게 순복하거나 아니면 감각에게 굴종하여 더럽혀지는 등 그것이 원하는 대로 할 수가 있다.

   e. 철학자들의 견해는 대체적으로 다음과 같이 요약될 수 있다: 인간의 오성 안에 있는 이성은 바른 행실을 위해 손색없는 인도자이며, 의지는 이성에 순복하는 데도 불구하고 감각에게 선동을 받아 악한 일들을 품는다. 그러나 의지에는 자유로운 선택능력이 있기 때문에, 모든 일에 있어서 그것의 인도자인 이성을 추종하는 데 실패할 리가 없다(ii. 3).

2. 어거스틴의 견해: 어거스틴에 의하면 인간의 자유의지는 죄에게 완전히 종이 되어있는 까닭에 의를 행할 아무런 능력도 있을 수가 없다(ii. 8).

3. 교회 교부들의 견해: 철학자들과 흡사하다.

   a. 모든 교회 저술가들은 사람에게 있는 건전한 이성이 죄로 인하여 심하게 상처받은 것 뿐만 아니라, 의지가 악한 정욕에게 단단하게 예속되어 있다는 것을 모두 알고 있었다. 그럼에도 불구하고, 많은 교부들은 철학자들과 너무나도 가깝다(ii. 4).

   b. 토마스 아퀴나스에 의하면, 본래 의지에는 자유가 마땅히 있기 때문에, 자유의지를 '선택의 능력'이라고 부르는 것이 가장 적절할 것이라고 말한다(ii. 4).

   c. 요약하자면, 자유로운 결정의 능력이 이성과 의지 안에 있다.

4. 칼빈의 견해: 자유의지는 없다.

   a. 인간은 필연적으로, 그러나 강요당함이 없이 죄인이다. 인간에게 일종의 자유결정권이 있는 것으로 생각될 수 있으나, 그것은 선이나 악에게 치우침이 없이 공평하게 선택할 자유가 인간에게 있기 때문이 아니고, 강요에 의해서가 아니라 자기의 의지에 의하여 인간이 사악하게 행동하기 때문이다(ii. 7).

b. 죄로 말미암아 의지가 죄에게 예속되어 있기 때문에, 의지는 선을 지향할 수 없을 뿐만 아니라, 선을 행할 수가 없으며, 단지 악에로 기울어질 뿐이다. 그러기에, 인간은 필연적으로 죄를 지을 수밖에 없음이 확실하다(iii. 5).
  c. 사람이 완전히 죄의 권세 아래 놓여 있다고 한다면, 분명코 필연적으로 죄의 주요한 좌소인 의지가 가장 든든한 차꼬로 속박되어 있는 것이다. 그리고 만일 어떤 의지가 성령의 은혜에 선행했다고 하면, "하나님이 우리 안에서 행하시어 우리로 뜻을 세우게 하신다"(빌 2:13)고 한 바울의 말씀은 아무런 의미도 없게 될 것이다(ii. 27).

C. 우리의 오성의 한계(ii. 18~27)

 1. 영적 통찰력에는 주로 세 가지의 요소가 있다.

  a. 하나님을 아는 것
  b. 우리의 구원의 근원이 되는 바 우리를 위한 하나님의 부성적 은총을 아는 것
  c. 하나님의 율법의 규칙을 따라 우리의 삶을 설계하는 방법을 아는 것 (ii. 18)

 2. 인간은 영적으로 눈이 멀어있다.

  a. 하나님에 대한 지식에 관한 한, 사람의 예리한 지성은 눈먼 장님이나 마찬가지이다(ii. 19).
  b. 그러나 예술이나 과학과 같이 세속적인 일들에 대해 상당한 지식을 가지고 있을만큼 사람에게는 충분한 이성이 남아있어서 야생의 짐승들과 구별되는 것이다(ii. 17, 참조; ii. 13~15).

D. 하나님의 은혜와 사람의 자유의지(iii)

 1. 사람은 거듭나야 된다(요 3:3).

사람의 본성은 너무나 부패되어 있기 때문에 그의 지성과 의지가 전적으로 갱신될 필요가 있다. 사람의 본성에는 오직 육밖에 없다(요 3:6). 그러므로 사람은 거듭나야 한다(요 3:3)(iii. 1).

2. 의지의 전환은 하나님의 은혜의 결과이다.
   a. 하나님의 은혜가 인간의 부패한 본성을 바로잡으며 치료한다. 처음부터 끝까지, 하나님께서는 우리를 전환시켜 의를 열심히 구하게 하심으로써 자기의 선한 일을 행하신다(iii. 6).
   b. 사람의 의지 안에 있는 모든 선한 것은 오직 하나님의 은혜의 결과이다(iii. 6). 은혜가 모든 선한 일에 앞선다. 그리고 그 은혜는 모든 공로보다 앞선다(iii. 7).
3. 선은 오직 하나님에게서만 나온다. 그리고 사람의 의지와 행위는 믿음에서 나온다. 그러나 성경 전체에 걸쳐서 믿음이 하나님의 값없는 선물이라고 선포되어 있기 때문에, 본질상 그 마음이 전적으로 악한 성향이 있는 우리가 선한 뜻을 세우려 한다면, 그것은 순전히 하나님의 은혜로 말미암아 그렇게 하게 된 것이라고 결론지을 수 있는 것이다(iii. 8).
4. 하나님이 사람의 '의지와 노력(행위)'의 조성자이시다(빌 2:13)(iii. 9).
5. 사람의 의지는 자유를 통해서 하나님의 은혜를 얻는 것이 아니고, 은혜로 말미암아 자유를 얻게 된다. 하나님의 값없는 긍휼로 말미암아 의지가 선에로 전환되며, 일단 전환되고 나면 그 의지는 선을 지속한다. 인간의 의지가 선을 추구하기 시작하게 되는 일이나, 시작한 연후에 선을 지속하게 되는 것은 전적으로 하나님의 의지에 달려있고, 사람의 어떠한 공로에도 달려있지 않는 것이다(iv. 14).

E. 죄에 대한 하나님, 마귀, 사람의 삼각관계(iv-v)

1. 악의 근원

a. 불경건한 자들이 영적으로 눈이 멀게 된 것과 그로 말미암아 결과되는 모든 죄악은 '사탄의 소행'으로 불리운다. 그렇지만, 죄악의 원인은 사람의 의지를 제쳐놓고 다른 곳에서 찾아서는 안된다. 이는 악의 뿌리가 사람의 의지로부터 솟아나오고 사탄의 왕국 곧 죄의 기초가 사람의 의지에 근거하고 있기 때문이다(iv. 1).
b. 사람은 사탄의 지배를 받아 필연적으로 죄를 짓지만, 참으로 기꺼이 자발적으로 죄를 범하는 것이다(iv. 1).

2. 유기된 자들 안에서 하나님이 일하시는 두 가지 방법(iv. 3)

   a. 하나님은 그의 성령을 떠나게 하시고, 사람의 마음을 돌처럼 굳어지게 하신다. 하나님의 광명이 제거되고 나면, 오직 어두움과 눈멀음만이 남게 된다. 하나님의 인도하심이 중단되면, 사람들의 마음은 비틀리고 구부러진다. 그런 까닭에, 잘 보고 순종하여 바르게 따르는 능력을 하나님께서 박탈해 버린 자들의 경우, 하나님이 그들을 눈멀게 하고 마음을 강퍅하게 하며 굽어지게 하신다고 말하는 것은 지당하다.
   b. 하나님은 자기의 진노의 실시자인 사탄을 통해서 자기의 심판을 집행하기 위하여, 그가 기뻐하시는 대로 사람들의 목적을 설정지으며, 그들이 의지를 세우게 하고, 노력을 강화시키며 또한 그들의 마음을 완고하게 하여 그들의 멸망을 준비하시는 것이다.
   c. 요약하자면, 사탄이 유기된 자들에 대하여 자기의 통치권을 행사하는 경우, 그들 안에서 작용하는 것으로 말하는 것은 당연하다. 그러나 동일한 사건에서 하나님이 자기 자신의 방식으로 작용하는 것으로도 볼 수 있다. 왜냐하면 사탄이 하나님의 진노의 도구인 까닭에, 사탄 자신은 하나님의 공의로운 심판들을 수행하기 위해 하나님의 명령대로 이리저리 움직이기 때문이다(iv. 2).

3. 선택된 자들 안에서 하나님이 일하시는 두 가지 방법(v. 5)

   a. 내면적으로 하나님은 자기의 성령을 통해서 선택된 자들의 지성을 깨

우치고 마음을 개조하여 의를 사랑하고 함양하게 하여, 새로운 피조물을 만드신다.
b. 외부적으로 하나님은 자기의 말씀을 통해서 그들을 고무시켜 바로 그같은 갱신을 소원하고 추구하여 이루게 하신다.
c. 하나님의 은혜는 사람의 의지를 파괴하지 않고 오히려 회복시켜 준다. 은혜는 사람의 의지를 교정하고, 개혁하며, 갱신함으로써 그것을 지도하고 규제하는 성령의 통치이다(v. 15).

II. 율법과 복음에 계시된 구속주 그리스도(vi-ix)

― 타락한 인간은 마땅히 그리스도 안에서 구속을 구해야 한다 ―

(※ 중심된 주제: 중보자를 통해서 계시된 하나님은 은혜로운 아버지이시다. 오직 중보자만이 타락한 인간을 진정으로 도울 수 있다. 그래서 옛언약마저도 중보자 없이는 은혜로운 하나님에 대한 믿음이 결코 있을 수 없다고 선포하고 있다.)

A. 중보자의 필요성(vi)

1. 오직 중보자만이 타락한 인간을 도우신다(vi. 1).

   a. 온 인류가 아담이라고 하는 사람 안에서 멸망하였다. 결과적으로 하나님이 그의 독생자를 통해서 구속주로 계시되기 전까지는 인간에게 본래적으로 부여되었던 탁월성과 고귀성은 우리에게 아무런 유익도 없고, 오히려 우리의 큰 수치가 되었을 것이다.
   b. 그러므로, 우리가 생명에서 전락하여 사망에 처해있는 까닭에, 그리스도 안에 계신 우리의 아버지 하나님을 신앙의 눈으로 우리가 바라보지 않는 한, 창조주 하나님에 대한 지식 전체가 쓸모없게 될 것이다. 이 점에서 오직 중보자만이 타락한 인간을 도우실 수가 있다.
   c. 웅대한 극장인 하늘과 땅을 통해서는 우리가 하나님에 대한 지식을

거의 전혀 얻지 못했기 때문에, 하나님은 우리를 부르셔서 그리스도를 믿으라 하신다. 최초의 인간인 아담의 타락 이후로는 중보자 없이는 하나님에 대한 아무 지식도 구원에 이르는 능력이 전혀 없었다. 이는 "영생은 곧 유일하신 참 하나님과 그의 보내신 자 예수 그리스도를 아는 것이니이다"(요 17:3)고 그리스도께서 말씀하신 것은, 그 자신의 시대에 대해서만 말씀하고 계신 것이 아니라, 모든 세대를 포함시켜 말씀하신 까닭이다.

2. 옛언약마저도 중보자의 필요성을 선포하고 있다(vi. 2).

  a. 중보자를 제쳐두고서, 하나님은 옛날 사람들에게 은총을 결코 베풀지 아니했으며, 은혜에 대한 소망도 전혀 주지 아니했다.
  b. 율법의 희생제물들에 명백하고 확실하게 가르쳐져 있는 바에 의하면 오직 그리스도께서 성취해 놓으신 구속 외에 다른 곳에서는 신자들이 구원을 구해서는 안되는 것이다.
  c. 중보자 없이는 하나님이 인류와 화목하실 수 없기 때문에, 구약의 거룩한 조상들이 그들의 신앙의 대상으로 삼아야 할 목표로써, 그리스도가 율법 아래서 그들에게 항상 제시되었다.

3. 그리스도는 언약과 참신앙에 필수적이다.

  a. 하나님이 자비하시다는 것을 알리기 위해서, 모든 선지자들은 구속과 영원한 구원을 가져다 줄 다윗의 그 나라를 항상 힘써 선포하였다 (vi. 3). 예를 들면;
    (1) 이사야 55:3~4, "내가 너희에게 영원한 언약을 세우리니 곧 다윗에게 허락한 확실한 은혜니라 내가 그를 만민에게 증거로 세웠고."
    (2) 예레미야 23:5~6, "보라, 때가 이르리니 내가 다윗에게 한 의로운 가지를 일으킬 것이라 … 그 이름은 여호와 우리의 의라 일컬음을 받으리라."
    (3) 에스겔 34:23~25, "내가 한 목자를 그들의 위에 세워 먹이게 하리

니 그는 내 종 다윗이라 … 나 여호와는 그들의 하나님이 되고 내 종 다윗은 그들 중에 왕이 되리라 … 내가 또 그들과 평화의 언약을 세우고."

(4) 이 구절에는 모든 경건한 자들의 희망이 오직 그리스도 안에만 늘 있었다는 점이 나타나 있다.

b. 하나님은 오직 그리스도 안에서만 알 수 있다(vi. 4).

(1) 하나님의 긍휼에 대한 유일한 보증이 구속주의 강림과 관련되어 있기 때문에, 그리스도께서는 자기의 제자들이 하나님을 분명하고 온전하게 믿을 수 있도록 하기 위해 자기를 믿으라고 명하셨다: "하나님을 믿으니 또 나를 믿으라"(요 14:1).

(2) 그리스도 없이는 하나님에 대한 구원얻을 만한 지식이 있을 수 없다. 사도 요한의 말은 항상 참되었다: "아들이 없는 자에게는 또한 아버지가 없으되"(요일 2:23).

B. 율법의 용도(vii)

1. 칼빈에게 있어서 율법이라는 용어의 의미

   a. 모세의 종교전체(Ⅱ. vii. 1); b. 하나님의 택한 백성들에게 주어진 도덕법의 특별계시, 즉 주로 십계명과 예수님의 요약된 가르침(Ⅱ. viii); c. 각종의 시민법, 재판법과 의식법(Ⅳ. xv. 14~16); d. 이들 가운데, '의의 참되고 영원한 법칙'인 도덕법(Ⅳ. xx. 15)이 가장 중요하다(참조; Ⅱ. vii. 각주 1, p. 501).

2. 율법의 목적은 옛언약의 백성들을 속박하려는 것이 아니고, 그리스도가 오시기까지 그 안에 있는 구원의 소망을 키워주고, 자기 백성을 그리스도에게로 인도하는 것이다. 율법은 어린애들과 같은 구약교회에게는 가장 좋은 방법이요 수단이 된 것이다(vii. 2, 11).

3. 율법의 세 가지 용도

a. 정죄(형벌적 기능) : 율법은 거울과 같다.
  (1) 율법은 거울과 같아서 우리의 연약성과 죄악성을 폭로한다. 그리하여 우리로 하여금 하나님의 도움을 간구하도록 인도한다. 율법은 모든 사람을 각자의 불의에 대하여 경고하고, 고지(告知)하며 가책을 받게 하고, 마침내는 정죄한다(vii. 7).
  (2) 율법을 통하여 죄를 알게 된다(롬 3:20). 율법이 끼어들어옴으로 범죄가 증가되고(롬 5:20), 이런 까닭에, 율법은 "진노를 이루며"(롬 4:15) 죽게하는 "사망의 처방"(고후 3:7)이다(vii. 7).
  (3) 우리 모든 사람이 사악하다는 것과 정죄를 받아 마땅하다는 것은 율법의 증거에 의하여 드러난다. 율법이 이렇게 하는 것은 사악한 자들의 마음이 완악하기 때문에 겁을 주기 위함이다(vii. 8).
  (4) "하나님이 모든 사람을 순종치 아니하는 가운데 가두어 두심은"(롬 11:32) 그들이 벌거벗은 몸과 빈 손으로 하나님의 긍휼을 구하여 그 안에서 전적으로 쉬게 하며, 그 안에 깊이 숨게 하고, 의와 공로를 위하여 오직 그 긍휼만을 의지하도록 하기 위함이다. 그리스도 안에서 하나님의 얼굴이, 은혜와 부드러움으로 충만하여, 가난하고 무가치한 죄인들인 우리에게까지 빛난다(vii. 8).
  (5) 어거스틴은 다음과 같이 말한다: "율법은 우리에게 명하여 … 은혜의 도움을 구하는 방법을 알라고 한다", "율법의 유용성은 사람의 연약성을 고발하는 것과 그리스도 안에 있는 은혜의 처방에 호소하도록 사람을 감동시키는 것 등에 있다"(vii. 9).
b. 억제(공공질서의 사회적 기능) : 율법은 고삐와 같다.
  (1) 율법이 주어진 것은, 율법으로 규정되어 있는 무서운 위협들을 들음으로써 협박당하지 않는 한 옳고 바른 것에 대하여 전혀 관심이 없는 어떤 사람들을, 적어도 형벌에 대한 공포심을 통해서라도, 억제하기 위함이다(vii. 10).
  (2) 아직 거듭나지 아니한 모든 사람들은 자기들이 마음에서 우러나 율법에 순종하는 것이 아니라, 그들의 의지에 거슬러 그리고 율법을

그들이 싫어함에도 불구하고, 너무나 무서워서 할 수 없이 율법에 순종하고 있음을 알고 있다. 그러나 이같이 강제적이고 강요된 의는 사람들의 공동체를 위하여 필요하다(vii. 10).
(3) 거듭나지 아니한 사람들에게 굴레가 필요한 것은 그들이 육체의 정욕을 고삐풀린 채로 버려두어 전혀 의를 추구하지 않게 되는 것을 억제하기 위함이다(vii. 11).
(4) 율법의 굴레는 거듭나지 아니한 자들이 성령으로 거듭나 전심으로 하나님을 사랑하게 되기까지는, 하나님을 향한 얼마간의 두려움과 경외심으로 그들을 억제시킨다(vii. 11).
c. 훈계와 교훈(권고적 기능):
    율법이 육체적인 사람들에게는 채찍(또는 가시)과도 같으나, 경건한 자들에게는 등불과도 같다(vii. 12).
(1) 율법이 신자들에게 최상의 도구인 것은 그들이 간절한 마음으로 알고 싶어하는 주님의 뜻이 어떤 것인가를 매일 더욱 철저하게 배우고, 주님의 뜻을 확실하게 이해하며, 주님의 방법들을 더욱 철저하게 탐구하고 관찰하여 거기에 따르고 순응하며, 또한 율법을 매일같이 배워 하나님의 뜻을 더욱 순수하게 아는 데 새로운 진보를 가져다주기 때문이다.
(2) 율법을 자주 묵상함으로써, 신자들은 복종하는 마음이 생겨나고, 율법으로 힘을 얻으며, 범죄의 위험스럽고 미끄러운 길에서 발을 빼낼 수 있게 된다.
(3) 율법은 육체에 대하여 마치 게으른 나귀를 때려서 정신차려 일하게 하는 채찍과도 같다. 또한 신령한 사람일지라도 아직 육체의 무거운 짐을 벗어버리지 못한 경우, 율법은 그의 마음에 평안을 주지 않고 항상 찌르는 가시노릇을 한다. 마찬가지로, 경건한 자들의 경우는 율법이 마치 등불과도 같다. "주의 말씀은 내 발에 등이요, 내 길에 빛이니이다"(시 119:105).

4. 의식법의 폐기

  a. 율법은 그것의 권고적 기능에 관한 한 폐기되지 아니했다(vii. 14).
   (1) 율법에는 신자들을 권고하는 힘과 능력이 있다. 이것은 저주를 선언하여 그들의 양심을 속박하는 힘이 아니라, 그들에게 강력하게 권고하여 그들의 게으름을 떨쳐 내버리게 하고, 그들을 일깨워 자기들의 허물을 깨닫게 하는 능력이다.
   (2) 우리 주님 예수께서 자기가 "율법을 폐하러 온 것이 아니요 완전케 하려 함이라"(마 5:17)고 증거하심으로서, 그가 오심으로 인하여 율법을 준수하는 일에 아무런 경감조치도 있을 수 없으리라는 점을 아주 분명하게 하신 것이다.
   (3) 그러므로, 그리스도 때문에 율법의 가르침이 침해되는 일은 결코 없다. 오히려 우리를 가르치고, 경고하며, 책망하고, 바로잡음으로써 율법은 우리를 사람되게 하고 모든 선한 일을 위해 준비시켜 준다(참조; 딤후 3:16~17).
  b. 율법은 우리를 더이상 정죄하지 못한다는 점에서, 즉 형벌적 기능과 관련하여 폐기되었다(vii. 15).
   (1) 자기의 의의 근거를 죄용서에 두고 있는 자들은 혹독한 율법의 속박으로부터 해방되었다. 이 점에서 율법이 폐기된 것이다.
   (2) 율법의 저주로부터 우리를 속량하기 위하여 그리스도께서 우리를 대신하여 저주를 받으셨다. 또한 그가 율법 아래 있는 자들을 속량할 수 있기 위하여 율법에 친히 복종하셨다(갈 3:13~14).
  c. 의식법의 폐기(vii. 16)
   (1) 의식법은 지금 효력이 없다는 의미에서가 아니고, 다만 시행되지 않고 있다는 점에서 폐기되었다. 그리스도께서 이 땅에 오시어 그 의식법을 종결지으셨으나, 그것들의 존엄성은 전혀 박탈하지 않으시고, 오히려 시인하시며 존중하셨다. 의식법은 그것의 실체가 그리스도 안에 우리를 위해 존재하고 있는 그림자이다(골 2:17). 즉 그리

스도가 의식법의 실체이면 의식법은 그리스도의 그림자와도 같다.
(2) 비록 율법의 예식들이 실시되지 않게 되었지만, 그리스도가 오시기 전에 그것들이 얼마나 유용했던가 하는 점에 대하여는 그것들이 이제 종결됨으로 해서 더욱 실감나게 될 것이다. 이는 그리스도께서 그것들의 시행을 폐기하시던 때에 그의 죽으심을 통해 그것들의 효력을 확증하셨기 때문이다.

C. 도덕법(십계명)에 대한 설명(viii)

1. 하나님과 우리 자신에 대한 이중적 지식과 관련하여 본 율법의 중요성 (viii. 1~5)

   a. 우리가 하나님의 위대하심을 생각하면 곧바로 반드시 그의 위엄과 직면하게 되고, 그래서 그를 경배하지 않을 수 없게 된다. 하나님은 그의 도덕법의 전반부에서는 명령할 합법적 권세가 자신에게 있음을 주장하면서 우리에게 그의 신성을 경외할 것을 요구하고 또한 그 경외하는 방법과 경우를 구체적으로 제시하신다(viii. 1).
   b. 우리 자신의 덕성에 대한 모든 생각을 비우고, 우리 자신의 의에 대한 모든 확신을 떨쳐 내버릴 때 — 진실로, 우리 자신이 얼마나 비천한가를 깨달음으로 말미암아 깨어지고 부서질 때 — 우리가 온전히 겸비해지며 스스로 낮출 수 있게 된다. 하나님은 그의 도덕법의 후반부에서 자기의 의의 법칙을 선포하신 다음에 우리의 무능력과 불의함을 인하여 우리를 책망하신다(viii. 1).
   c. 하나님은 우리의 창조주이시기 때문에 우리에게는 당연히 아버지시요 주이시다. 이래서, 우리는 그에게 영광을 돌려야 하고 경외심과 사랑과 두려워하는 마음으로 그를 섬겨야 하는 것이다(viii. 2).
   d. 만일 우리 자신의 뜻보다는 하나님의 뜻을 먼저 앞세울 때에만 그가 마땅히 받으셔야 할 경외를 그에게 돌려드리는 것이 된다고 하면, 결과적으로 하나님에 대한 유일하고 합법적인 예배는 의와 거룩과 순결

을 지키는 것이라고 할 수 있다. 그가 우리에게 무엇을 요구하시든 우리가 복종하는 것은 우리의 타고난 의무인 것이다(viii. 2).

e. 율법의 의와 우리의 삶을 비교하게 되면, 우리가 하나님의 뜻에 얼마나 순응하지 못하고 있는가를 알게 된다. 그리고 우리의 능력을 고려하게 되면, 그 능력들이 너무나 연약하여 율법을 성취할 수도 없을 뿐만 아니라, 그것들이 전혀 부재하다는 것을 알게 된다. 여기에서 필연적으로 우리 자신의 덕성에 대한 불신이 일어나는 것이다(viii. 3).

f. 이와 같이 우리에게는 율법을 행할 능력이 없다는 것을 깨닫게 되고, 우리 자신에 대해 절망감을 느끼게 될 때 우리는 하나님의 긍휼만을 유일한 피난처로 알고 구하게 되는 것이다(viii. 3).

g. 우리의 가슴을 의에 대한 사랑과 악에 대한 증오로 채우기 위하여 하나님은 약속들과 위협들을 첨가하였다. 즉 신실한 자들에게는 현세에서의 축복들 뿐만 아니라 영원한 축복까지 약속하시고, 범죄한 자들에 대하여는 현세에서의 재난과 영원한 죽음의 형벌로 위협하신다.

h. 주님께서 율법에 대하여 말씀하시는 의의 완전한 교훈에는 영속적인 효력이 있다. 하나님이 우리에게 율법을 전수해 주신 것은 우리에게 완전한 의를 가르치기 위함이다(viii. 5).

2. 율법해석의 세 가지 원리

a. 율법은 내면적이고 신령하다(롬 7:14).
   (1) 율법은 영혼과 마음과 뜻을 다하여 순종할 것을 요구할 뿐만 아니라, 완전한 순결을 요구한다. 율법을 통하여 인간의 삶은 외형상으로도 정직해야할 뿐만 아니라, 내면적, 영적으로도 의로워야 하는 것이다(viii. 6).
   (2) 성경의 실례: 그리스도께서는 부정한 눈으로 여자를 힐끗 쳐다보기만 해도 간음이라고 선언하신다(마 5:28). 또한 "형제를 미워하는 자마다 살인하는 자"(요일 3:15)라고 증거하신다(viii. 7).

b. 각 계명의 목적과 이유를 찾을 것

(1) 적극적인 명령들과 부정적인 금지명령들에는 말로 표현되어 있는 것보다 더 많은 것들이 항상 함축되어 있는 것이다. 그러므로 각 계명에서 우리는 그것의 의도와 목적을 찾아내야 한다(viii. 8).
(2) 예를 들면 첫째 계명의 의도는 오직 하나님만이 참된 경건으로 예배되어야 한다는 것과, 그가 불경건을 싫어하신다는 것이다. 그리고 다섯째 계명의 목적은 하나님께서 세우신 자들에게 존경을 표해야 한다는 데 있다(viii. 8).
c. 율법의 부정적인 측면(금지)과 긍정적인 의미(명령)를 찾을 것:
(1) 하나님이 선한 일을 명령하실 때에는 그것과 상반되는 악한 일을 금하고 계시다는 것은 당연한 이치이다. 즉 그가 이것을 명하신다고 하면 그와 반대되는 것을 금하시는 것이다(viii. 9).
(2) "살인하지 말라"는 여섯째 계명에서, 상식적인 사람들은 우리가 아무에게도 해를 끼쳐서는 안된다는 것만을 생각할 것이지만, 이것 외에는 우리의 이웃의 생명을 위하여 우리가 할 수 있는 모든 도움을 우리가 주어야 한다는 요구사항이 이 계명에 함축되어 있다(viii. 9).

3. 율법의 핵심

a. "우리는 우리의 마음을 다하며 목숨을 다하고 우리의 힘을 다하여 주 우리 하나님을 사랑해야 한다. 그리고 우리의 이웃을 우리 자신처럼 사랑해야 한다"(눅 10:27). 율법이 요구하는 의의 첫번째 기초는 하나님에 대한 예배이다. 종교(또는 경건)없는 의를 부르짖는 것은 헛되다. 이는 하나님을 두려워함이 없이는 사람들이 자기들 가운데서도 공평과 사랑을 지탱할 수가 없기 때문이다(viii. 11).
b. 율법 전체의 목적은 인간의 삶이 하나님의 순결의 모습을 닮도록 의를 성취하는 것이다. 그리고 율법의 목표는 순결한 양심과 거짓없는 믿음에서 나오는 사랑이다(딤전 1:5) (viii. 51).

4. 믿음과 사랑(viii. 53)

   a. 하나님은 우리의 의무와 본분을 자기 자신을 예배하는 일에만 국한시키지 않으신다. 그는 "우리의 이웃을 향하여 선행을 하도록"(참조, 시 16:2) 우리를 훈련시킨다. 그래서 사도 바울은 다음과 같이 말씀하신다; "자기의 이웃을 사랑하는 자는 율법을 이루었느니라"(롬 13:8). "온 율법은 네 이웃 사랑하기를 네 몸같이 하라 하신 한 말씀에 이루었나니"(갈 5:14).
   b. 율법이 다만 우리에게 명하는 것은 사람들에 대하여 정의와 공평을 행하라는 것이다. 이로써, 만일 우리에게 하나님을 두려워하는 경건이 조금이라도 있다고 하면, 하나님에 대한 우리의 그 경건을 증거하는데 열심을 나타내보일 수 있어야 한다.

5. 우리의 이웃은 누구인가(viii. 55).

   a. 사람들이 혈연관계나 친분관계 또는 지역적 이웃관계에 의하여 더욱 밀접하게 연결되어 있을수록 서로간에 더 많은 책임을 나누어 져야하는 것이다. 이렇게 하는 것은 결코 하나님의 법을 어기는 것이 아니다. 왜냐하면 이렇게 하는 것이 하나님의 섭리이기 때문이다.
   b. 그러나 사마리아인의 비유에서 '이웃'이라는 단어에 가장 관계가 먼 사람까지도 포함된다는 것을 그리스도가 밝히 말씀하셨기(눅 10:36) 때문에, 우리는 온 인류를 예외없이 사랑으로 포용해야 하는 것이다. 사람의 성격이 어떠하든지간에, 우리는 우리가 하나님을 사랑하기 때문에 그 사람도 사랑해야 한다.

D. 구약과 신약에 계시된 그리스도(ix)

1. 옛날 구약백성들은 하나님의 은혜를 조금밖에 맛보지 못했었지만, 신약의 그리스도인들은 더욱 풍성하게 즐길 수가 있다(ix. 1).

2. 구약백성들은 복음의 신비들을 희미한 윤곽으로 얼핏 보았을 뿐이지만,

신약의 그리스도인들은 복음에서 빛나고 있는 그리스도의 영광을 보고 있는 것이다(ix. 1).

3. 율법이 모형들을 통해 예표한 것을 복음은 손가락으로 직접 가리켜 보이고 있다. 복음은 율법이 약속한 것은 무엇이나, 확증하고 충족시켜 주었으며, 그림자에 대해 실체를 제시하였다. 그러므로, 복음은 계시의 명료도에 있어서만 율법과 다를 뿐이고 내용에 있어서는 전혀 차이가 없는 것이다(ix. 3, 4).

4. 요약하자면 그리스도가 신약에서 뿐만 아니라 구약에서도 계시되었기 때문에 신구약을 막론하고 오직 그리스도를 믿는 믿음을 통해서만 사람들이 죄에서 구원을 받을 수가 있다.

Ⅲ. 구약과 신약(x-xi)

A. 공통점: 언약(x. 1~2)

1. 창세 이후로 하나님이 선택하여 자기 백성으로 삼으신 모든 사람들은 오늘 우리가 알고 있는 것과 동일한 율법과 동일한 교리의 약정(約定)에 의하여 하나님과 언약을 맺게 되었다(x. 1).

2. 구약의 모든 족장들과 맺은 언약은 그 내용과 실재에 있어서 우리의 것과 다를 바 없으므로, 둘은 사실상 동일한 것이다. 그렇지만, 이 둘은 체결방식에 있어서 서로 다를 뿐이다(x. 2).

3. 여기에서는 세 가지 중요한 점들을 주장해야 한다(x. 2).
   a. 첫째로 유대인들이 갈망하도록 되어 있었던 목표로써 그들 앞에 제시된 것은 세속적 번영이나 행복이 아니라 영생에의 소망이었다.
   b. 둘째로 그들이 주님과 맺은 언약은 그들 자신의 공로가 아니라, 그들을 부르신 하나님의 긍휼로 말미암아서만 유지되었다.

c. 셋째로, 그들에게도 중보자 그리스도가 있었고, 또한 그리스도를 중보자로 알고 믿었다. 그들은 그리스도를 통하여 하나님과 연합되었고, 하나님의 약속에 참여할 수 있었다.

B. 구약과 신약의 유사점(x)

1. 목표: 불멸의 영생(또는 천국) (x. 23, 참조, x. 3~22)

a. 구약의 조상들은 그리스도를 그들의 언약의 보증으로 삼았다. 그리고 그에게 장래의 축복에 대한 모든 신뢰를 걸었다. 옛언약은 세속적인 것들에게 국한되지 아니했었고, 신령하고 영원한 생명의 약속을 함축하고 있었다.

b. 우리 주님 그리스도께서 오늘날 자기의 제자들에게 약속하신 것은 다름아닌 '천국'이다. 거기서 그들은 "아브라함, 이삭, 야곱과 더불어 앉게"될 것이다(마 8:11).

2. 중보자: 그리스도(x. 4)

a. "너희 조상 아브라함은 나의 때 볼 것을 즐거워하다가 보고 기뻐하였느니라"(요 8:56)고 예수님이 말씀하신 것은, 유대인과 더불어 복음의 언약이 맺어졌음을 확증한 것이 된다. 그런데 복음의 유일한 기초는 그리스도이시다.

b. "그리스도는 어제나 오늘이나 영원토록 동일하다"(히 13:8)고 바울이 말한 것은, 단순히 그리스도의 영원한 신성을 두고 말한 것이 아니고, 그의 권세, 곧 모든 신자들에게 영구히 가능한 권세를 가리켜 말한 것이다.

3. 수단: 은혜(x. 4)

a. 옛언약은 하나님의 값없는 은총을 기초로 하여 세워졌고, 그리스도의 중보에 의하여 견고케 되었다.

   b. 복음이 선포하는 것은 다만 죄인들이 하나님의 부성애로 말미암아 의롭다 함을 받는다는 사실 뿐이다. 복음의 모든 것은 그리스도 안에 요약되어 있다.

4. 표징들: 세례와 성찬(x. 5, 6)

"그들은 다같은 신령한 식물(음식)을 먹으며 다같은 신령한 음료를 마셨으니"(고전 10:3~4)라는 바울의 말씀으로 다음과 같이 결론지을 수가 있다:

a. 바울은 이것이 그리스도를 가리키는 것으로 해석하고 있다.
b. 언약의 은혜에 있어서 뿐만 아니라 성례의 의미에 있어서도 바울은 이스라엘인을 우리와 동등하게 생각하고 있다.
c. 주님께서는 지금 우리에게 주시는 것과 동일한 천상적 영생에 대한 약속들을 유대인들에게 알려주셨을 뿐만 아니라, 참으로 신령한 성례들을 가지고 그 약속들을 확증하셨다.

C. 구약과 신약의 차이점(xi)

구 약	신 약
일시적 세속적 축복들	장래의 신령한 기업(xi. 1~3)
모형(형상과 의식)	실체(그리스도) (xi. 4~6)

문자적 교훈
  a. 돌판에 새겨짐
  b. 죽음에 대한 선포
  c. 정죄의 직분
  d. 무효화된다.
     (렘 31:31~34;
	신령적 교훈(xi. 7~8)
	  a. 사람들의 마음에 신령하게 기록됨
	  b. 생명에 대한 선포
	  c. 의의 직분
	  d. 영구적이다.
	고후 3:6~11)

속박 (구약은 사람들의 마음 속에 공포심을 일으키기 때문)	자유(xi. 9~10) (신약은 사람들의 마음을 고무하여 신뢰와 확신을 갖게 하기 때문)

한 민족	모든 민족(xi. 11~12)
(그리스도께서 강림하시기까지 주님께서는 그의 은혜의 언약을 국한시킬 한 민족을 택하셨다.)	(주께서 이방인들을 부르신 것은 구약보다 신약이 탁월하다는 것을 보여주는 두드러진 특징이다.)

D. 결론적 진술(xi. 13~14)

1. 사실상 하나님께서는 모든 세대에게 동일한 교리를 가르쳤고, 그가 처음부터 명하신 바 자기의 이름에 대한 동일한 예배를 계속적으로 요구하셨다.
2. 하나님은 외형적인 형식과 방식에 변화를 주었고, 여러 세대에 상이한 형식들을 적용하셨다. 하나님이 변화무쌍한 사람들의 능력에 자신을 맞추신 것이다.
3. 구약은 아직도 우리 안에서 믿음을 일깨우는 복음으로서의 구실을 다하고 있다.

Ⅳ. 그리스도의 위격(位格)(xii-xiv)

A. 그리스도에 대한 교리의 중요성

1. 하나님은 그리스도라고 하는 분 안에서 구속주로 나타나셨다. 다시 말하자면, 구속주 하나님에 대한 지식이 그리스도 안에서 계시되어 있다(참조; 제 이권 제목).
2. 복음의 본질이 그리스도 안에 함축되어 있다. 하나님은 예수 그리스도를 보내실 때에 온 세상에 대하여 자신을 아버지로 나타내셨다. 따라서 하나님은 오직 그리스도 안에서만 알 수 있는 것이다(Ⅱ. vi. 4).
3. 그리스도는 타락한 사람들인 우리가 구원으로 들어가는 유일한 문이다. 중보자 없이는, 하나님은 자기 백성에게 결코 은총을 베풀지 않으신다(Ⅱ. vi. 2).

제2권 구속주 하나님 ■ 79 ■

4. 온 인류가 아담 안에서 멸망하였고 생명에서 사망으로 떨어졌기 때문에, 그리스도 안에 있는 하나님 우리 아버지를 믿음을 통해서 우리가 보지 못하면 창조주 하나님에 대한 지식 전체가 아무 유익이 없을 것이다. 첫번째 사람의 타락 이후로는 중보자 없는 하나님에 대한 지식은 아무것도 전혀 구원에 이르는 능력이 없었다(Ⅱ. vi. 1).
5. 신약과 구약은 다같이 그리스도에 대한 한 증거를 형성하고 있는 것으로 칼빈은 생각하고 있다(Ⅱ. ix. 4).

B. 성육신의 필요성(xii)

1. 단순하게 절대적으로 필요한 것이 아니고, 결과적으로 필요했다.

   a. 우리의 중보자가 될 그분은 참 하나님이시자 참 사람이셔야 했다. 만일 어떤 사람이 묻기를 왜 이렇게 될 필요가 있느냐고 한다면, 결코 단순하거나 절대적으로 필요한 것은 아니었다. 오히려 이 일은 하나님의 작정으로 말미암았으며, 사람의 구원은 이 작정에 달렸다고 할 것이다(xii. 1).
   b. 우리의 힘으로는 하나님께 올라갈 수도 없었고, 우리의 사악함을 인하여 하나님과 완전히 단절되었기 때문에, 하나님의 아들이 우리를 위하여 "임마누엘, 곧 하나님이 우리와 함께 하신다"(마 1:23)가 되어야 할 필요가 있었다(xii. 1).

2. 조건적 필요성

   a. 설령 사람이 전혀 오점이 없이 지내왔다고 할지라도, 사람의 형편은 너무나 비천하여서 중보자 없이는 하나님께 이를 수가 없었을 것이다. 그렇다면 치명적으로 타락함으로 말미암아 사망과 지옥으로 전락되었고, 헤아릴 수 없이 많은 허물들로 더럽혀져 있으며, 각종의 저주로 짓눌려 있는 죄인의 경우는 말하여 무엇하겠는가?(xii. 1)
   b. 중보자께서는 사람의 불순종을 자신의 순종으로 상쇄하고 하나님의

심판을 만족시키며, 죄에 대한 형벌을 지불하시고, 우리의 죄를 씻어내며, 아버지 하나님의 의로운 진노를 달래어야 했었다(xii. 3).
  c. 중보자의 과제는 우리로 하여금 하나님의 은혜를 다시 덧입게 하고, 사람의 자녀들을 하나님의 자녀들로 만드는 것이었다(xii. 2).
  d. 중보자는 사람으로서는 죽음을 느낄 수 있는 분이시고, 하나님으로서는 죽음을 극복할 수가 있는 분이시다(xii. 3).

C. 그리스도의 인성(人性)(xiii)

 1. 그리스도의 인성에 대한 성경적 증명
  a. 성경의 많은 강력한 증거들은 말시온주의자들이나 마니교도들과 배치된다. 말시온주의자들은 그리스도의 몸을 가현적(假顯的)인 것으로 억측하였고, 마니교도들은 그리스도가 천상의 육체를 덧입은 줄로 착각하였다(xiii. 1).
  b. 구약의 증명(xiii. 1)
   (1) 천상의 후손이나 유령같은 사람을 통해서가 아니라, 아브라함과 야곱의 씨를 통해서 축복이 약속되어 있다(창 12:3; 17:2, 7; 18:18; 22:18; 26:4).
   (2) 영원한 보좌가 공중의 사람에게가 아니라, 다윗의 아들과 그의 후손들에게 약속되어 있다(시 45:6; 132:11). 그런 까닭에, 예수 그리스도가 육체를 입고 나타나시자, 그는 "아브라함과 다윗의 자손"으로 불리웠다(마 1:1).
  c. 신약의 증명(xiii. 1)
   (1) 그리스도는 처녀의 몸에서 태어났다(마 1:25). "때가 차매 하나님이 그의 아들을 보내사 여자에게서 나게 하셨다"(갈 4:4).
   (2) 그리스도가 굶주림과 목마름과 추위를 느끼며 그밖의 우리의 본성에 있는 여러 가지 약점들을 가지셨다는 것을 보여주는 많은 증거들이 있다(마 4:2; 요 4:6~7).

(3) 그는 천사들에게 관심을 두어(히 2:16) 그들의 본성을 취하기보다는 우리의 본성을 취하셨으며, 이와 같이 "혈육을 입으신 것은…사망의 권세를 잡은 자를 사망을 통해서 멸하기 위함이었다"(히 2:14). "그러므로, 저가 범사에 형제들과 같이 되심이 마땅하도다. 이는 하나님의 일에 자비하고 충성된 대제사장이 되어 백성의 죄를 구속하려 하심이라"(히 2:17).

(4) 그리스도는 육체의 연약함을 인하여 고난을 당하셨다(고후 13:4) (xiii. 2).

2. 참사람이시지만 죄가 없으시고, 참사람이시지만 영원한 하나님이시다 (xiii. 4).

a. 비록 그리스도께서 율법을 만족시키기 위하여 "죄있는 육신의 모습으로" 보내심을 받았지만(롬 8:3~4), 그는 처녀의 몸에서 태어나셨기 때문이 아니라 성령으로 성화되셨기 때문에 전혀 흠이 없으셨다.

b. 비록 헤아릴 수 없는 본질을 가지신 그리스도께서 사람의 본성과 결합되어 한 위격을 이루셨다고 할지라도, 그가 그 안에 제한되어 계셨을 것으로 우리는 생각하지 않는다. 여기에 신기한 일이 있는 것이다: 하나님의 아들은 하늘에서 내려오셨지만 실은 하늘을 떠나심이 없이 자의로 처녀의 몸에서 태어나시며 지상을 다니시고, 십자가에 달리셨으면서도, 여전히 그는 태초부터 그가 하셨던 대로 세상에 계속적으로 충만하셨다.

D. 그리스도의 양성일격(兩性一格)(xiv)

1. 그리스도의 위격의 통일성에 대한 정의(xiv. 1)

a. 말씀이 육신으로 변했다거나, 육신과 혼합되어 분간할 수 없게 되어 버린 것이 아니다. 그가 스스로 자기가 거할 성전으로 처녀의 몸을 선택하셨기 때문에 하나님의 아들이었던 그분이 사람의 아들이 되신

것이다. 그의 성육신은 본질의 혼잡에 의해서가 아니고 위격의 통일에 의한 것이었다.
b. 그리스도의 신성은 그의 인성과 결합함에 있어서, 각 본성이 각자의 독특한 본질을 그대로 보존하되, 이 두 본성이 한 분 그리스도를 형성하도록 완전하게 통일되어 있었다.
c. 요약하자면, 그리스도는 두 종류의 구별된 본성들로 구성되어 있지만 두 위격이 아니고 한 위격이며, 본질의 혼합이 아니고 위격의 통일로 말미암았다. 이 연합에 대한 최상의 인간적 유추는 우리의 영혼과 몸의 경우를 들 수 있다.

2. 속성의 교통(xiv. 1)
a. 그리스도는 참으로 신적이요 인간적이나 한 위격이시기 때문에, 그의 신성과 인성의 속성들이 상호교통한다. 두 본성이 한 위격으로 통일된 것을 다루는 이 교리가 속성교통교리를 결과시킨 것이다.
b. 정의
　　두 본성이 그리스도 안에서 완전하게 통일되어 한 위격을 이루고 있기 때문에, 본래는 어느 한 본성에만 해당하는 것이 때로는 다른 본성에게 엉뚱하게 적용되는 수가 있다. 한 본성의 특성이 다른 본성에게 적용되기 때문에, 이같은 어법상의 표현을 교회교부들이 속성교통이라 일컬었다(xiv. 2; 참조; 칼빈의 신약주해, 사도행전 20:28).
c. 다섯 가지 실례(xiv. 2)
　(1) 사도행전 20:28; "하나님이 자기 피로 교회를 샀다". 참 하나님이시요 또한 참 사람이신 그리스도가 우리를 위하여 십자가에 못박혀 피흘리셨기 때문에, 그가 자기의 인간적 본성으로 행하신 일들이 전혀 이유없는 것은 아니지만 엉뚱하게 그의 신성에 돌려져 있다.
　(2) 고린도전서 2:8; "영광의 주가 십자가에 못박혔다".
　(3) 요한일서 1:1; "생명의 말씀이 손으로 만진 바 되었다".
　(4) 요한일서 3:16; "하나님이 우리를 위하여 자기 목숨을 버리셨다".

(5) 요한복음 3:13; "하늘에서 내려온 자 곧 인자 외에는 하늘에 올라간 자가 없느니라". 그리스도께서 육체를 입은 사람으로서 땅 위에 아직 계시던 때에는, 그는 하늘에 계시지 않았다. 그러나 같은 한 분이 하나님이시자 사람이셨기 때문에 양성의 결합으로 인하여 다른 본성에 본래 속한 것을 이 본성에게 돌려준 것이다.

(※ **보충설명**: 처음 네 개의 실례들의 경우를 보면, 주어는 모두 신성인데 술어는 인성에 속한 것들이다. 맨 나중의 실례는 주어가 인성인데 술어는 신성과 관련되어 있다. 하나님에게 어찌 피가 있고, 십자가에 못박히고, 손으로 만지며, 자기 목숨을 버린다는 표현을 쓸 수 있겠는가? 이는 그리스도라는 한 위격 안에 신성과 인성이 통일되어 있기 때문이다. 사람의 아들이 하늘에 올라간다는 표현도 그래서 가능한 것이다.)

3. 기독론적 오류들에 대한 정죄(xiv. 4-8)

 a. 네스토리우스의 오류(xiv. 4) : 이중의 그리스도
   (1) 네스토리우스는 그리스도의 본성을 구별하기보다는 분리시켜 이중의 그리스도를 만들어내고자 했다.
   (2) 칼빈의 경우, '하나님의 아들'이라는 명칭은 동정녀에게서 태어난 그분에게 적용되고(눅 1:32), 그 동정녀 자신이 '우리 주의 어머니'(눅 1:43)로 불리웠다. 칼빈은 '본체적 연합', 즉 두 본성이 한 위격을 이루는 연합을 생각하고 있었다.
 b. 유티케스의 오류(xiv. 4) : 혼합된 그리스도
   (1) 유티케스는 위격의 통일성을 강조하려 한 것이 지나쳐, 양성 가운데 하나를 파괴하였다. 그는 씨릴의 가르침을 과대해석하고, 그리하여 사실상 그리스도의 인성을 부정하기에 이르렀다.
   (2) 칼빈의 대답: 그리스도께서는 그의 몸과 구별된 신성이 그 안에 거하지 않았다고 하면 자기의 몸을 성전(요 2:19)이라고 부르지 아니했었을 것이다. 그리스도의 양성을 혼합하는 것이나, 그것들을 분

리시키는 것은 둘 다 결코 용인될 수가 없다.
c. 세르베투스의 오류(xiv. 5-8): 혼합된 그리스도
  (1) 세르베투스는 하나님의 아들이 하나님의 본질과 영과 육, 그리고 세 가지의 창조되지 않은 요소들로 혼성된 허구인 것으로 생각했다. 그는 그리스도의 영원성과 신성을 부인하고, 그리스도께서 참 하나님이시자 참 사람이신 것으로 생각하는 대신에 약간의 신적 요소와 약간의 인간적 요소가 혼성된 것으로 간주했다(xiv. 5).
  (2) 칼빈의 대답: 만세 전에 아버지께로부터 나신 바 된 말씀이 본체적 연합으로 인간의 본성을 취하신 까닭에 그리스도가 하나님의 아들이심을 우리가 믿는다(xiv. 5).

Ⅴ. 그리스도의 사역(事役)(xv-xvii)

A. 그리스도의 삼중직(三重職)(xv)

1. 예언자의 직분(xv. 1-2)

  a. 성경적 증명(xv. 1)
    (1) 요한복음 4:25; "메시야가 오시면 모든 것을 우리에게 가르치시리라"
    (2) 이사야 9:6; '기묘자', 곧 하나님의 크신 일들에 대한 사자 또는 해석자로 메시야가 예언되어 있다.
    (3) 히브리서 1:2; "이 모든 날 마지막에 아들로 우리에게 말씀하셨으니"
    (4) 다니엘 9:24; "이상과 예언이 응하며 또 지극히 거룩한 자가 기름부음을 받으리라"
  b. 예언자의 직분의 의미(xv. 2)
    (1) 그리스도께서 기름부음을 받으신 것은 아버지의 은혜를 전파하며 증거하기 위해서 뿐만 아니라, 복음을 계속적으로 선포하여 가르치는 직분을 수행하기 위함이었다.
    (2) 그리스도 안에는 지식과 지혜의 모든 보화가 감추어져 있다(골 2:3).

2. 왕의 직분(xv. 3-5)

a. 성경적 증명(xv. 3)

(1) 시 89:35~37; "내가 나의 거룩함으로 한번 맹세하였은즉 다윗에게 거짓을 아니할 것이라. 그 후손이 장구하고 그 위는 해같이 내 앞에 항상 있으며, 또 궁창의 확실한 증인 달같이 영원히 견고케 되리라."

(2) 시 2:1, 9; "어찌하여 열방이 분노하며 민족들이 허사를 경영하는고 … 네가 철장으로 저희를 깨뜨림이여 질그릇 같이 부수리라 하시도다."

(3) 시 110:1; "내가 네 원수로 네 발등상이 되게 하기까지 너는 내 우편에 앉으라 하셨도다."

(4) 요한복음 18:36에서 그리스도는 우리의 소망을 하늘에 두게 하기 위하여 그의 "나라는 여기에 속한 것이 아니니라"고 선언하신다.

b. 왕의 직분의 의미(xv. 4~5)

(1) 그리스도는 그의 교회를 보존하고, 보호하고, 돌보기 위하여 기름 부음을 받았다.

(2) 그리스도는 영혼의 영원한 구원을 위해 필요한 모든 것들을 가지고 자기 백성을 부요케 하고, 영적 대적들의 모든 공격에 대항하여 결코 굴하지 아니하도록 그들에게 용기를 주어 견고케 하신다.

(3) 그의 의로 옷입을 때, 그의 영광을 위해 우리가 열매를 맺을 수가 있다.

(4) 그리스도의 나라는 우리를 높이 들어올려 영생에까지 이르게 한다.

(5) 그의 나라는 신령하다(요 18:36). 그래서 그것은 성령 안에서 의와 평강과 희락이다(롬 14:17).

(6) 그리스도께서 신적 권능으로 다스리심은 우리가 모두 하나같이 결연한 마음으로 순종하고 모든 열성을 다하여 하나님의 뜻에 순복하도록 하기 위함이다.

3. 제사장의 직분(xv. 6)

   a. 성경적 증명
   (1) 시편 110:4, "너는 멜기세덱의 반차를 좇아 영원한 제사장이라 하셨도다"(참조; 히 5:6; 7:15).
   (2) 히브리서 9:22; 그리스도께서 그의 죽음의 희생제사를 통하여 우리 자신의 죄를 씻어내 주시고 우리 죄를 속상(贖償)해 주셨기 때문에, 제사장의 직분은 오직 그리스도만의 것이다.

   b. 제사장의 직분의 의미
   (1) 예수의 피로 말미암아 우리가 하나님과 화목케 되는 것이다. 순결하고 흠없으신 중보자로서 그는 자기의 거룩성을 통하여 우리를 하나님과 화목케 하고자 하신다. 그래서 중보자이신 그리스도가 하나님의 은총을 우리를 위해 확보하시고 그의 진노를 가라앉히기 위해서는 화목제물로서 바쳐져야 하는 것이다.
   (2) 제사장이신 예수는 우리를 위해 중보기도를 하신다. 그리스도 예수의 간구를 통하여 우리가 하나님의 은총을 얻게 되며, 우리의 기도와 찬미의 제사들이 하나님 앞에 향기나는 것으로 열납될 수 있게 된다.
   (3) 한 분 그리스도가 제사장이자 제물이 되셨다.

B. 어떻게 그리스도께서 구속주의 기능을 다하셨는가?(xvi)

그리스도께서는 그의 낮아지심과 높아지심의 신분들을 통해서 우리를 위해 구원을 얻을 수 있게 하려고 구속주의 기능을 성취하셨다. 그는 그의 전생애의 과정을 통해서, 즉 평생토록 순종하심을 통해서 죄를 멸하시고 우리와 하나님 사이의 막힌 담을 헐으시고 하나님이 우리를 향하여 은혜로우시고 자비로우시도록 하기 위해 의를 이루셨다.

1. 낮아지심의 신분
   a. 그리스도의 성육신과 탄생

(1) 하나님은 그리스도 안에서 우리와 화목하시기 전에 먼저 우리를 사랑하셨다. 그러므로 하나님의 사랑은 구원의 초석인 것이다. 하나님의 사랑으로부터 구원이 유래한다(요 3:16; 요일 4:19) (xvi. 3). 성경이 가르치는 바에 의하면 우리는 오직 그리스도 안에서만 하나님의 자비와 부성애를 얻어 누리도록 되어 있다(xvi. 2).
(2) 비록 성경이 구원의 고유한 길로는 그리스도의 죽음을 꼽고 있지만, 그가 종의 형체를 입은 바로 그 시간으로부터 그는 우리를 속량하기 위해 보석금을 지불하기 시작했다(xvi. 5).
(3) 그리스도께서 자신을 단지 비천하고 멸시받은 사람으로 나타내셨기 때문에 그의 성육신이 낮아지심의 출발점으로 간주될 수 있는 것이다.

b. 일평생의 순종
(1) 그리스도께서 자신의 감정을 무시하고 철저하게 아버지 하나님의 뜻에 순복하지 않았다고 하면, 어떠한 희생제물도 하나님께서 받으셨을 리가 없다. 다시 말해서 그리스도는 그의 순종의 전 과정을 통해서 우리를 위해 구속을 성취하셨던 것이다(xvi. 5).
(2) 그의 죽음 자체에 있어서도 그의 자의적 순종이 중요한 요소인 것은, 자원하여 드리지 아니한 희생제사는 의를 이룰 수 없었을 것이기 때문이다(xvi. 5).

c. 정죄와 십자가 처형
(1) 우리가 받을 정죄를 제거하기 위해서는 그가 아무 종류의 죽음을 죽어도 되는 것이 아니었다. 우리의 속량을 위해 배상하기 위해서는 우리의 정죄를 자신에게 전가시킬 뿐만 아니라 우리의 죄책을 자신에게 지움으로써 우리를 자유케 할 수 있는 그러한 종류의 죽음이 선택되어야 했다(xvi. 5).
(2) 본디오 빌라도 앞에서 그리스도가 정죄받음으로 우리가 받을 정죄가 제거되었다(사 53:5, 12; 막 15:28) (xvi. 5).
(3) 그리스도께서 십자가에 달리심으로 그가 친히 저주를 받으신 것은

이로써 그 안에서 우리가 하나님의 의가 되게 하기 위함이었다(고후 5:21) (xvi. 6).
(4) 그리스도께서 못박히신 십자가는 전가된 저주의 상징이다. 그가 십자가에 못박히심으로써 그는 우리를 위해 저주를 받으신 것이다(xvi. 6).
(5) 그리스도가 흘리신 피는 속상이 되었을 뿐만 아니라, 우리의 부패를 씻어내는 물대야가 되었다(xvi. 6).
d. 죽으심과 묻히심(xvi. 7)
(1) 그리스도께서는 죽음의 권세에 자신을 내어줌으로써 우리를 사망에서 구출하셨다. 그가 죽으심으로써 우리로 하여금 죽지 않도록 보장해 주셨다. 즉 그 자신의 죽음을 통해서 우리를 속량하여 생명에 이르게 하신 것이다.
(2) 우리가 그리스도의 죽음에 참여함으로 해서 그의 죽음이 우리의 세속적 지체들을 죽여 그것들이 더이상 그것들의 기능을 발휘할 수 없게 만든다. 또한 그의 죽음이 우리 안에 있는 옛 사람을 죽여 그 옛사람이 번성하거나 열매를 맺을 수 없게 한다.
(3) 그리스도의 묻히심도 동일한 효과가 있다. 우리가 그의 묻히심에 참여하게 될 때 죄에 대하여 그와 함께 장사되는 것이다.
(4) 요약하자면, 그리스도의 죽으심과 묻히심은 이중의 축복, 곧 사망에서 해방되는 것과 우리의 육이 죽는 것을 가져다 주었다.
e. 지옥에 내려가심(xvi. 8~12)
(1) 만일 그리스도께서 신체적 죽음만을 죽으셨다고 한다면, 그의 죽음은 효험이 없었을 것이다. 하나님의 진노를 달래고 그의 의로운 심판을 만족시키기 위해서는 그리스도가 하나님의 엄한 보복을 당하시는 것이 필요했다. 이 점에서, 그리스도의 지옥 강하는 그가 우리를 위하여 당한 영적 고통을 표현한 것이다(xvi. 10).
(2) 그가 십자가 상에서 속죄적(贖罪的) 고뇌를 맛보심으로써 그는 마귀의 권세와 사망의 공포와 지옥의 고통에 대하여 승리하여, 우리

가 지금 죽는다 해도 그러한 것들을 두려워하지 않을 수 있게 하셨다(xvi. 11).

2. 높아지심의 신분

높아지심의 신분이 없다고 하면 그리스도의 낮아지심의 신분은 완전하지 못할 것이다. 그가 십자가 상에서 고통당하고 죽으심으로 해서 맺어진 은총의 열매들이 사망의 권세로 말미암아 무효화될 것이다. 칼빈이 이해하고 있는 대로는 높아지심의 신분에 부활, 승천, 하나님의 우편에 앉으심 그리고 그리스도의 신체적 재림이 있다.

a. 부활(xvi. 13)
 (1) 그리스도의 죽음을 통해서 우리가 누리게 된 세 가지 혜택을 요약하자면, 하나님의 의로운 심판이 만족된 것과, 율법의 저주가 제거된 것 그리고 형벌이 완전하게 치루어진 것 등이라고 할 수 있다. 한 마디로 그리스도의 죽음을 통해서 우리가 하나님과 화목된 것이다.
 (2) 그러나 그리스도의 부활을 통해서 우리가 누리게 된 세 가지 혜택은 사망에 대한 우리의 믿음의 승리와 새로운 생명과, 우리 자신의 부활에 대한 확신이다.
 (3) 칭의와 의가 그의 부활로 말미암아 회복되었다. "예수는 우리의 범죄함을 인하여 내어준 바 되었고, 또한 우리를 의롭다 하심을 인하여 살아나셨느니라"(롬 4:25). "그리스도를 죽은 자 가운데서 살리심과 같이 우리로 또한 새생명 가운데서 행하게 하려 함이니라"(롬 6:4). 칼빈은 고린도전서 15:12~16을 언급하면서 우리 자신의 부활에 대하여 확신하고 있다.

b. 승천(xvi. 14)
 (1) 그리스도께서 승천하시어 그의 신체적 임재가 우리의 시야에서 멀어진 것은(행 1:9) 아직도 지상순례를 계속하고 있는 신자들과 함께 하는 것을 중단하기 위함이 아니라, 더욱 더 직접적인 권능을 가지고 천지를 다스리기 위함이었다.

(2) 그리스도는 그가 승천하신 때에야 비로소 그의 나라를 사실상 시작하게 되었던 것이다.
  c. 하나님의 우편에 앉으심(xvi. 15~16)
   (1) '아버지의 오른편에 앉으심'으로 그리스도께서는 하늘의 심판대에서 통치하게 되었다(xvi. 15).
   (2) 그리스도의 승천으로 말미암아 우리의 믿음에 주어지는 혜택들로는 첫째, 그리스도께서 천국으로 가는 길을 열어놓으심으로 해서, 우리의 머리이신 그리스도 안에서 우리는 이미 천국을 소유하게 되었다는 것; 둘째, 그리스도께서 우리의 상근 변호인이요 대언자(히 7:25; 롬 8:34)로 아버지 앞에 나타나셨다는 것; 셋째 그리스도께서 자기 백성을 부요케 하셨고, 날마다 신령한 축복들을 그들에게 쏟아부어 주어 그들이 믿음으로 그의 능력을 깨달을 수 있게 하신다는 것(엡 4:8) 등이 있다(xvi. 16).
  d. 그리스도의 신체적 재림(xvi. 17)
   (1) 그리스도가 심판주로 재림하시게 되면, 그는 선택된 자와 버림받은 자들을 분리하실 것이다(마 25:31~33) (xvi. 17).
   (2) 중보자이신 그리스도께서는 자기가 맡아 보호하시는 사람들을 정죄하지 않으실 것이다. 복음을 통하여 영원한 축복을 지금 약속하고 있는 그 분은 마지막 날 심판 때에 그의 약속을 또한 성취하실 것이다. 심판주가 구속주이시다(xvi. 18).

3. 그리스도의 충분성에 관한 결론적 진술(xvi. 18~19)

  a. 우리의 구원이 전체적으로 그리고 그것의 모든 부분들이 그리스도 안에 함축되어 있어서, 그것의 어느 부분도 다른 곳으로부터 결코 오지 않는다:
   (1) 우리의 구원은 — 그에게서(고전 1:30)
   (2) 성령의 은사들은 — 그가 기름부음을 받으신 데서
   (3) 우리의 힘은 — 그의 다스림에서

(4) 우리의 순결은 - 그의 잉태에서
　(5) 우리의 온유함은 - 그의 탄생에서
　(6) 우리의 속량은 - 그의 수난에서
　(7) 우리의 죄용서는 - 그가 정죄받으심에서
　(8) 우리가 저주를 면케 된 것은 - 그의 십자가에서(갈 3:13)
　(9) 우리의 속상은 - 그의 희생제물에서
　(10) 우리가 정결케 된 것은 - 그의 피에서
　(11) 우리가 화목게 된 것은 - 그의 지옥강하에서
　(12) 우리의 육이 죽게 된 것은 - 그의 무덤에서
　(13) 우리의 새 생명은 - 그의 부활에서
　(14) 우리의 영원불멸도 - 그의 부활에서
　(15) 우리의 천국기업은 - 그의 승천에서
　(16) 우리의 보호, 안전, 모든 축복들의 풍성한 공급은 - 그의 나라에서
　(17) 우리가 심판을 부담없이 기대할 수 있는 것은 - 그에게 주어진 심판권에서 우리가 구하여 찾아야 한다.
　b. 요약하자면, 모든 종류의 좋은 것들이 그리스도 안에 넉넉하게 저장되어 있는 까닭에, 우리는 다른 곳에서 말고, 바로 이 원천에서 마음껏 마셔야 하는 것이다.

C. 그리스도의 대속적 공로(xvii)

1. 그리스도의 공로와 하나님의 은혜

　사람들은 하나님의 은혜 뿐만 아니라 그리스도의 공로에 의하여 거저 의롭다 함을 받는다. 그런데 그리스도의 공로가 오직 하나님의 은혜에만 근거하고 있기 때문에, 이 둘이 다같이 우리의 행위와 대립되는 것은 당연하다. 그리스도의 공로와 하나님의 은혜는 서로 모순되거나 배척되지 않으며, 그리스도의 공로가 하나님의 은혜에 앞선다. 그리스도의 순종으로 말미암아 그는 우리를 위해 아버지 하나님의 은혜를 사실

상 확보하셨다. 이와 같이 그리스도의 공로로 말미암아 하나님의 은혜가 우리에게 주어진 것이다(요일 1:7) (xvii. 1, 4).

2. 우리의 구원의 유일한 원인

하나님의 의지(또는 작정), 그의 긍휼(또는 은혜), 그리스도의 공로(또는 순종) 그리고 우리의 신앙이 우리의 구원의 유일한 원인으로 생각되는 것은 바르고 당연하다고 할 수 있다. 왜냐하면 하나님 자신의 선하시고 기뻐하신 뜻에서 나온 그의 작정이 우리의 구원의 첫째가는 궁극적 원인이고, 하나님과 그리스도를 믿는 우리의 신앙이 구원의 둘째가는 방편적 근인이기 때문이다(xvii. 1, 2).

제 3 권

성령 하나님

I. 성령의 사역(事役)(i)

제 삼권의 제목은 "그리스도의 은혜를 받는 방법: 어떤 유익이 우리에게 오며 어떤 효력이 따르는가"이다. 칼빈은 제 이권에서 그리스도의 공로적 순종을 다루었다. 그의 순종은 하나님 자신의 선하시고 기쁘신 뜻에서 나온 작정에 따라서 하나님의 긍휼하신 은혜에 근거하여 이루어졌다. 그리스도가 그 자신의 순종을 통해서 하나님의 은혜를 획득한 것이기 때문에 하나님의 은혜는 그리스도의 은혜로 불리워도 마땅하다.

그리스도의 자의적(自意的) 순종에 의하여 획득된 하나님의 은혜는 성령이 사용하는 방법을 통해서 우리에게 적용될 수 있다. 성령은 그리스도께서 우리를 그 자신에게 효과적으로 연합시키시는 띠이다. 그러나 신앙은 성령의 주요한 사역이다(i. 4). 즉 성령이 하시는 가장 주요한 일은 우리 안에서 믿음을 일으키는 것이다. 그런 까닭에 오직 믿음으로만 성령이 우리로 그리스도의 은혜를 받을 수 있게 한다고 말할 수 있다. 다른 말로 하자면 그리스도에 관하여 이야기된 것들이 성령의 은밀한 사역인 믿음을 통해서만 우리에게 유익을 준다(i. 1). 그리스도 안에 함축되어 있는 우리의 구원 전체와 그것의 모든 부분들은 오직 믿음으로만 우리의 것이 될 수가 있는 것이다.

또한 오직 그리스도를 믿는 믿음으로만 우리가 거듭나고 회개하고 우리 자신을 부인하고 십자가를 지며, 의롭다 함을 받고, 그리스도인의 자유를 누릴 수가 있다. 그 믿음은 기도에 의하여 강화될 수 있다. 우리의 기도를 통해서 우리는 날마다 하나님의 은택들을 받는다. 그리고 하나님이 그리스도 안에서 우리를 영원히 선택하셨다는 것을 우리는 믿음을 통해서 확신하게 되는 것이다. 요약하자면 성령은 우리를 그리스도에게 연합시켜 그리스도가 우리 안에 거하고 우리의 것이 될 수 있도록 하는 띠이다(i.1). 그리스도를 우리 안에 거하게 하시는 성령의 은밀한 힘에 의하여 우리가 그리스도와 그의 모든 혜택들을 향유할 수 있게 된다. 그러므로 성령이 없이는 하나님의 부성적(父性的) 은총이나 그리스도의 은택을 아무도 맛볼 수가 없다(롬 5:5; 고후 13:13)(i.2). 그런 까닭에 성령은 우리를 위해 천국의 보물 창고를 열어주는 열쇠라고 불리워도 좋을 것이다(참조, 계 3:7)(i.4).

그리스도 안에서 발견되는 완전한 구원에 우리가 참여할 수 있도록 하기 위하여 그는 우리에게 성령으로 세례를 주시고(눅 3:16), 복음을 믿는 믿음의 빛 가운데로 우리를 인도하며 우리를 거듭나게 하여 새로운 피조물이 되게 하신다(참조, 고후 5:17). 성령으로 그리스도가 우리를 하나님의 거룩한 성전으로 성결케 하신다(고전 6:19; 고후 6:16; 엡 2:21). 그리고 신앙은 성령이 하시는 주요한 일이다. 그 신앙의 유일한 근원은 오직 성령 뿐이다(i.4). 바로 그 성령의 은혜와 권능으로 우리가 그리스도를 소유하는 그의 지체들이 되는 것이다(i.3).

Ⅱ. 신앙(ii)

1. 신앙의 대상

    a. 그리스도 외에는 아무것도 알 가치가 없다(고전 2:2). 이는 길이신 그리스도를 통하지 않고서는(요 14:6) "생명의 원천"(시 36:9)이신 아버지께로 아무도 올 수가 없기 때문이다. 또한 그리스도만이 아버지를 알기 때문이다. 이같은 이유로 그리스도를 믿는 믿음을 통해서

(행 20:21; 26:17~18) 우리는 우리의 비참한 불행으로부터 구출되고 천국을 소유할 수 있게 된다(ii. 1).

b. 믿음이 한 분 하나님을 바라보는 것은 사실이나 여기에는 "그가 보내신 자 예수 그리스도를 아는 것"(요 17:3)이 첨가되어야 한다. 이는 불가시적(不可視的)인 아버지는 그를 나타내신 그의 독자 안에서만 발견될 수 있기 때문이다(요 1:18) (ii. 1).

c. 우리의 믿음의 목적지와 길은 하나님이시자 사람이신 그 분이시다. 즉 하나님이신 그는 우리가 나아가야 할 목적이시요, 사람이신 그는 우리가 가는 길이시다. 이 목적지와 길 둘 다 오직 그리스도 안에서만 발견된다. 그러므로 그리스도가 우리의 믿음의 대상이요, 그를 통해서만 우리가 하나님을 믿게 된다고 말할 수 있는 것이다(벧전 1: 21) (ii. 1).

2. 참된 신앙

믿음을 바르게 정의하자면 다음과 같다. 그것은 우리에게 베푸시는 하나님의 자비(부성적 은총과 돌보심)에 대한 확실한 지식이다. 이 지식은 그리스도 안에서 거저 주신 약속의 진리에 기초하여 성령을 통해서 우리 마음에 계시되고 확증되는 것이다.

a. 신앙은 지식이다.

(1) 칼빈은 스콜라철학적인 맹목적 신앙을 거부한다. 신앙은 무지가 아니라, 하나님의 뜻을 아는 지식에 기초한다. 즉 우리의 의의 기초가 되는 하나님의 선하심에 대한 분명한 인식이 신앙의 기초인 것이다(ii. 2).

(2) 믿음은 하나님이 존재하시는 것을 알 뿐만 아니라, 하나님의 말씀을 통해서 우리에 대한 하나님의 뜻이 무엇인지를 아는 것과 관련이 있다. 믿음은 하나님의 말씀에 기초한다. 그러므로, 말씀을 제거해 버리면, 아무런 믿음도 남지 않게 된다(ii. 6). 믿음은 그리스도 안에서 하나님의 은혜의 약속을 선포하는 복음을 들음에서 생겨나는 것이다

(ii. 7).
b. 신앙은 우리를 향한 하나님의 자비에 대한 지식이다(ii. 7).
   (1) 아버지 하나님이 자비로우시다는 것을 우리에게 증거해 줄 수 있는 은혜의 약속이 우리에게는 필요하다. 이는 만일 하나님이 자비롭게 우리를 그 자신에게로 이끌지 아니할 것 같으면, 하나님께서 참되시다는 것을 아는 것이 우리에게 전혀 도움이 되지 않을 것이기 때문이다. 참된 신앙은 하나님이 그의 약속에 있어서 참되고 신실하실 뿐만 아니라 자비로우시고 친절하며 선하시다는 것을 안다.
   (2) 참된 신앙은 하나님의 선하심과 참되심을 그의 말씀에서 발견한다. 그러므로 하나님의 말씀이 없는 신앙은 뿌리없는 나무나 태양이 없는 빛과도 같다. 그리고 하나님의 말씀에서 증거되고 있는 하나님의 선하심과 사랑은 지식의 핵심이다.
c. 건강한 신앙은 확실한 지식이다.
   (1) 신앙의 지식은 머리로 이해하는 것이라기보다는 마음으로 확신하는 것이다. 참된 신앙에는 우리를 위한 하나님의 사랑에 대한 신뢰(또는 담대함)와 확신이 있다(엡 3:12). 신앙은 온전하고 흔들리지 않는 확신을 요구한다. 이 확신은 하나님의 자비와 구원에 대한 확실한 신뢰를 통해서만 생겨난다(ii. 15).
   (2) 확신을 통해서만 우리의 양심이 하나님의 심판 앞에서 고요하며 평안할 수가 있다. 참된 신자는 어떤 사람인가? 하나님이 자기의 친절하고 온화한 아버지이심을 확신하고서 하나님의 관대하심에 기초하여 모든 것들을 스스로 약속하는 자 그리고 자기를 향한 하나님의 자비의 약속들에 근거하여 끝까지 흔들리지 않고 구원의 소망을 붙잡는 자만이 참된 신자이다(히 3:6). 자기의 구원에 대한 확신을 가지고 담대하게 마귀와 사망을 이겨내는 자 외에는 아무도 신자가 아닌 것이다(ii. 16).
   (3) 그러나 신자들은 반복적으로 극심한 공포에 의하여 흔들리고, 어떤 불안에 의하여 공격을 받는다(ii. 17). 다른 한편으로 신자들은 자

신의 불신앙으로 인하여 항상 갈등을 느낀다. 그들의 가슴에 분열이 있음을 느끼는 것이다. 그렇지만, 참된 신앙은 사면초가에 빠지게 하는 그러한 곤경들을 극복하고 궁극적으로는 승리한다(ii. 18).
(4) 이러한 공격들을 견디어 내기 위해서 신앙은 하나님의 말씀으로 무장하며 방비를 튼튼하게 한다. 경건한 사람은 마침내 모든 어려움들을 극복하며, 하나님의 긍휼에 대한 확신을 결코 상실하지 않는다. 신앙은 우리의 방패구실을 한다(엡 6:16). 우리의 신앙은 어떠한 싸움에서도, 그리고 어떠한 특정의 공격에 대해서도 승리할 것이며, 온 세계를 이길 것이다(참조; 시 23:4; 요일 5:4)(ii. 21).

d. 신앙은 우리의 마음에 계시되고 확증된다.
(1) 하나님의 긍휼과 참되심에 대한 확실한 지식이 마음 깊숙히 새겨져야 한다. 이는 만일 하나님의 말씀이 머리에서 겉돌기만 하면 그 말씀은 믿음으로 받아들여진 것이 아니며, 그 말씀이 가슴깊은 곳에 뿌리를 내리고서 모든 유혹의 장난들을 대적하여 몰아내는 무적의 방어물이 될 수 있을 때에 그것은 믿음으로 받아들여진 것이기 때문이다. 이같이 가슴으로 확신하게 될 때 믿음은 더욱더 분명하게 나타나게 된다(ii. 36).
(2) "사람이 마음으로 믿어 의에 이르고"(롬 10:10) 이러므로, 신앙 자체는 머리에 속하기보다는 가슴에 속하고, 지성에 속하기보다는 오히려 감성에 속한다. 그리고 의를 위해서 뿐만 아니라 성화(참조; 고전 1:30)와 생수의 강(요 7:38)을 위하여 아버지 하나님이 우리에게 계시해 주신 대로 신앙이 그리스도를 받아들이기 때문에, 성령으로 성화됨이 없이는 그리스도를 알 수가 없는 것이다. 그런 까닭에, 신앙은 경건한 감성과 결코 분리될 수가 없다(ii. 8).

e. 신앙은 성령을 통해서 계시되고 확증된다.
(1) 우리의 지성(또는 마음)은 허망한 것을 좋아하는 성향이 아주 강한 까닭에 하나님의 진리에 결코 충실할 수가 없다. 또한 그것은 너무나 우둔하여서 하나님의 진리의 빛에 대하여 항상 캄캄하다. 따라

서, 성령의 조명이 없으면, 하나님의 말씀은 아무것도 할 수가 없다. 성령은 신앙을 심어주시는 분이실 뿐만 아니라, 점진적으로 신앙을 장성하게 하여, 마침내는 신앙으로 우리가 천국에 이르도록 성령이 인도하신다(ii. 33).
(2) 참으로 하나님의 말씀은 태양처럼 그것을 선포받은 모든 사람 위에 비추이지만, 눈먼 사람들에게는 아무 효과도 나타나지 않는다. 이 점에 있어서 우리 모두는 본래 눈이 멀어 있었던 것이다. 따라서, 성령이 마음의 교사가 되어 우리의 마음을 비추시며 하나님의 말씀이 들어올 길을 마련하지 않으시면, 그 말씀은 우리의 마음 속으로 침투할 수가 없는 것이다(ii. 34).

3. 일시적 신앙

a. 성경적 증명(ii. 10)

사도행전 8:13에 나오는 마술사 시몬의 경우, 누가복음 8:6~7, 13의 씨뿌리는 자의 비유 가운데 나오는 바위 위에와 가시떨기 속에 떨어진 씨와 같은 경우, 히브리서 6:4~6에서 양자의 영이 없이 하나님의 선하심을 맛보는 경우 그리고 야고보서 2:19에 나오는 바 공포와 절망에 사로잡히는 신앙 등은 일시적 신앙이다.

b. 일시적 신앙의 다섯 가지 요소(ii. 10~12)

첫째로, 참된 신앙과 외관상 유사하다. 둘째로, 의식적으로 자기를 기만하여 그릇된 길로 행한다. 셋째로, 참된 신앙과 유사해 보이나 사실은 질적으로 다르다. 넷째로, 일시적일 뿐 오래 지속되지 않는다. 다섯째로, 믿음의 인내가 전혀 없다.

4. 신앙의 기초

a. 긍휼에 대하여 하나님이 거저주신 약속

신앙은 본래 약속으로 시작되고, 유지되며, 마무리된다. 신앙은 하나님이 약속과 경고 등 모든 일에서 참되시다는 것을 확신한다(ii. 39).

신앙이 견고하게 서게 되려면 하나님이 거저주신 약속을 사람이 터득해야 하고, 신앙으로 말미암아 우리가 하나님과 온전히 화목되려고 하면 먼저 우리가 그리스도와 신앙으로 연합되어야 하는 것이다(ii. 30).
b. 성경에 주어져 있는 긍휼에 대한 약속
 (1) 나무가 열매를 맺으려면 산뿌리를 필요로 하듯이 신앙은 하나님의 말씀을 필요로 한다(ii. 31).
 (2) 하나님이 그의 은혜에 대한 증거를 통해서 신앙에 빛을 비추어주지 아니하면 아무 믿음도 생겨나지 않는다(ii. 31).
 (3) 신앙은 하나님의 말씀으로 지탱되지 아니하면 소멸해 버린다. 왜냐하면 말씀이 성령의 조명을 통해서 우리의 신앙을 싹트게 하기 때문이다(ii. 33).
c. 그리스도 안에서 성취된 신앙에 대한 약속
　　하나님의 모든 약속들은 오직 그리스도 안에서만 예와 아멘이 된다(고후 1:20). 무슨 약속이든간에 그것은 우리에 대한 하나님의 사랑을 증거한다. 그리고 그리스도 안에 하나님의 사랑이 나타나 있다. 그러므로 사실상 그리스도를 제쳐놓고서는 아무도 하나님에게서 사랑을 받을 수가 없는 것이다(엡 1:6). 이는 하나님의 모든 약속들이 그리스도 안에서 확증되고 성취되기 때문이다(롬 15:8)(ii. 32).

5. 소망과 사랑에 대한 신앙의 관계

 a. 신앙과 소망의 관계
 (1) 신앙의 확신은 어떤 시점에만 제한될 수가 없는데, 이는 본래 신앙이 금세 이후의 미래적 불멸을 소망하기 때문이다. 성령으로 조명을 받아 신자들은 신앙을 통해서 천국생활을 묵상하기를 좋아한다(ii. 40).
 (2) 또한 신앙은 바라는 것들의 실상이요 보지 못하는 것들의 증거이며(히 11:1), 보이지 않는 것들을 보는 것이요, 불분명한 것들을 명확히 하는 것이며, 없는 것들을 있게 하고, 감추인 것들을 나타내

보이는 것이다(ii. 41). 신앙은 이처럼 장래에 대한 확신인 것이다.
  (3) 신앙은 그 자체로부터 소망을 싹트게 하며 만들어 낸다. 소망은 다른 것이 아니고, 신앙을 통해서 하나님이 참으로 약속한 것으로 믿은 것들을 기대하는 것을 두고 말한다. 이와 같이, 신앙은 하나님이 참되시다는 것을 믿고, 소망은 하나님의 참되심이 드러나게 될 때를 기다린다. 신앙은 소망의 기초요, 소망은 신앙을 강화하고 떠받친다(ii. 42). 다른 말로 하자면, 소망은 다만 신앙을 위한 자양분이요 힘이다. 신앙과 소망은 동일하게 하나님의 긍휼 위에 기초를 두고 있다(ii. 43).
 b. 신앙과 사랑의 관계
  오직 신앙만이 먼저 우리 안에서 사랑을 싹트게 한다. 우리의 마음이 일깨어 하나님의 선하심을 맛보게 되면, 반드시 그와 동시에 우리의 마음이 온전히 뜨거워져 답례로 하나님을 사랑하게 되는 것이다. 여기서 우리가 믿어야 할 필요가 있는 것은, 하나님의 긍휼이 없이는 우리에게 죄용서가 있을 수 없다는 사실이다(ii. 41).

Ⅲ. 회개: 믿음에 의한 중생(iii-v)

A. 회개의 정의(iii. 1-14)

(※ 이중(二重)의 은혜 :
a. 하나님이 하시는 일들로는 먼저 우리와 화목하시고, 다음에 죄를 용서하시며, 의롭다 하시고, 자녀로 받아주시는 것들이 있다.
b. 사람이 체험하는 하나님의 은혜의 선물들로는 첫째 믿음이 있고, 다음에 회개, 새 생활, 성화, 사랑과 순종 그리고 하나님의 형상의 회복 등이 있다.)

1. 우리의 삶을 하나님께로 참되게 전향하는 것이다.
 a. 회개는 다음과 같이 정의될 수 있다. 회개는 우리의 삶을 하나님께로

참되게 전향하는 것, 곧 하나님을 순전한 마음으로 경외함으로 결과
되는 전향이다. 이 회개는 우리의 육과 옛사람을 죽이는 것과 영을
살리는 것이다(iii. 6-8).
b. 회개는 외형적인 행위들에 있어서 뿐만 아니라, 영혼 자체의 근본적
인 변화를 요구한다. 주께서 이같이 말씀하신다. "너희는 스스로 할
례를 행하여 너희 마음 가죽을 베고 나 여호와께 속하라"(렘 4:1,
3~4). 우리의 마음의 가장 깊은 곳으로부터 우선적으로 사악함을 제
거해야 하는 것이다(iii. 6).

2. 하나님을 진정으로 경외하여 전향하는 것이다.

회개는 하나님을 진정으로 경외하는 데서 우러나온다. 이는 하나님의
심판을 깊이 생각함으로써, 회개가 가능케 될 것이 틀림없기 때문이다
(행 17:30~31). 죄를 무서워하고 혐오하는 데서 회심이 시작되기 때
문에 바울은 '하나님의 뜻대로 하는 근심'(고후 7:10)을 회개의 원인으
로 이해하고 있다(iii. 7).

3. 우리의 육을 죽이는 것이다.

육체의 모든 감정들이 하나님을 대적하기 때문에(참조; 롬 8:7) 하나
님의 율법에 순종하는 첫단계는 우리 자신의 본성을 부인하는 것이다.
우리는 본성적으로 하나님을 배반한 까닭에, 자기 부인이 선행하지 않
는 한, 결코 바른 길로 접어들 수가 없게 된다. 그러므로 우리는 옛사
람을 벗어버리고, 세상과 육체를 포기하며, 우리의 악한 정욕들과 단절
하고 우리의 심령이 새로워져야 한다(엡 4:22~23) (iii. 8).

4. 우리의 심령을 살리는 것이다.

만일 우리가 참으로 그의 죽음에 참여한다고 하면, "우리의 옛사람이
그의 권능으로 십자가에 못박히고 죄의 몸이 멸하여(롬 6:6), 이로써
우리의 본성의 부패가 더이상 번져갈 수 없게 된다. 그리고 만일 우리

가 그의 부활에 동참하게 된다고 하면, 그의 부활을 통해서 우리가 살아나 새생명에 이르러 하나님의 의를 회복하게 되는 것이다. 그러므로 한 마디로 말해서 회개는 그리스도 안에서 거듭나는 것이라고 해석될 수가 있다. 그런데 그리스도의 유일한 목적은 우리 안에서 하나님의 형상을 회복시키는 것이다(iii. 9).

5. 일평생의 투쟁

a. 하나님의 형상이 회복되는 일은 한 순간이나 하루 또는 한 해에 금방 이루어지는 것이 아니고, 우리의 일평생을 통하여 되어진다. 죄에 대한 투쟁은 우리가 죽을 때에만 끝나게 되는 것이다(iii. 9). 이는 중생한 사람 안에도 악을 촉발시키는 불씨가 남아있어서, 이로부터 끊임없이 정욕의 불길이 솟아나와 미혹하고 충동하여 죄를 짓게 하기 때문이다. 그런 까닭에, 성도들에게도 그들이 죽을 몸을 벗어버릴 때까지는 항상 죄가 남아있다. 이는 그들의 육체 안에 하나님의 의를 대적하여 싸우는 지나친 정욕의 부패성이 거하고 있기 때문이다(iii. 10). 성도들의 경우 죄가 군림하여 지배하는 일은 소멸되었다. 죄가 통치하는 일만큼은 멈춘 것이다. 그러나 성도들 안에 거하는 것을 멈춘 것은 아니다(iii. 11).

b. 다른 한편으로 어떤 재세례파 사람들은 주장하기를, 하나님의 자녀들은 무죄상태로 회복된 까닭에 이제는 육체의 정욕을 제어하기 위해 마음을 쓸 필요가 없고, 그들의 지도자인 성령을 따르기만 하면 그의 이끌림을 받아 결코 타락될 리 없다고 한다. 그러나 그들의 주장을 따르면, 간음과 정절, 성실과 간교, 진리와 허위, 공정거래와 착취 사이에 아무런 차이도 없게 될 것이다(iii. 14).

B. 회개의 효과와 열매(iii. 15~16)

1. 고린도후서 7:11에 따른 회개(iii. 15)

하나님의 뜻대로 하는 근심에 의하여 가능케 된 회개에는 경건한 신자의 경우 다음과 같은 것들이 있게 된다.

a. 마귀의 올무에서 벗어나 성령의 지배를 받아 살고자 하는 신중함(또는 몸조심)
b. 자신들이 무죄하다는 것을 증명하기보다는 다만 용서를 구하고자 하는 사과성 해명
c. 내면적으로 자신의 허물을 발견하여 자신에게 화를 내는 분개
d. 죄인들에 대한 하나님의 진노가 준엄함을 알고서 떨며, 이후로는 스스로 삼가하여 조심하는 두려움
e. 자기의 본분을 행함에 있어서 열심을 품고서 기꺼이 순종할 수 있게 하는 열망
f. 열망과 직접적으로 연결되어 있는 열심
g. 우리 자신의 죄를 날카롭게 검토하고 우리에 대한 하나님의 은총과 긍휼을 소망하는 앙갚음.

2. 회개의 열매들(iii. 16)

회개의 열매들에는 하나님에 대한 경건의 의무, 사람에 대한 사랑의 의무 그리고 전생애를 통해서 거룩하고 순결해야 할 의무 등이 있다. 성령은 우리로 하여금 회개할 것을 촉구하면서, 십계명의 둘째 돌판의 의무들을 우리에게 상기시킨다.

C. 죄에 대한 성경적 고백

1. 하나님 앞에서 하는 죄의 고백

   a. 개인적인 고백
   (1) 우리의 죄를 하나님 앞에 개인적으로 고백하는 것은 우리가 게을리 할 수 없는 참된 회개의 한 부분이다. 일상적으로 매일같이 우리가 범하고 있는 죄들을 고백하는 것은 당연하다. 그러나 더 중대한 죄

들의 경우는 우리로 하여금 한걸음 더 나아가 오래 전에 잊혀진 것처럼 보이는 죄들까지 우리의 마음에 기억나게 할 것임에 틀림없다. 즉 모태에서부터 지은 죄들까지를 고백하도록 하는 것이다(iii. 18).

(2) 우리를 항상 괴롭히는 천박한 욕정들과 우리 안에서 반복적으로 싹트는 악들로 인하여, 우리는 육을 죽이는 데 대한 관심을 느슨하게 할 수가 없다. 그러므로, (치명적인 죄를 범한)어떤 사람들에게만 요구되는 특별한 회개가 있다고 해서, 우리의 부패한 본성 때문에 우리가 평생을 두고 유의해야 할 통상적인 회개가 제외되는 것은 아니다(iii. 18)(요약하자면, 개인적인 죄의 고백에는 매일같이 하는 통상적인 회개와 중대한 죄에 대한 특별한 회개 그리고 지난 과거까지를 회상하며 하는 불특정한 회개 등이 있다).

(3) 우리는 회개 자체를 향하여 부단히 노력하고, 전생애를 통하여 전심전력해야 한다. 그 때 하나님이 우리에게 죄용서를 허락해 주신다(iii. 20). 그러나 회개가 하나님의 특별한 선물임을 우리는 기억해야 한다(iii. 21). 회개의 효력은 중생케 하시는 성령에게 달려있다. 회개할 수 없는 자들은 용서받을 수 없는 자들이다(iii. 24).

b. 일반적 회개(iv. 11)

전염병이나 전쟁이나 기근이나 기타 다른 종류의 재난으로 말미암아 우리가 괴롭힘을 받을 때마다, 만일 애통과 금식과 그밖의 방법으로 우리의 죄를 자복하는 것이 우리의 의무라고 한다면, 우리는 모든 다른 일들이 좌우되는 바로 이같은 일반적 회개를 조금이라도 소홀히 해서는 안된다(즉 범국가적 또는 범민족적 회개가 있어야 한다).

2. 사람들 앞에서 하는 죄의 고백

a. 야고보는 말하기를 "너희 죄를 서로 고하며… 서로 기도하라…"(약 5:16)고 하였다. 이로 보건대 우리는 우리의 허물을 가슴으로 서로 고백하며, 서로 충고를 받아들이고, 서로 동정하며, 서로 위로해야

한다. 그리하여 우리의 형제들의 약점을 알게될 때, 이러한 약점들을 위하여 하나님께 서로 기도하자(iv. 6).
b. 한편 다윗은 나단에게 책망을 받자 양심의 가책을 느끼어, 자기의 죄를 하나님과 사람 앞에서 고백했다. 그러므로 우리가 하나님께 은밀히 고백한 후에는 하나님의 영광과 우리의 겸손을 위해서 필요한 경우라면 언제라도 자주 사람들 앞에서도 기꺼이 고백할 수 있게 되는 것이다(iv. 10).

D. 고해(告解)에 대한 스콜라주의 교리

1. 회개의 세 가지 필요조건

a. 스콜라주의 궤변가들은 그들의 추종자들에게 그들이 과거에 구출된 적이 있는 동일한 범죄들에 다시는 빠지지 말 것을 강권하였다. 그리고 그 궤변가들은 사람들의 마음에(여러 가지 근심, 번민, 불안 등을 심어주어) 깊은 상처를 입혔다 싶으면, 약간의 가벼운 의식들을 행하여 그 모든 고통을 치료해 준다. 그들은 회개를 심령의 통회(痛悔), 입술의 고백, 행위의 보속(補贖)으로 구분한다(iv. 1).
b. 동시에 죄용서를 얻기 위해서는 이러한 것들이 필요하다고 그들은 가르친다(iv. 2).
c. 회개가 없이는 아무도 죄용서를 결코 얻을 수 없다는 것은 사실이다. 그러나 회개는 죄용서의 원인이 아니다. 죄인은 자신의 통회나 눈물에 연연(戀戀)하기보다는 오직 주님의 긍휼만을 간절하게 바라보는 것이다(iv. 3).

2. 스콜라주의 고해교리에 대한 비판

a. 고백은 명령된 바 없다.

스콜라주의 신학자들은 누가복음 17:14을 들어서, 고백이 신적교훈에 의하여 명령되어졌다고 주장했다. 그들의 설명에 의하면, 죄는 영적 문둥병이고, 이에 관하여 판단하는 것이 사제들의 의무라는 것이다. 그러나 누가복음 17:14에서 그리스도가 문둥병자들을 제사장들에게 보낸 이유는 싫든 좋든 그들이 그리스도의 이적들에 대한 증인들이 되도록 하기 위함이었다(iv. 4).

b. 고대 교회에서는 강요된 고백이 없었다.

인노센트 Ⅲ세의 시대 이전에는 강요된 고백에 관해 어떤 법이나 제도도 전혀 제정된 바 없었다. 콘스탄티노플 교회의 감독이었던 넥타리우스는 고백의식을 폐지하였고, 크리소스톰도 이 고백폐지를 분명하게 증언하여 말하기를, "당신의 죄를 치료해주시는 하나님께 매일 침상에서 고백하여 거기서 당신의 양심이 자신의 비행들을 매일 인정하게 하십시오"라고 했다(iv. 7, 8).

c. 모든 죄를 열거하는 것은 불가능하다.

로마카톨릭 교도들이 모든 죄들을 열거하는 것에 관한 법을 만든 것은 정말로 참을 수 없는 일이다. 이는 다윗이 다음과 같이 외쳤기 때문이다. "자기 허물을 능히 깨달을 자 누구리요? 나를 숨은 허물에서 벗어나게 하소서"(시 19:12). 그는 자기의 죄들을 낱낱이 열거하지 아니했다(iv. 16).

d. 완전한 고백을 요구하는 것은 형언할 수 없는 고통이다.

완전한 고백은 전연 실행불가능하다. 그러므로 그것을 요구하는 것은 사람을 멸망시키며, 정죄하고 당혹하게 만들며, 파멸과 절망에 떨어뜨릴 뿐이다. 또한 죄인들로 하여금 자기들의 죄를 참되게 의식할 수 없게 함으로써, 하나님에 대해서와 자신들에 대해서 무지한 위선자들이 되게 할 것이다. 우리는 우리의 죄를 낱낱이 고백하는 대신에 주님 앞에서 우리의 온 심령을 쏟아 한마디로 우리 자신들이 죄인임을 고백할 뿐만 아니라, 진심으로 그리고 분명하게 우리가 죄인인 것을 인식해야 하는 것이다(iv. 18).

e. 행위보속(補贖) 교리는 그리스도의 영광을 탈취한다.

(1) 로마카톨릭 교도들이 주장하는 바에 의하면, 죄용서 뿐만 아니라

화목은 세례시 그리스도를 통하여 우리가 하나님의 은혜를 받게 되는 때에 단번에 있게 되며, 수세 후에는 행위의 보속을 통해서 다시 살아나야 하고, 그리스도의 피는 교회의 열쇠를 통해서 분배되지 않는 한 아무 효과도 없다고 한다(iv. 26).

(2) 그러나 그리스도만이 세상죄를 지고 가는 하나님의 어린 양이요(요 1:29), 하나님 앞에서 우리의 대언자이시며 우리 죄를 위한 화목제물이시기 때문에(요일 2:1~2), 그는 또한 유일한 속죄제물이요, 유일한 배상이요, 유일한 보속이신 것이다(참조; 벧전 2:24; 롬 3:24)(iv. 30).

(3) 그런 까닭에, 로마카톨릭의 고해교리는 그리스도에게서 영광을 탈취하고, 우리의 양심의 확신을 소멸시킨다(iv. 27).

E. 면죄부와 연옥에 대한 그릇된 교리(v)

1. 면죄부는 성경에 배치된다.

   a. 면죄부는 행위보속 교리의 산물이다. 우리의 대적자들(로마교회)은 보속하는데 우리의 힘이 미치지 못하는 것을 면죄부가 해결해 주는 것처럼 말한다. 그리고 광적인 극단으로 치우쳐, 교황이 그의 교서를 통해서 그리스도와 순교자들의 공로를 분배하는 것이 마치 면죄부인 것처럼 정의한다(v. 1).

   b. 그들은 그리스도와 거룩한 사도들과 순교자들의 공로를 '교회의 보고(寶庫)'라고 부른다. 따라서 완전한 면죄부와 상당한 햇수의 면죄부는 교황이, 백일짜리 면죄부는 추기경들이 그리고 사십일짜리 면죄부는 감독들이 각각 발급하는 것이다(v. 2).

   c. 그러나 이러한 면죄부들은 그리스도의 피를 더럽히는 짓이요, 하나님의 은혜와 그리스도 안에 있는 생명으로부터 그리스도인들을 분리시켜 구원의 참된 길에서 떠나게 하는 마귀적 간계이다. 그리고 이것들은 성경과는 다르게(행 10:43; 요일 1:7; 고후 5:21; 고전 1:13; 행

10:28; 히 10:14; 계 7:14) 그리스도의 보혈의 공로로는 불충분하다고 하는가 하면, 바울과 다른 순교자들이 그들의 피로 우리의 더러운 두루마기를 빨아 씻기 위해 우리를 위해 죽었다고 주장한다(v. 2).

2. 교회의 권위자들도 면죄부를 반대한다

  a. 로마의 감독인 레오는 그가 팔레스틴 사람들에게 보낸 서신에서, "비록 주님이 보시기에 많은 성도들의 죽음이 존귀했지만(시 116:15), 어떤 무죄한 자의 죽음도 세상을 위한 화목제물은 되지 못하였다. … 각 사람마다 분명코 자기 자신의 죽음을 죽은 것 뿐이지 자기의 죽음을 통하여 다른 사람의 빚을 갚은 것은 아니다. 왜냐하면 우리에게 계시는 한 분 주 그리스도 안에서 우리 모두가 십자가에 못박히고 죽고, 장사지낸 바 되고, 부활하기 때문이다"라고 말했다.
  b. 어거스틴도 동일한 생각을 가지고 있었다. "우리가 형제로서, 우리의 형제들을 위하여 죽을 수는 있지만, 어떤 순교자의 피도 죄용서를 위하여 흘려진 것은 아니다."

3. 연옥교리에 대한 반박

  a. 연옥은 사탄이 만들어 낸 치명적인 허구(虛構)로서, 그것은 그리스도의 십자가를 물거품되게 하고, 하나님의 긍휼에 대하여 참을 수 없는 모욕을 가하며, 우리의 신앙을 뒤집으며 파괴한다(v. 6).
  b. 로마카톨릭 교도들은 마태복음 5:25~26; 12:32; 빌립보서 2:10; 요한계시록 5:13 그리고 고린도전서 3:12~13, 15 등과 같은 성경구절들을 내세우는 데 익숙해져 있다. 그러나 그들의 은유적 해석은 전적으로 거짓되고 틀려 있다(v. 7-10).
  c. 성경 자체에 의하면, 죽음은 파멸이 아니고, 이 세상에서 저 세상으로 건너가는 것일 뿐이다. 그러므로 주 안에서 죽는 자들은 복이 있다고 성경은 증거한다. 이는 이후로는 그들이 저희 수고를 그치고 쉬기 때문이다(계 14:13) (v. 10).

d. 어거스틴이 또한 가르치기를, 모든 사람은 육체의 부활과 영원한 영광을 기다리며, 죽은 후에 안식을 누릴만한 자격이 있는 자마다 그 안식을 받아누린다고 했다. 그러므로 모든 경건한 사람들이 죽자마자 곧 복된 휴식을 즐긴다는 것을 그가 증거하고 있는 것이다(v. 10) (따라서 로마카톨릭 연옥교리가 중요하게 가르치는 바 죽은 자를 위한 기도는 아무런 의미도 없을 뿐더러, 성경의 가르침과는 전혀 다른 것이다).

Ⅳ. 그리스도인의 생활(vi-x)
(중생에 대한 실제적 설명)

A. 그리스도인의 생활을 위한 성경적 동기(vi)

중생으로서의 회심의 유일한 목적은 우리 안에서 하나님의 형상을 회복하는 것, 즉 우리의 삶 속에서 하나님의 의와 우리의 순종간에 조화와 일치를 나타내어 우리가 하나님의 자녀로 받아들여진 것을 확증하는 것이다(vi. 1).

성경의 도덕적 교훈에는 두 가지의 주요한 면이 있다. 첫번째 면은 우리의 심령에 의에 대한 사랑을 주입하는 것이요, 두 번째 면은 의에 대한 우리의 열심을 바른 길로 인도하는 법칙을 우리에게 제공하는 것이다(vi. 2).

신적 거룩은 우리가 항상 힘써야 할 하나님이 우리를 부르신 목표이다(레 19:2; 벧전 1:15~16). 그가 거하시는 성소가 마굿간처럼 오물로 가득차게 된다는 것은 천부당 만부당하다(vi. 2). 하나님께서 우리를 양자로 삼으실 때 한 가지 조건이 있었다. 그것은 우리의 삶이 그리스도, 곧 우리를 양자되게 한 띠이신 그리스도를 나타내는 것이다. 따라서, 그리스도인의 생활의 가장 강력한 동기는 그리스도의 인격과 구속사역을 통해서 온다. 그리스도께서 우리를 그의 몸에 접붙혀 주셨기 때문에, 우리는 특별한 주의를 기울여 그의 지체인 우리 자신에 어떤 오점이나 결점을 만들어 손상시키지 않도록 해야 한다(엡 5:26; 고전 6:15) (vi. 3).

그러나, 질흙으로 빚은 감옥과 같은 이 육체를 입고 있는 동안에는 아무도 적의(適宜)한 열심을 가지고 복음적 완전을 향하여 밀고나갈 충분한 힘이 없기 때문에, 우리는 우리의 목표인 신적 거룩과 의를 향하여 미미한 속도로 전진할 뿐이다. 우리의 생애의 전과정을 통해서 우리는 계속 추구하지만, 우리가 우리의 연약한 육체를 벗어버리게 되고, 그분과의 완전한 교제를 누릴 수 있게 될 때에야 마침내 그 목표에 도달하게 될 것이다(vi. 5).

B. 그리스도인의 생활의 핵심: 자기 부인(vii)

1. 자기 부인(自己 否認)의 기독교 철학

a. 신자들의 의무는 그들의 "몸을 하나님이 기뻐하시는 거룩한 산 제사로" 하나님께 드리는 것이다(롬 12:1). 우리가 하나님에게 성별(聖別)되어 헌신된 것은 이제 후로는 우리가 오직 하나님의 영광만을 생각하고, 말하며, 묵상하고, 행하기 위해서인 것이다(vii. 1).

b. 우리가 하나님에게 헌신되었기 때문에, 우리는 이제 우리 자신의 것이 아니다. 그러므로 우리는 할 수 있는 대로 우리의 이성이나 의지가 우리의 계획과 행동들을 지배하지 않도록 하고, 우리 자신과 우리에게 속한 모든 것을 잊도록 하자.

반면에 우리는 하나님의 것이다. 그러므로 살아도 그분을 위해서 그리고 죽어도 그분을 위해서 하고, 그의 지혜와 의지가 우리의 모든 행동들을 다스리게 하자(vii. 1).

c. 그리스도인의 생활에서 제일보는 하나님의 말씀에 전적으로 순종하기 위해서 자신을 버리고 떠나는 것이다(vii. 1).

2. 디도서 2:12에 나타난 자기 부인

바울은 그리스도인의 생활의 모든 행동들을 세 가지 요소, 곧 근신함과 의로움과 경건함으로 묶어 말하고 있다. 이들 가운데서 근신함이란 세속적인 재물을 순전하고 검소하게 사용하는 것 뿐만 아니라, 정절과

절제를 의미하고; 의로움이란 모든 공평의 의무들을 포함하며(참조; 롬 13:7); 경건함은 참된 거룩으로 우리를 하나님과 결합한다(vii. 3).

3. 사람들에 대한 자기 부인의 원리

 a. 자신의 가슴 속에 자기가 잘났다는 생각을 조금이라도 품고있지 않은 사람은 아무도 없다. 이러한 교만한 생각을 치료하는 유일한 치료책은 우리의 마음속 가장 깊은 곳으로부터 가장 치명적인 질병인 이 자기사랑을 뽑아내 버리는 것이다. 그래서 하나님이 우리에게 주신 재능들이 우리 자신의 것이 아니라 하나님의 값없는 선물임을 우리는 기억해야 한다. 우리가 참된 온유를 체득하는 오직 한 가지 길은 진심으로 자기를 낮추고 다른 사람들을 존경하는 마음을 품는 것 뿐이다(vii. 4).
 b. 자기를 부인하게 되면 우리 자신을 온전히 다른 사람들에게 주게 된다. 성경이 경고하는 바에 의하면 우리가 주님께로부터 받은 모든 은사들은 교회의 공동의 유익을 위해서 사용되고, 이웃의 유익을 위해 분배되어야 한다(참조; 벧전 4:10). 그러므로 관용과 자비를 위한 우리의 규칙은 이것이다; 우리는 하나님이 우리의 이웃을 도울 수 있도록 우리에게 주신 모든 것들을 관리하는 청지기이다. 더욱이나 진실하고 바른 청지기상은 사랑의 규칙에 의하여 검증되는 것이다(vii. 5).
 c. 사람들은 그들 자신의 공로를 따라 판단하자면 가장 무가치하기 때문에, 우리의 이웃사랑은 사람들의 외모를 보는 대신에, 모든 사람들에게 있는 하나님의 형상을 볼 때 가능하다. 그러므로 사람들의 악한 심성을 염두에 두지 말고, 그들 안에 있는 하나님의 형상을 바라보도록 하라. 하나님의 형상은 그들의 죄를 말소하여 삭제할 뿐 아니라, 그것의 아름다움과 위엄으로 우리를 사로잡아 이웃을 사랑하며 용납하게 해 준다(vii. 6). 우리의 참된 자기부인은 사랑과 긍휼과 인정의 진실한 감정에서 사랑의 의무를 행할 때에만 가능할 것이다(vii. 7).

4. 하나님에 대한 자기 부인의 원리

   a. 자기 부인의 가장 중요한 요소는 하나님을 바라보는 것과, 우리 자신과 우리의 모든 소유를 하나님의 뜻에 맡기는 것이요, 하나님의 축복만을 신뢰하고, 하나님의 사랑과 참된 부성적 관용을 의지하여 믿음으로 역경을 참는 것이다(vii. 8).

   b. 경건의 규칙은 다음과 같다; 하나님의 손만이 좋거나 싫거나 운명을 정하며 지배한다는 것과, 하나님의 손은 주먹구구식으로 힘을 휘둘러 사용하지 않고 가장 정연하고 공정하게 선악간에 우리를 다스린다는 것을 믿는 것이다(vii. 10).

C. 십자가를 지는 것: 자기 부인의 한 요소(viii)

1. 그리스도의 제자된 우리는 우리의 십자가를 져야 한다.

    그리스도께서는 자기의 제자들을 부르셔서 자기들 자신의 십자가를 지라고 하셨다(마 16:24). 하나님의 뜻은 그의 입양된 자녀들이 그리스도의 경우와 똑같이 힘들고 불편한 삶을 사는 것이다. 즉 우리도 그리스도의 고난에 참여하여, 그가 각종 악의 험로(險路)를 통과하여 하늘의 영광에 이른 것처럼, 우리도 그와 같이 각종 환란들을 거쳐 같은 영광에 이르도록 하는 것이 하나님의 뜻이다(행 14:22). 우리가 많은 역경의 고통을 겪으면 겪을수록 그리스도와의 교제가 더욱 확실하게 보장된다. 그리스도와의 사귐을 가짐으로써 고난자체가 우리에게 복이 될 뿐만 아니라 또한 우리의 구원을 촉진하는 데 큰 도움이 된다(viii. 1).

2. 십자가를 지는 이유

   a. 우리가 십자가를 져야 하는 첫번째 이유는 우리로 하여금 하나님의 권능을 온전히 신뢰하게 하기 때문이다. 우리에게는 선천적으로 모든 것을 우리의 육의 공로로 돌리는 경향이 너무나 강하기 때문에, 하나님께서 이같은 교만을 꺾을 수 있는 최상의 방책은 치욕이나, 빈곤

또는 질병 또는 다른 재난들을 통해서 우리를 괴롭게 하는 것이다. 이렇게 해서 겸비(謙卑)케 될 때, 우리는 하나님의 권능을 구하게 된다. 하나님의 권능만이 심한 환란 중에서 우리를 흔들리지 않게 한다(viii. 2).

b. 둘째로 십자가는 우리로 하여금 하나님의 신실성을 체험할 수 있게 하며, 우리에게 장래에 대한 소망을 준다. 아주 많은 좋은 것들이 서로 연결되어 십자가로부터 흘러나온다; 예컨대, 자기에 대한 맹목적인 사랑이 깨끗이 없어지고, 우리의 무능함을 깨닫게 되며, 자신을 불신하게 되고, 신뢰하는 마음으로 하나님 안에서 쉼을 누리며, 그의 은혜 안에서 굳게 서고, 그의 약속을 이해하며, 우리의 소망이 강화된다(viii. 3).

c. 셋째로 십자가는 우리를 단련시켜 인내하며 순종할 수 있게 한다. 주께서는 또 다른 목적을 가지시고 자기 백성을 괴롭히시는데, 그것은 그들의 인내를 시험하고 순종심을 가르치려는 것이다. 십자가는 그들로 하여금 자기들 자신의 경박한 생각대로가 아니라 하나님의 뜻대로 사는 것을 배우게 한다(viii. 4).

d. 넷째로 우리가 교만하지 않도록 주께서는 십자가라는 치료책을 가지고 우리 앞을 막으시며 우리의 무절제한 육체를 굴복시키고 제어하신다(Viii. 5).

e. 다섯째로 십자가는 일종의 부성적 징계이다. 심히 감당하기 어려운 환란 가운데서도 우리에 대한 하나님 아버지의 인자하심과 관용을 발견해야 한다. 왜냐하면 그같은 때에도 하나님이 우리의 구원을 도모하시기를 멈추지 않으시기 때문이다. 하나님이 우리를 괴롭게 하시는 것은 우리를 멸망시키려는 것이 아니고, 도리어 세상의 정죄로부터 우리를 자유케 하기 위함이다. 모든 십자가마다 우리에게 하나님의 신실한 사랑을 확증해 주는 것이다(잠 3:11~12; 히 12:8) (viii. 6).

f. 끝으로 의를 위하여 핍박을 받는 것은 독특한 위로가 된다. 모든 악들은 심지어 사망까지도 하나님의 은총이 우리 위에 있을 때에는 우리

에게 행복이 되는 것이다(viii. 7). 그리고 십자가가 신자들의 아주 당연한 몫이고, 십자가를 통해서 그리스도가 우리 안에서 영광받으시기를 원하시기 때문에, 우리는 주님의 손에서 십자가를 기꺼이 즐거운 마음으로 경험해야 하는 것이다(viii. 8).

3. 그리스도인은 고통을 당할 때 참으로 슬퍼한다(viii. 9).

그리스도인들은 목석처럼 전혀 감정의 느낌이 없는 스토아철학자들과는 달리 그들이 당한 고통과 슬픔에 대하여 감정을 표현한다. 그들은 역경이나 순경에 대하여 슬플 때나 기쁠 때 똑같이 감정상에 느낌을 갖는다. 인내심을 가지고 십자가를 진다고 하는 것은 전적으로 무감각해지고 고통의 감정을 송두리채 잃는다는 것을 뜻하지 않는다(참고; 고후 4:8~9). 우리 주 예수님 자신도 자기 자신과 다른 사람들의 불행에 대하여 슬퍼하시며 눈물을 흘리셨다.

4. 극심한 슬픔 중에서도 그리스도인들은 기꺼이 기쁜 마음으로 인내할 수 있다.

   a. 극심한 슬픔 중에서도 그리스도인들의 경건한 성품은 하나님의 뜻에 순종하는 방향으로 나아간다. 어떠한 종류의 십자가를 통해서 우리가 고통을 당한다 할지라도, 가장 극심한 마음의 환란 가운데서도, 우리는 우리의 인내를 확고하게 지킬 것이다. 그리고 우리의 결론은 항상 다음과 같을 것이다; 이렇게 된 것이 주님의 뜻이므로 우리가 그의 뜻을 따르자(viiii. 10).

   b. 그러나, 여기서 우리가 하나님께 거역하려 하는 것은 헛되기 때문에 우리는 하나님께 순복해야 한다고 말해서는 안된다. 이와는 반대로, 성경은 하나님의 뜻에 대하여 생각할 때 우리에게 전혀 다른 어떤 것을 깊이 생각할 것을 명하고 있다. 즉 먼저는 의와 공평을 생각하고, 그 다음에 우리 자신의 구원에 대하여 관심을 가지라고 한다. 분명한 것은 우리가 당하는 괴로움들이 우리에게 유익이 된다는 사실이다

(viii. 11).

   c. 이러한 괴로움들을 감사와 고요한 마음으로 달게 받는 것은 당연하다. 다시 말해서, 인내심을 가지고 이 환란들을 겪을 때 우리는 필연적 운명에 굴복하는 것이 아니고, 우리 자신의 유익을 위해서 순응하는 것이다(viii. 11).

D. 미래 생활에 관한 묵상(ix)

1. 우리가 당하는 환난을 통해서 하나님은 우리로 하여금 현세에 대한 강한 애착을 끊게 하신다.

   a. 이로써 현재 생활을 경멸하고, 장래 생활을 묵상토록 한다.
   b. 모든 세상의 재물들은 뜬구름처럼 불안정하고 허망하며 각종 악으로 더럽혀져 있다(ix. 1).
   c. 인간의 생애는 연기나(참조; 시 102:3) 그림자와 같다(참조; 시 102:11). 그러나 우리는 현재의 생활이 영원히 지속될 것처럼 착각하고 산다(ix. 2).

2. 현재생활을 바르게 알 때 내세를 묵상하게 된다.

   a. 현재생활을 경멸한다는 말은 하나님께 대하여 감사하지 않아도 된다는 뜻이 결코 아니다(ix. 3).
   b. 일상적인 세속적 축복들은 영원한 영광에의 서곡이요, 내세에 대한 준비이며, 내세의 맛보기이다(ix. 3).
   c. 이 세상은 간이역과도 같으나, 천국은 우리의 영원한 가정(아버지 나라)이다(ix. 4).
   d. 천국의 생활과 비교할 때 현재생활은 아무것도 아니다(ix. 4).

3. 내세에 대한 갈망이 신자들에게 주는 위로

     만일 신자들이 눈을 돌려 부활의 능력을 바라보게 된다면, 그들의 마음 속에서 그리스도의 십자가는 마귀와 육체와 죄와 사악한 사람들에 대하여 마침내 승리하게 될 것이다(참조; 시 73:17) (ix. 6).

E. 현재생활을 사용하는 방법과 원리(x)

1. 세속적으로 좋은 것들은 하나님의 선물이다(x. 1).

   a. 두 가지 위험: 잘못된 엄격한 금욕과 잘못된 방종
   b. 하나님이 주신 세속적 축복들은 우리의 인생길을 가는 데 도움이 되도록 사용해야 한다.

2. 대원칙

   a. 하나님은 우리의 멸망을 위해서가 아니라, 우리의 유익을 위해서 세속적인 선물들을 허락하셨으므로, 우리는 그것들을 잘 이용해야 한다.
   b. 이중의 목적: 하나님께서는 우리의 필요를 위해서 뿐만 아니라 우리에게 즐거움을 주기 위해서 그 선물들을 허락하셨다.
   c. 하나님께서는 그가 만드신 것들 가운데 여러 가지 것들이 우리에게 필요한 이용가치는 없지만 그래도 우리의 마음에 아름답게 보이도록 하였다. 예를 들면, 음악은 필요하기보다는 즐거움을 주는 것이지만 무가치하지 않다.

3. 주요 원리들

   a. 하나님의 창작권을 인정하고 우리를 향한 그의 자비를 감사하라. 그러므로 과음과식하거나 사치스런 옷을 입으며 삶에 겉치레가 심하면 우리의 마음이 하나님에게서 떠나게 되고 만다(x. 3).
   b. 우리의 외형적 생활방식을 바르게 결정하라. 현재 생활을 멸시하고 내세를 묵상하며, 가능한 대로 방종하지 말고 검소하게 살도록 하라 (x. 4).
   c. 청지기 직분에 책임을 다하라. 하나님은 자비하시어 우리의 유익을 위하여 우리에게 모든 좋은 것들을 맡기셨다. 그러므로 마침내는 그

것들이 결산되어야 하는 것이다(x. 5).
d. 하나님의 소명에 유의하라. 주께서는 우리 모든 사람이 모든 삶의 행동에 있어서 각각 하나님의 소명에 유의할 것을 요구하신다. 그의 소명은 모든 일에 있어서 선행의 시작이자 기초인 것이다(x. 6).

V. 믿음에 의한 칭의(xi-xviii)

A. 칭의(稱義)의 정의

1. 칭의의 개념

   a. 하나님이 판단하실 때 의로운 것으로 간주될 뿐만 아니라 그리스도의 의 때문에 하나님께 용납된 자가 하나님 앞에서 의롭다 함을 받는다고 말할 수 있다(xi. 2).
   b. 행위로 말미암는 의(義)를 물리치고, 믿음을 통해서 그리스도의 의를 붙잡아, 그 의를 옷입고, 하나님 앞에 죄인이 아니라 의인으로 나타나는 자가 믿음으로 의롭다 함을 받는 것이다(xi.2).
   c. 칭의란 하나님이 우리를 의인으로 받아 그의 은총을 누리게 하시는 그 용납이라고 볼 수 있다. 그래서 이 칭의는 죄 용서와 그리스도의 의의 전가를 통해서 이루어진다(xi.3, 21).

2. 칭의는 하나님의 은혜로우신 용납이요 죄의 용서이다(xi. 4).

    바울은 다음과 같은 성경 구절들에서처럼 칭의를 하나님의 은혜로운 용납과 죄의 용서로 확실하게 표현하고 있다.

   a. 에베소서 1:5~6, "그 기쁘신 뜻대로 우리를 예정하사 예수 그리스도로 말미암아 자기의 아들들이 되게 하셨으니, 이는 그가 우리를 용납하며 사랑하시게 된 그의 영광스런 은혜를 찬미하게 하려는 것이라."
   b. 로마서 3:24; "하나님의 은혜로 값없이 의롭다 하심을 얻은 자 되었느니라".

- c. 로마서 4:6~7, "(율법의) 행위가 없어도 하나님이 용납하시거나 의를 전가받은 그 사람은 하나님이 복되다고 선언하신다. 기록된바, '그 불법을 사하심받은 자는 … 복이 있도다'함과 같으니라."
  - d. 고린도후서 5:18~20; 하나님은 우리의 죄를 우리에게 돌리지 아니하시고, 그리스도로 말미암아 우리를 기꺼이 받으셔서 은혜를 입히신다. 이로써, 우리가 하나님과 화목하게 되는 것이다.

3. 칭의는 의의 전가(轉嫁)이다(xi. 23).

  - a. 우리는 오직 그리스도의 의의 중재에 의해서 하나님 앞에서 의롭다 함을 받는다. 다시 말해서, 사람은 본래 의로운 것이 아니고, 그리스도의 의가 전가되어 그에게 주어진 까닭에 의로운 것이다.
  - b. 우리의 의는 우리 안에 있지 않고 그리스도 안에 있다. 우리가 그리스도 안에 참여하고 있다는 것은 오직 그 이유 한 가지만으로 우리가 의를 소유하게 되는 것이다.

4. 칭의는 하나님과의 화목이다(xi. 21).

   믿음의 의는 하나님과의 화목이며, 이 화목은 오직 죄용서를 통해서 가능하다. 죄는 하나님과 사람 사이를 갈라 놓으며, 하나님의 얼굴을 죄인에게서 돌이키게 한다. 사람은 그리스도를 통하여 하나님의 은혜를 회복할 때까지는 하나님의 원수이다(롬 5:8~10). 그래서 주님께서 용납하여 자신과 연합되게 하신 자를 의롭다 하신다고 말하는 것이다.

5. 칭의와 그리스도와의 연합(xi. 10)

   우리가 그리스도로 옷입고 그의 몸에 접붙인바 되기 때문에, 즉 그가 우리와 연합되기를 기뻐하시기 때문에 그리스도의 의가 우리에게 전가된다. 그리스도와의 신비한 연합, 머리와 지체들의 결합, 곧 그리스도가 우리 가슴 속에 내주하심으로써 그리스도와의 의의 교제가 가능하게 되는 것이다.

B. 칭의에 있어서 믿음의 중요성

1. 믿음이 저절로 의롭다하는 것이 아니다.

   믿음 자체에는 의롭다 하는 권세가 없고, 오직 믿음이 그리스도를 받아들이는 때에만 그같은 권세가 있다. 이는 만일 믿음이 저절로 의롭다 할 수 있다고 하면, 믿음은 항상 약하고 불완전하기 때문에, 우리의 칭의는 오직 부분적으로만 가능하게 될 것이다(xi. 7).

2. 하나님만이 의롭다 하신다.

   오직 하나님만이 그의 영광스런 은혜로 말미암아 우리를 값없이 의롭다 하신다(참조; 롬 3:4; 8:30). 그의 기쁘신 뜻을 따라, 하나님은 그리스도를 통하여 우리를 기꺼이 용납하여 은혜를 입게 하시는 것이다 (고후 5:18~20) (xi. 4).

3. 믿음은 그리스도를 인하여 우리를 의롭다 한다.

   a. 믿음은 그 자체로서는 아무런 가치나 값도 없지만, 돈이 가득찬 항아리를 소유하게 되면 어떤 사람이든 부자가 되는 것처럼, 그리스도를 소유함으로 말미암아 우리를 의롭다할 수가 있다. 믿음은 복음에 제시되어 있는 그리스도와 그의 의를 받아들이는 일종의 도구이다(xi. 7).
   b. 믿음을 통해서 죄인은 그리스도의 의의 중재와 성취된 죄용서를 인하여 의롭다 함을 받는다(참조; 롬 5:1) (xi. 16).
   c. 믿음은 단지 피동적일 뿐이다. 하나님의 은총을 회복하는데 우리는 아무것도 내놓을 것이 없고 우리에게 부족한 것을 그리스도로부터 받을 따름이다(xiii. 5).

C. 구원의 원인(xiv. 17, 21)

우리의 구원을 위한 제일 원인 또는 동력인은 하늘에 계신 아버지의 자비와 그의 작정(또는 의지)이고, 질료인(質料因)은 성자 예수 그리스도의 순종이며, 형상인(形相因) 또는 도구적 원인은 믿음과 성령의 조명이고, 목적인(目的因)은 하나님의 공의를 나타내며 그의 선하심을 찬미하는 것이다(참고; 요 3:16; 롬 3:23~24; 엡 1:3~14).

D. 사랑으로 말미암는 칭의

1. 사랑으로써 역사하는 믿음으로 말미암는 칭의(xi. 20)

로마카톨릭 교도들이 주장하는 바에 의하면, 우리가 오직 믿음으로 의롭다 함을 얻으며, 그 믿음은 사랑을 통해서 행동하기 때문에, 의가 사랑에 의존한다고 한다. 그러나 오직 '사랑으로써 역사하는 믿음'만이 (갈 5:6) 의롭다 한다고 우리는 고백한다. 믿음에게 있는 칭의의 권세는 사랑을 행하는 데서 오는 것이 아니다.

2. 사랑은 믿음보다 더 크다(xviii. 8).

고린도전서 13:2, 13과 골로새서 3:14과 같은 구절들을 근거로 삼아, 로마카톨릭 교도들은 믿음보다 더 큰 힘을 가진 사랑에 의하여 우리가 의롭다 함을 받는다고 주장한다. 그러나 바울이 사랑이 믿음보다 더 크다고 말한 것은, 사랑에 더 많은 공로가 있다는 뜻이 아니라, 사랑이 더 효과적이며, 영향력이 더 크고 더 많이 봉사하며, 영원히 창성하지만, 믿음은 얼마 동안만 유용하기 때문이다.

3. 사랑이 의롭다 하는 것이 아니다(xviii. 8).

칭의는 사랑에 좌우되지 않는다. 로마 카톨릭 교도들은 사랑이 믿음보다 나으므로 우리가 사랑의 덕택으로 의롭다 함을 얻는다고 주장한다. 그러나 이같은 주장은 마치 왕이 구두 직공보다 무한히 훌륭하기 때문에, 구두도 더 잘 만들 수 있다고 하는 논법과도 같다. 믿음에게 있는 칭의의 권세는 행위의 어떤 가치에 있지 않다. 우리의 칭의는 오직 하나님의 긍휼과 그리스도의 공로에 달려 있으며, 이러한 칭의를 믿음이 붙잡을 때에 믿음이 의롭다 한다고 말하는 것이다.

E. 상급과 의의 문제(xvii. 8-xviii. 7)

1. 하나님 앞에서 행위의 이중적 가치

a. 비느하스가 행한 행동을 "저에게 의로 정하셨다"(시 106:31)고 말씀되어 있기 때문에, 우리의 반대자들은 주장하기를 믿음이 없이는 우리가 의롭다 함을 받지 못하는 것이 사실이나, 그렇다고 오직 믿음으로만 의롭다 함을 받는 것도 아니고, 행위가 우리의 의를 완성한다고 한다. 그러나 이와는 반대로 사람들은 우리의 행위들로부터 아무런 도움없이도 의롭다 함을 받는다. 따라서 행위 자체에 어떤 가치가 있느냐 하는 것과 믿음의 의가 확립된 후에 그 행위가 어떤 중요성을 갖게 되느냐 하는 것은 서로 별개의 문제인 것이다(xviii. 8).

b. 행위를 그 자체의 가치만을 놓고 평가한다면, 하나님 앞에 내세울 수가 없다. 사람에게는 하나님 앞에서 자랑할만한 행위가 전혀 없다. 그러나 죄를 용서함 받은 후에 따라오는 선행은 의롭다고 간주된다. 즉 의로 간주되는 것이다(xviii. 8).

c. 믿음으로 말미암는 칭의는 행위로 말미암는 의의 시작이요, 기초이자, 원인이며, 증거이고 본체이다. 신자들이 행한 행위들은 죄용서함을 받은 후에 열납되는 것이다. 그러므로 오직 믿음으로 말미암아 우리 자신 뿐만 아니라 우리의 행위까지도 의롭다 함을 받는다(xvii. 9).

2. 야고보는 바울과 반대되는가?

a. 야고보서 2:21, 24는 로마서 4:3과 갈라디아서 3:6과 대립되는 것처럼 보인다. 야고보는 믿음으로 뿐만 아니라 행함으로 의롭다 함을 받는 것을 주장하는 것으로 보이는데 반하여 바울은 행함으로가 아니라, 오직 믿음으로만 의롭다 함을 받는 것으로 주장하기 때문이다(xvii. 11).

b. 야고보가 의도한 것은 신자가 마땅히 행해야 할 모든 행위들을 간과

한 사람들을 바로잡는 것이었다. 그는 죽은 믿음과 참된 믿음을 조심스럽게 구별하고 있었다(xvii. 11).
   c. 야고보 자신은 의의 전가가 아니라, 의의 선언에 대하여 말하고 있는 것이다. 그는 마치 다음과 같이 말한 것과도 같다: "참된 믿음으로 말미암아 의롭게 된 자들은 순종과 선행을 통해서 자기들의 의를 입증한다"라고. 야고보는 우리가 어떤 방법으로 의롭다 함을 받는가에 대하여 말하고 있지 않고, 선행의 열매가 풍성한 의를 신자들에게 요구하고 있는 것이다(xvii. 12).

3. 은혜의 기업으로서의 상급

   a. 하나님께서 각 사람에게 행한 대로 갚아주실 것을 확증하는 성경 구절들로는 마태복음 16:27; 고린도후서 5:10; 로마서 2:6, 9, 10; 요한복음 5:29; 마태복음 25:34~35; 잠언 12:14; 13:13; 누가복음 6:23; 고린도전서 3:8 등이 있다. 이 구절들은 구원의 원인을 가리키고 있는 것이 아니고, 구원과정의 순서를 가리키며, '일한다'는 말은 은혜와 반대되는 것이 아니라 노력한다는 뜻이다(xviii. 1).
   b. '상급'이라는 말이 사용되었다고 해서 우리의 행위가 구원의 원인이 된다고 생각해서는 안된다. 천국은 종들에게 주어지는 삯이 아니고, 아들들이 물려받는 기업으로서(엡 1:8), 주께서 자녀로 용납해준 자들만이 받아누리게 되는 것이다(참조; 갈 4:7) (xviii. 2).
   c. 상급이 은혜라고 하는 사실은 포도원 비유(마 20:1~16)에 잘 나타나 있다. 그 비유에 나오는 품군들은 그들이 한 일에 대한 보상을 받은 것이 아니고, 은혜의 선물을 받았다. 믿음의 상급은 영생이다(벧전 1:9). 하나님이 은혜로 우리를 용서하실 때에만 우리의 행위가 하나님을 기쁘시게 하는 것이다(xviii. 3).

4. 상급을 약속하시는 목적

   하나님이 우리에게 상급을 약속해 주시는 목적은 얼마간의 위로를 통해서 우리의 육체의 연약함을 도우려는 것이지, 우리의 마음을 허영으로 부풀게 하려는 것이 아니다(xviii. 4).

Ⅵ. 그리스도인의 자유(xix)

1. 그리스도인의 자유에 대한 교리의 필요성(xix. 1)

   a. 그리스도인의 자유에 대한 지식이 없으면, 양심은 거의 아무 일도 확신있게 시도하지 못할 것이다.
   b. 그리스도인의 자유는 칭의에 부수적으로 따라오는 것으로서, 그리스도와 복음의 진리 및 영혼의 내적 평화를 바르게 아는 데 필요하다.

2. 행위의 의로부터의 자유(xix. 2)

   a. 신자들의 양심은 하나님 앞에서 칭의에 대한 확신을 얻는 데 있어서 율법에 의한 모든 행위의 의를 잊어버리고, 율법을 뛰어넘어, 오직 하나님의 긍휼만을 의지하고, 그리스도를 다만 바라보아야 하는 것이다.
   b. 율법의 기능은 사람들을 일깨워 거룩과 순결에 대한 열망을 갖게 하는 것이다. 그러나 이 율법으로부터 자유할 때 우리의 양심이 평화를 얻을 수 있다.

3. 율법의 강요로부터의 자유

   a. 율법의 멍에로부터 자유할 때 양심은 자원하여 하나님의 뜻에 순종한다. 종으로서가 아니라 아들로서 즐거운 마음으로 순종하게 되는 것이다(xix. 4).
   b. 아버지로부터 너그럽고 기탄없는 대우를 받는 아들들은 불완전하고 흠이 있는 행위들까지도 아버지 앞에 내놓기를 주저하지 않는다. 이는 자기들의 아버지께서 원하신 것을 전혀 성취하지 못하였을지라도 그들의 순종의 행위와 순종하는 마음을 아버지께서 받아주실 것이라고 믿기 때문이다. 우리도 마땅히 그러한 자녀들이 되어서, 우리가

드리는 봉사가 아무리 사소하고 졸렬하며 불완전할지라도 우리의 지극히 자비로우신 아버지께서 그것들을 용납하실 것으로 확신해야 한다(xix. 5).
  c. 은혜로 자유를 얻은 신자들은 죄의 잔재들을 두려워할 필요가 없다. 하나님은 그러한 잔재들로 인하여 계속 노여워하지 않기 때문이다 (xix. 6).

4. '아무래도 좋은 일들'에서의 자유

  a. 그리스도인들은 외관상으로 보아서 '아무래도 좋은' 일들에 관하여는 자유롭다. 그래서 아무런 제약없이 고기를 먹으며, 성일(聖日)들을 사용하고, 옷을 입으며, 포도주를 마실 수 있다(xix. 7).
  b. 그러나 하나님의 선물은 그가 우리에게 주신 목적을 따라(아무런 양심의 거리낌이나 불안 없이) 사용해야 하는 것이다(xix. 8).

5. 그리스도인의 자유의 본질(xix. 9)

  a. 그리스도인의 자유는 영적인 것이다. 이 자유의 힘은 하나님 앞에서 무서워 떠는 양심을 진정시키는 데서 온전히 나타난다. 그런데 우리의 양심은 우리의 불완전한 행위들이 우리의 육체의 허물들로 부패하여져 하나님을 기쁘시게 하지 못할까 봐 근심하는 것이다.
  b. 자유사용에 있어서 두 가지 오류;
    (1) 자신의 정욕을 변호하는 구실로 자유를 사용하는 자들이 있다. 예컨데 호화찬란한 연회를 베푼다든지, 몸을 사치스럽게 치장하며, 호화주택을 짓는 것 등이다.
    (2) 자유는 사람들 앞에서 써야 맛이 난다고 생각하고서 약한 형제들에게 상처를 주면서까지 사용하는 자들이 있다.
  c. 하나님의 축복들에 대한 합법적 사용규칙(xix. 9-11);
    (1) 근신하며 절제하고 스스로 만족하라.
    (2) 형제들의 약점과 그들의 건덕을 고려하라(롬 15:1~2; 고전 8:9).

6. 세속정부에 대한 그리스도인의 자유(xix. 14-15)

   a. 우리가 우리의 영혼을 사람에게 예속시킨다면 그리스도의 죽으심이 헛되고 만다(참조; 갈 2:21).
   b. 사람 안에 있는 이중의 통치;
      (1) 영적 통치: 사람의 양심은 영적통치를 통해서 경건과 하나님 경외하는 일을 배운다.
      (2) 정치적 통치: 사람은 정치적 통치를 통해서 인간으로서 그리고 시민으로서의 의무를 배운다.
   c. 우리가 세속정부에 순종하는 것은 형벌을 두려워해서 뿐만 아니라 양심을 위해서이다(롬 13:1, 5).

Ⅶ. 기도(xx)

A. 기도의 필요성(xx. 1-3)

1. 믿음과 기도(xx. 1)

   a. 기도는 사람이 자기의 무력함을 인식함으로써 가능케 된다.
   b. 믿음을 통해서 우리에게 필요한 것과 없는 것이 모두 하나님과 우리 주 예수 그리스도 안에 있다는 것을 깨닫게 된다. 그런 까닭에, 그 분 안에 있는 줄로 우리가 알게된 것을 우리는 기도로 그에게 구하여야 하는 것이다.
   c. 참된 믿음은 하나님께 기도하는 일에 결코 무관심할 수가 없다.
   d. 믿음이 복음을 들음에서 생겨나는 것처럼, 믿음을 통해서 우리의 심령이 훈련을 받아 하나님의 이름을 부르게 되는 것이다(롬 10: 14~17).

2. 기도의 필요성

   a. 기도는 믿음의 주요한 행사(行使)이다. 이 기도를 통해서 아버지가

우리를 위하여 쌓아두신 보물들을 날마다 받는 것이다. 또한 기도는 사람이 하나님과 교통하는 것이요, 유일하게 안전한 요새이다.
  b. 우리는 하늘 아버지께서 전적으로 우리와 함께 계시는 분으로 자신을 나태내 보이시기를 기도를 통하여 그에게 구한다. 이로써, 우리의 양심이 특별한 평화와 안식을 맛보게 되는 것이다.

3. 기도해야 하는 이유(xx. 3)

  a. 하나님께서 기도를 명하신 것은 그분 자신 때문이 아니라 우리 때문이다. 우리의 믿음이 생기가 없게 되거나 태만해지지 않도록 하는 데 있어서 기도는 우리의 의무이다.
  b. 우리가 기도해야 하는 이유는 첫째로, 하나님을 사랑하며 섬기겠다는 소원과 열의가 우리 마음 속에서 불일듯하기 위해서이고; 둘째로, 하나님 앞에 우리의 모든 소원을 내놓으며 토로하기 위해서이며; 셋째로, 하나님께서 여러 가지 은혜를 주실 때에 진심으로 감사하면서 받을 수 있도록; 넷째로, 하나님의 인자하심을 더욱 열심히 묵상하기 위하여; 다섯째로, 더욱 큰 기쁨으로 하나님의 응답을 받아들이도록 하기 위해서; 그리고 여섯째로, 하나님의 섭리를 확인하도록 하기 위해서이다.

B. 기도의 법칙(xx. 4-16)

1. 첫째 법칙: 경외하는 마음으로(xx. 4-5)
    하나님과 대화하려는 자들에게 합당한 생각과 마음을 가져야한다. 즉 육신적이고 세속적인 염려나 생각들을 떨쳐내 버려야 한다. 그리고 우리는 우리의 안내자요 교사이신 성령을 구하여 기도할 때 도움을 얻어야 하는 것이다(롬 8:26).

2. 둘째 법칙: 진심으로 부족함을 느끼며 회개하는 마음으로(xx. 6-7)
    우리는 기도할 때 항상 자신의 무력함을 느끼며, 우리가 구하는 모든 것이 얼마나 필요한가를 진심으로 생각하고 하되, 자기의 악한 행실을 혐오하고 회개해야 한다.

3. 셋째 법칙: 하나님 앞에 겸손하게 서라(xx. 8-10).

　　기도하기 위하여 하나님 앞에 서는 사람은 누구나 겸손하게 영광을 전적으로 하나님께 돌리고, 자신의 영광을 전혀 생각하지 않으며, 자신을 가치있는 존재로 여기려는 모든 생각을 버려야 한다. 즉 모든 자만심을 버려야하는 것이다(xx. 8). 올바른 기도의 준비와 시작은 겸손하고 성실하게 죄를 고백하며 용서를 간구하는 데 있다(요일 1:9)(xx. 9).

4. 넷째 법칙: 확신있는 소망을 가지고(xx. 11-14)

　　참으로 겸손하게 기도하되, 우리의 기도가 응답되리라는 확실한 소망을 품고서 용기를 내어 기도해야 한다. 기도에 대한 응답으로 주어지는 것은 모두 믿음을 통해서 얻는 것이다(xx. 11). 사람들은 확신을 가지고 기도할 것이며, 공포심없이 그러나 경외심을 가지고 기도해야 한다 (xx. 14).

C. 유일한 대언자 그리스도(xx. 17-20)

1. 예수의 이름으로 기도함(xx. 17)

　　아무 사람도 하나님 앞에 나아갈 가치가 없기 때문에, 아버지 자신이 자기의 아들이신 예수 그리스도 우리 주님을 보내시어 우리의 대언자(요일 2:1)와 중보자(딤전 2:5)가 되게 하셨다. 그의 인도하심을 받아 담대하게 우리는 하나님께 나아갈 수 있으며, 그의 이름으로 구하는 것은 어떤 것도 거절되지 않을 것을 믿는다.

2. 부활하신 그리스도가 우리의 대언자이시다(xx. 18).

　　이스라엘의 열 두 지파를 대신하여 성소에 들어가는 제사장은 우리가 하나님께 나아감에 있어서 중보자가 필요하다는 것을 예시한다.

3. 그리스도는 유일한 중보자이시다.

　　우리가 하나님께 나아갈 수 있도록 허락된 유일한 길과 통로는 오직 그리스도이시므로(참고; 요 14:6), 하나님께 나아가는 다른 길이나 통로가 없다. 더욱이나, 아버지께서 그리스도를 우리의 머리요 지도자로 인치셨기 때문에, 그리스도만이 유일한 중보자가 되시며, 그의 중보를 통해서 아버지는 우리에게 은혜를 베푸시며 쉽게 응답하게 되는 것이다(xx. 19). 그러기에, 그는 '하나님과 사람 사이에 유일한 중보자'(딤전 2:5)라고 불리운다(xx. 20).

D. 성자들의 중보기도에 대한 그릇된 교리들(xx. 21-27)

1. 성자들의 중보기도의 유해한 결과들

    a. 성자들의 중보기도에서 피난처를 구하는 사람은 그리스도에게서 중보의 영예를 박탈하는 것이다(xx. 21). 사람들이 성자들의 중보기도에서 피난처를 구하게 되는 것은, 마치 그리스도만으로는 불충분하다든지, 아니면 그가 너무 엄격하시거나 한 것처럼 그들이 불안에 눌려있다는 사실에서 다만 연유한다.

    b. 성자들의 중보기도를 믿으면 결국은 그들을 숭배하게 된다(xx. 22). 성자들을 자기들의 구원을 위해 돕는 자로 생각하는 대신 구원을 결정하는 자로 간주하고서 그들에게 기도하는 무서운 신성모독죄를 지금도 감행하는 자들이 아주 많다.

2. 성자들의 중보기도를 지지하여 로마교회가 내세우는 성경구절들

    a. 신자들의 기도가 하나님의 존전으로 상달되는 것은 천사들의 손을 통해서이지(참고; 히 1:14) 성자들의 손을 통해서가 아니다. 죽은 성자들은 천사가 아니다. 예레미야 15:1, "모세와 사무엘이 내 앞에 섰다 할지라도 내 마음은 이 백성을 향할 수 없나니"라는 구절에 근거해서 로마카톨릭 교도들은 죽은 성자들이 살아있는 자들을 위하여 중재한

다고 결론짓는다. 그러나 그들의 결론과는 반대로, 그 구절은 모세나 사무엘이 이스라엘 백성을 위하여 중재하지 아니했다는 것을 말해주고 있는 것이다. 그러므로 죽은 자에 의한 중보기도란 결코 있을 수 없다는 결론이 나온다. 이 때문에, 바울이 다윗에 대하여 말할 때에 그가 자기의 후손을 기도로 도왔다고 하지 않고, 다만 자신의 세대를 섬겼다고만 했다(행 13:36) (xx. 23).
  b. 죽은 성자들은 세속의 근심, 걱정에 관여하지 않으며, 따라서 우리와 아무런 접촉도 있을 수 없다(xx. 24).
  c. 구약의 족장들의 이름을 불러 간구하는 것은 적절하지 못하다. 그들은 우리가 그들로부터 물려받은 하나님의 언약을 생각나게 할 뿐이다. 이스라엘 백성이 하나님께 간청하여 하나님의 종들인 아브라함과 이삭과 야곱을 기억해 달라고 한 것은(창 48:16) 그들의 완전한 축복이 하나님께서 그 종들과 맺은 언약을 계승하는 데 있다는 것을 알았기 때문이다(xx. 25).
  d. "다윗을 위하여"라는 표현은 성자들의 중보기도를 결코 지지해주는 것이 아니다(참고; 시 132:10). 또한 다윗이라는 사람보다는 오히려 언약이 여기서 고려된 것이며, 상징적으로 그리스도의 유일한 중보가 선포되어 있다(xx. 25).
  e. 성자들의 기도는 우리도 기도해야 한다는 것을 우리에게 보여주는 모범에 지나지 않는다(약 5:17~18) (xx. 26).
3. 성자들의 중보기도에 대한 교리를 결론적으로 논박함(xx. 27)

　　하나님의 말씀에 기초한 믿음이 바른 기도의 어머니이다. 죽은 성자들과 같은 다른 사람들에게 기도하는 것은 명백한 신성모독이다.

E. 기도의 종류(xx. 28-30)

1. 개인기도(xx. 28)
  a. 기도로써 요구하며 간구할 때 우리는 하나님 앞에 우리의 소원들을

쏟아 놓는다. 이때 우리는 하나님의 영광 뿐만 아니라 우리 자신에게 유익이 되는 것들을 아울러 구하는 것이다. 그리고 감사를 드릴 때 우리가 받은 은혜들을 찬미하며, 우리에게 일어나는 모든 좋은 것에 대하여 하나님이 관대하신 탓으로 돌려드린다. 이와 같이 간구와 감사 사이에는 상호관련이 있는 것이다.

b. 하나님은 모든 축복들의 근원이시므로 끊임없이 찬양과 감사를 받으시기에 합당하다. 우리의 모든 존재와 소유와 행실은 우리의 유익과 도움의 유일한 근원이신 하나님께 드려져야 하는 것이다.

2. 공적 기도

a. 공적 기도의 필요성: 교회의 공적 기도 역시 끊임없이 드려져야 하되, 공동의 합의에 의하여 해야 하며, 정해진 시간에 할 수도 있다 (xx. 29).

b. 공적 기도의 위험성: 마음의 깊은 곳에서 우러나오지 않고 내용도 없는 많은 말로 반복하는 기도는 위험하다(마 6:7) (xx. 29).

c. 기도의 참된 목표는 하나님을 찬미하는 것이거나 그의 도움을 구하는 것이다(xx. 29).

d. 교회당의 중요성: 교회의 건물인 예배당은 구약의 성전처럼 하나님이 제정하신 공적 기도와 유사하다. 교회당에서 드리는 기도는 우리들 가운데 신앙의 통일성을 촉진한다(xx. 29).

그러나 교회당을 제대로 이해하며 적법하게 사용할 것 같으면, 하나님이 교회당에 특별하게 임재해 계신다고 믿는다거나 교회당에서 드려진 기도를 보다 더 효과적이게 하는 특별한 거룩이 거기에만 있는 것으로 생각하는 불건전한 신앙을 갖지 않게 된다. 왜냐하면 우리 자신이 하나님의 참된 성전이기 때문에, 만일 우리가 그의 거룩한 성전에서 하나님께 기도하려고 할 것 같으면, 우리는 내심으로 기도해야 하는 것이다(요 4:23) (xx. 30).

e. 노래와 일상언어를 사용하는 문제: 우리의 마음이 깨어 있도록 하고

모두 함께 한 영과 한 믿음으로 하나님께 영광을 돌리며, 성도들 상호간에 서로 덕을 세우기 위하여 노래와 일상 언어가 사용되는 것이 좋다. 공적 기도는 온 교회의 건덕을 위해서 전체 회중이 일반적으로 이해할 수 있는 일상적인 언어로 드려져야 하는 것이다. 그리고 통상적으로는 기도할 때 하는 말은 마음에 새김질되어 나와야 하고, 기도할 때 관례적으로 취하는 몸의 자세는 하나님을 더욱 경외할 수 있는 것이면 된다(xx. 31~33).

F. 주기도(xx. 34-42)

1. 주기도의 용도(xx. 34)

   a. 주기도는 우리에게 보다 더 확실한 기도의 방법 뿐만 아니라 기도의 형식 자체를 가르쳐 준다. 이 기도를 통해서 우리는 하나님의 한량없는 선하심과 관용을 알게 된다.
   b. 주기도에서 하나님은 우리가 그에게 구해도 좋은 것과, 우리에게 유익한 것, 우리가 구할 필요가 있는 것을 모두 하나의 도표로 하듯이 제시하고 있다.

2. 주기도에 대한 해석

   a. 하나님을 부름: "하늘에 계신 우리 아버지"
   (1) 하나님이 우리의 사랑 많으신 아버지이시요, 우리는 그리스도 안에서 그의 자녀됨을 나타낸다(xx. 36).
   (2) 우리로 하여금 성령 안에서 담대하게 기도할 수 있게 한다(xx. 37).
   (3) '우리 아버지'라는 부름은 우리의 형제사랑의 기초이다(xx. 38).
   (4) 하늘에 있는 그의 보좌는 그가 우주를 통치하신다는 것과 그래서 우리를 그가 돌보신다는 것을 우리에게 일깨워 준다(xx. 40).
   b. 첫째 기원: "이름이 거룩하게 되오며"(xx. 41)
   (1) 이 기원은 사람들이 하나님께 영예를 돌려드릴 것을 요구한다.
   (2) 이 기원은 우리의 큰 수치와 관련이 있다. 이는 하나님의 영광이

부분적으로는 우리의 배은망덕에 의해서 그리고 부분적으로는 우리의 악한 의지에 의해서 흐려졌기 때문이다.
  c. 둘째 기원: "나라가 임하고"(xx. 42)
    (1) 사람들이 자기를 부정하고 세상과 세속의 생활을 경멸함으로써, 천국생활을 사모하여 하나님의 의를 구하기로 다짐하는 경우에 하나님이 통치하신다. 그래서, 하나님은 그의 성령의 권능으로 육체의 모든 정욕들을 바로잡고, 우리의 모든 생각을 하나님의 통치에 순종하도록 인도하신다.
    (2) 우리는 여기서 모든 사람의 생각과 마음이 하나님의 말씀에 기꺼이 순종하도록 만드시기를 하나님께 기원하라는 명령을 받는다.
  d. 셋째 기원: "뜻이 이루어지이다"(xx. 43)
    (1) 모든 사람들이 하나님의 말씀에 계시되어 있는 그의 뜻에 순복할 때, 하나님이 세상에서 왕이 되실 것이다.
    (2) 이 기원을 통해서 우리는 자기를 부인하는 것을 배우게 되고, 하나님은 우리 안에 새로운 마음과 심령을 창조하실 수가 있다(참고; 시 51:20).
  e. 넷째 기원: "오늘 우리에게 일용할 양식을 주시고"(xx. 44)
    (1) 이 기원을 통해서 우리 몸에 필요한 일반적인 모든 것을 우리는 하나님께 구한다. 그래서 이같이 기원함으로써, 우리는 하나님의 보호에 우리 자신을 맡기고, 그의 섭리를 신뢰하여 하나님이 우리를 먹이시고, 키우시며, 보존하도록 하는 것이다.
    (2) "일용할"이라는 형용사는 하나님이 매일같이 영적방편 뿐만 아니라 물질적 방편으로 우리를 돌보신다는 것을 강조하며, 또한 이 세상의 덧없는 것들에 대한 우리의 무절제한 욕망을 억제시킨다. 그러므로 우리에게 주어진 명령은 그날그날 우리에게 꼭 필요한 만큼만 구하라는 것이다. 이 기원은 우리의 하늘 아버지께서 오늘 우리를 먹이시는 것처럼 내일도 그렇게 꼭 하시리라는 확신을 가지고 드려야 한다.

(3) 양식이 우리에게 주어지기를 우리가 구한다는 사실은 이 양식이 다만 하나님의 값없는 선물이라는 것을 의미한다. 이는 오직 하나님의 축복을 통해서만 우리의 수고가 참되게 결실을 맺기 때문이다.
f. 다섯째 기원: "우리의 죄를 용서해 주시며"(xx. 45)
  (1) 주기도의 마지막 두 기원에는 교회의 구원을 위한 하나님의 신령한 언약 곧 죄용서와 성령의 권능에 의한 시험에 대한 보호가 요약되어 있다.
  (2) 우리는 죄에 대하여 당연히 벌을 받아야 할 뿐만 아니라, 죄용서를 통해서 면제받지 아니하면 우리가 결코 배상할 수가 없기 때문에, 예수님은 죄를 '빚'이라고 부르신다.
  (3) "우리가 우리에게 죄지은 자를 사하여 준 것 같이"라는 말은 우리가 베푸는 용서를 가리킨다. 즉 우리의 마음 속에서 분노와 증오와 복수심을 기꺼이 제거해버릴 뿐만 아니라, 우리가 당한 불의한 처사를 기억에서 기꺼이 완전하게 지워버리는 것을 두고 말한 것이다.
  (4) 주께서 이렇게 말씀하신 것은 우리의 연약한 믿음을 부분적으로 위로하기 위함인 것이다.
g. 여섯째 기원: "우리를 시험에 들게 마시고"(xx. 46)
  이 기원은 율법이 우리의 마음에 새겨지게 될 것이라는 약속과 부합된다(참고; 잠 3:3; 고후 3:3). 그러나 우리에게는 계속되는 싸움이 있기 때문에 이 기원에서 우리는 승리를 얻는 데 필요한 무장을 갖출 수 있게 되기를 구하는 것이다. 즉 우리가 여기서 기원하는 것은 우리를 공격해 오는 모든 적대세력에 대항해서 주님의 권능으로 굳게 설 수 있도록 하옵소서 하는 것이다.

3. 결론(xx. 47)
  (1) 우리의 모든 기도는 교회의 공적인 건덕과 신자들 간의 교제의 증진을 도모해야 한다.

(2) 하나님의 나라와 권세와 영광은 우리의 확신과 기도를 위한 영원한 기초이다.

(3) '아멘'은 우리의 희망을 확고하게 하고, 우리가 하나님께 구한 것을 얻고싶어하는 우리의 간절한 바램을 나타낸다.

G. 기도에 필요한 인내(xx. 50, 51)

1. 시간을 정해놓고 기도하라(xx. 50).

   a. 일정한 시간에 기도하라: 우리 각 사람은 기도를 실행하기 위하여 일정한 시간을 정하는 것이 좋다. 예를 들면 아침에 일어났을 때, 식사 때, 또는 잠자리에 들기 전 등이 좋다. 그리고 우리나 다른 사람들이 역경을 당할 때나 형통할 때 우리는 하나님을 향하여 기도해야 하는 것이다.

   b. 우리는 하나님께서 하시고자 하는 것을 그가 하시고자 하는 때와 방법으로 자유롭게 결정하도록 해드려야 한다. 그러므로 그의 뜻이 이루어지기를 우리가 기도하는 것이다.

2. 인내심을 가지고 기도하라(xx. 51).

   a. 하나님의 섭리의 법칙에 의하여 우리 자신이 기꺼이 다스림을 받을 것 같으면 우리는 기도할 때 쉽게 인내할 수 있게 되고 낙망하지 않고 주님을 기다릴 수 있게 될 것이다. 주님은 우리의 간구를 결코 듣지 않는 분이 아니심을 그 자신의 때에 입증할 것이다.

   b. 하나님께 대하여 불평하며 항의하는 자들의 경우 그가 사랑하는 자들에게는 긍휼히 여겨 거절하는 것을, 그러한 자들에게는 진노하시어 오히려 때때로 허락하시는 수가 있다.

3. 응답이 없는 기도가 있는가?(xx. 52)

   a. 우리의 믿음은 감각으로 알 수 없는 것을 확신하게 만든다. 하나님은 결코 우리를 버리지 않으시며 자기 백성의 기대와 인내를 실망시키실

리가 없다.
b. 하나님께서 우리의 기도를 응답하실 때에도 반드시 우리가 요구하는 바로 그대로 응하시는 것은 아니다. 그러나 놀라운 방식으로 그는 우리의 기도가 헛되지 아니했음을 보여준다(참고, 요일 5:15). 우리가 항상 인내하여 계속적으로 기도하지 않는다고 하면 우리의 기도는 헛되고 말 것이다.

VIII. 영원한 예정(xxi-xxiv)

A. 예정교리의 위치

a. 우리가 하나님의 영원한 선택(또는 예정)을 알게 될 때 우리의 구원이 하나님의 값없는 긍휼의 원천으로부터 연유한다는 것을 확신하게 된다(xxi.1).
b. 칼빈의 신학 체계와 예정교리
   제 일권: 하나님 → 섭리
   (하나님이 우주와 인간을 창조하셨다. 그러므로 그는 그의 섭리적 배려와 주권을 통해서 그것들을 보전하시고 다스리신다.)
   제 삼권: 구원 → 예정
   (구원은 우리의 공로적 행위에 달려있지 않고 하나님의 값없는 은혜의 선택에 달려있다.)
   (벤델: 예정은 신앙의 최종적 귀결이요, 그리스도의 은혜이다.)
c. 하나님의 은혜의 함축적 의미
   우리의 구원은 어디서 오는가? 그것은 하나님이 우리를 거저 선택하셨기 때문이다. 우리의 구원은 오직 하나님의 은혜로부터 나온다. 우리의 믿음은 어디서 오는가? 그것은 하나님의 선물이다. 믿음은 하나님께로부터 온다. 그래서 믿음이 하는 일은 하나님께 영광을 돌리는 것이다.

d. '존재'(하나님의 본질)의 순서에 따르면;
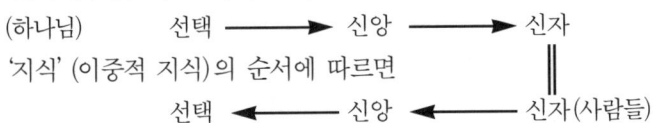
(하나님)　　선택 ──────▶ 신앙 ──────▶ 신자
'지식'(이중적 지식)의 순서에 따르면
　　　　선택 ◀────── 신앙 ◀────── 신자(사람들)

　　신앙은 선택으로 가는 통로이다. 신앙을 통해서 하나님의 선택을 우리는 알게 된다. 신앙은 선택에 대한 증거이다. 선택은 하나님의 순서에 있어서는 신앙에 앞서지만 오직 신앙으로만 이해되는 것이다.

e.

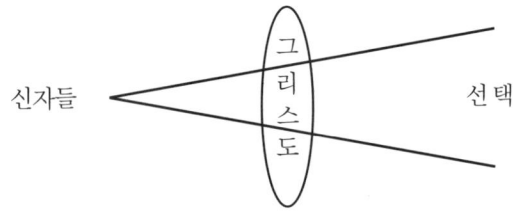

　　그리스도는 우리가 우리 자신의 선택을 눈여겨 바라보아야 하는 거울과도 같다. 선택은 오직 그리스도 안에서만 이해되고 깨달을 수 있다. 만일 우리가 그리스도와 교통하고 있다고 하면, 그것은 우리의 이름이 생명책에 기록되었다(참고; 계 21:27)는 분명하고 확실한 증거가 되는 것이다(xxiv. 5).

f. 예정교리의 기본적인 전제들
　　첫째로, 하나님은 자유로우시다(Ⅲ. xxi. 5-6).
　　둘째로, 선택에서(Ⅲ. xxii) 그리고 유기에서도 마찬가지로(Ⅲ. xxiii) 하나님은 피동적이시지 않고 능동적이시다.
　　셋째로, 그러나 인간에게 여전히 책임이 있다(Ⅲ. xxiv).

B. 예정의 정의(xxi. 5-7)

a. 선택
　(1) 하나님이 창시자이시다. 하나님께서 자기의 기쁘신 뜻을 따라, 자기 백성을 선택하셨다(신 10:14~15; 삼상 12:22; 시 65:4; 105:6).

(2) 선택은 영원하다. 선택은 하나님의 영원한 작정이다(엡 1:4).
(3) 선택은 개인들과 관련된다. 하나님이 자기의 비밀한 계획에 의하여 그가 기뻐하시는 자들을 자유롭게 선택하셨다(참고; 롬 9:7~8; 갈 3:16 이하).

b. 유기
(1) 하나님이 창시자이시다. 하나님이 어떤 사람들을 영원한 사망에 처하게 하셨다(말 1:2~3; 롬 9:13).
(2) 유기도 영원하다. 유기도 하나님의 영원한 작정이다(참고; 롬 9:11~13).
(3) 유기도 개인들과 관련된다(시 78:67~68). 하나님은 사람들 자신의 허물과 죄를 인하여 자유롭게 어떤 사람들을 버리셨다.

c. 선택 교리에 대한 개괄
하나님께서는 그의 영원하고도 변할 수 없는 계획을 따라서 구원으로 받아들이실 사람들과 멸망에 빠지도록 내어주실 사람들을 오래 전에 확정하셨다. 선택된 사람들의 경우 이 계획은 하나님의 값없이 베푸시는 자비에 근거한다. 그러나 하나님께서는 공정하면서도 불가해한 판단으로, 저주에 넘겨준 사람들에게는 생명의 문을 닫으셨다. 주님께서 소명과 칭의를 통해서 선택된 자들을 인치신 것과 같이, 유기된 자들에 대해서는 하나님의 이름에 관한 지식이나 성령으로 말미암은 성화를 거절함으로써 어떤 종류의 심판이 그들을 기다리고 있는가를 계시하신다.

C. 예정의 원인과 근거(xxi. 6-7)

a. 선택의 경우는 하나님의 선하시고 기쁘신 뜻과 은혜(사랑)가 원인이요 근거이다.
b. 유기의 경우는, 궁극적으로는 하나님의 선하고 기쁘신 뜻(참고; 롬 9:18)에 의한 것이지만, 근인은 사람의 죄인 것이다.

D. 예정의 방편과 목표(xxiv. 10-14)

	방 편	목 표
선택	복음의 선포 소명(召命) 칭의	궁극적 목표: 하나님의 영광 가까운 목표: 우리의 칭의
유기	복음선포의 부재(不在) 복음선포에 의해 눈이 멀게 됨	궁극적으로는 하나님의 영광이지만, 특별하게는 하나님의 공의 또는 의를 나타내보이는 것이 유기의 목표이다.

E. 다섯 가지의 반론과 대답(xxiii)

a. 첫째 반론: 선택 교리는 하나님을 폭군으로 만든다.
  (1) 미련한 자들의 반론: 하나님의 피조물들이 아직 아무 죄도 짓지 아니하고 그를 노엽게 한 일도 없는데, 하나님은 무슨 권리로 그들에 대하여 노하시는가? 그가 원하는 자는 누구나 멸망케 한다는 것은 재판관의 합법적인 선고라기보다는 폭군의 변덕에 가깝다.
  (2) 칼빈의 대답: 하나님의 뜻은 의의 최고의 표준이기 때문에, 그가 뜻하시는 일은 무엇이든지 의로운 것으로 간주되어야 한다. 그러므로 어떤 사람이 왜 하나님께서 그렇게 하셨느냐고 묻는다면, 하나님이 그것을 뜻하셨기 때문이라고 우리는 대답해야 한다(xxiii. 2). 하나님의 감추인 작정은 우리가 탐구해 내려고 할 것이 아니라 순종하는 마음으로 경탄해야 하는 것이다. 믿음의 무지는 경솔한 지식보다 낫다(xxiii. 5).
b. 둘째 반론: 선택교리는 사람에게서 죄책과 책임감을 제거한다(xxiii. 6).
  (1) 불경건한 자들의 반론: 하나님은 자기의 예정에 의하여 불가피하게 만들어 놓은 일들을 왜 사람들에게 죄가 되게 하여 뒤집어 씌우는가?
  (2) 칼빈의 대답: "여호와께서 온갖 것을 그 쓰임에 적당하게 지으셨나

니 악인도 악한 날에 적당하게 하셨느니라"(잠 16:4)
- c. 셋째 반론: 선택교리는 하나님이 편파적이라는 생각을 갖게 한다 (xxiii. 10).
  - (1) 반론자들의 말: 만일 어떤 사람들이 영원한 멸망으로부터 면제되는 것이 순전히 하나님의 뜻에 의하여 결정되는 것으로 당신들이 주장할 것 같으면, 당신들은 하나님을 사람들을 편파적으로 대하는 분으로 만드는 것이 된다.
  - (2) 칼빈의 대답: 하나님이 어떤 사람은 선택하시나 다른 사람은 버리신다는 사실은 그 사람을 배려한 데서 오는 것이 아니고, 순전히 하나님의 긍휼로부터 연유하는 것이다. 하나님의 값없는 긍휼이 선택의 유일한 근거인 것이다.
- d. 넷째 반론: 선택교리는 바른 삶에 대한 모든 열의를 꺾는다(xxiii. 12).
  - (1) 반대론자들의 주장: 만일 오직 하나님의 예정에 의하여 모든 것이 결정된다고 하면, 모든 사람들은 자포자기하며, 정욕에 끌리는 대로 절망적인 방식으로 무모하게 살아갈 것이다.
  - (2) 칼빈의 대답: 성경은 우리에게 겸손히 하나님의 공의 앞에서 떨며 그의 긍휼을 존중할 것을 가르치고 있다.
- e. 다섯째 반론: 선택교리는 모든 권면들을 무의미하게 만든다(xxiii. 13).
  - (1) 반대론자들의 주장: 예정론은 경건한 생활을 위한 모든 권면들을 무너뜨린다.
  - (2) 칼빈의 대답: 사도들과 초대교회 교부들은 다같이 하나님의 영원한 선택을 공손하게 다루고 있으며, 신자들로 하여금 경건생활의 훈련을 받게 하고 있다.

Ⅸ. 최후의 부활(xxv)

A. 부활 소망의 중요성(xxv. 1)

- a. 부활하신 그리스도를 믿는 믿음을 인하여, 우리는 "이제부터 외인도

아니요 손도 아니요 오직 성도들과 동일한 시민이요 하나님의 권속이
다"(엡 2:19). 이로써 완전한 행복을 위하여 우리에게 아무 부족함도
없게 하시려는 것이다.
b. 우리가 육체의 감옥에 갇혀있는 동안에는 우리는 '주와 따로' 거하고
있는 것이다(고후 5:6). 이 때문에 경건한 사람들의 믿음과 사랑은
하늘에 있는 소망을 주목한다(골 1:4~5).
c. 우리가 그리스도를 온전히 주시하면서 하늘을 소망할 때, "네 보물이
있는 그곳에는 네 마음도 있느니라"(마 6:21)는 말씀이 참으로 실현
되는 것이다.
d. 우리는(부활의 소망을 인하여) 현실의 축복의 유혹들을 기꺼이 물리
치고, 우리의 눈에 보이지 않는 축복을 추구할 수 있다.
e. 복된 부활을 끊임없이 명상하는 데 익숙한 사람만이 복음에서 충분하
게 유익을 얻는다.

B. 부활소망의 동기(xxv. 2)

a. 하나님과의 연합을 사모하면 할수록 우리의 마음은 더욱 뜨겁게 날마
다 부활을 바라게 된다.
b. 그리스도의 재림이 '우리의 구속'이라 일컬어지고 있다(참고, 롬 8:
23). 이 '구속'은 그것이 완성될 때까지 우리를 지탱해 준다.

C. 우리의 부활의 원형과 근거(xxv. 3)

a. 완전한 구원의 창시자이신 그리스도께서 천상적 불멸(不滅)과 영광을
입으신 것은 그의 온 몸(교회)이 머리(그리스도)와 같게 되도록 하기
위함이다.
b. 그리스도께서 부활하신 것은 우리로 하여금 내세에서 그의 동반자가
되게 하기 위함인 것이다. 그리고 그가 마지막 날에 심판주로 오시는
것은 우리의 낮고 천한 몸이 그의 영광스런 몸처럼 되게 하기 위함인
것이다(빌 2:20~21).

c. 우리의 몸의 부활의 근거는 하나님의 전능하심이다. 아무 사람도 경이감에 사로잡혀 하나님의 권능에 마땅한 영광을 돌리지 않는 한, 장차 있을 부활을 참되게 믿을 수 없다.

D. 각종 반대론에 대한 반박(xxv. 5-8)

　　a. 이교도들이 부활을 부인하고 있으나, 이교도들의 신성불가침의 장례 관습은 부활의 표상(表像)이자 새생명에 대한 열망이다(xxv. 5).
　　b. 천년왕국론자들의 오류(xxv. 5)
　　　　천년왕국론자들은 그리스도의 통치를 천년으로 제한시켰다. 그러나, 이와는 반대로 '천년'(계 20:4)이라는 숫자는 교회의 영원한 축복상태에 문자적으로 적용되지 않는다. 모든 성경의 말씀들은 선택받은 자들이 누리는 축복상태와 유기된 자들이 당할 형벌에는 결코 끝이 없을 것이라고 선언하고 있다(마 25:41, 46).
　　c. 영혼의 부활에 대한 오류(xxv. 6)
　　　　호기심이 병적으로 강한 사람들은 마치 사람의 영육이 다같이 전체적으로 죽도록 되어 있는 것처럼 영혼이 몸과 함께 부활할 것으로 생각한다. 다시 말하자면, 죽은 성도들의 영혼은 부활할 때까지는 축복의 천국을 볼 수 없다는 것이다. 그러나 성경은 다음과 같이 말한다. "땅에 있는 우리의 장막 집이 무너지면…하늘에 있는 영원한 집이 우리에게 있는 줄을 아나니"(고후 5:1); "오늘 네가 나와 함께 낙원에 있으리라"(눅 23:43). 이 성경구절들은 우리의 영혼의 영생불사(永生不死)를 보여주는 분명한 증거들이다.
　　d. 새롭고 전혀 다른 종류의 몸으로 부활한다는 오류(xxv. 7)
　　　　호기심이 병적으로 강한 사람들은 영혼이 부활할 때 지금의 것과 동일한 몸을 받지 않고, 전혀 새롭고 다른 몸으로 부활할 것으로 생각한다. 그러나 이와는 반대로 바울은 이렇게 말한다. "우리가 다…각각 선악간에 그 몸으로 행한 것을 따라 받으려 함이라"(고후 5:10); "이 썩을 것이 불가불 썩지 아니할 것을 입겠고 이 죽을 것이 죽지 아니함을 입으리로다"(고전 15:53). 만일 하나님께서 새로운 몸을 만들어 주신다고 하면, 어느 부분에서 이같은 성질의 변화가 생겨날 것인가?

E. 부활의 방식(xxv. 8)

실체에 대해서는 우리가 지금 입고 있는 바로 그 육체로 다시 부활하겠지만, 그 육체는 질적인 면에서 다르게 될 것이다(고전 15:39, 41, 51~54). 그 육체의 실체가 그 성질과 상태에 있어서 지금보다 훨씬 더 탁월하여지게 된다.

F. 불경건한 자들의 부활

a. 불경건한 자들에게는 심판의 부활이 있고, 경건한 자들에게는 생명의 부활이 있게 된다. 마지막 심판 때에 양과 염소(즉, 경건한 자들과 불경건한 자들)가 분리될 것이다(마 25:32) (xxv. 9).

b. 유기된 자들의 운명: 인간이 맛볼 수 있는 최악의 불행은 하나님과의 모든 교제가 끊어지는 것이다. 불신자들은 영원한 멸망의 형벌을 받게 된다(xxv. 12).

G. 영원한 축복의 최후 상태(xxv. 10)

a. 부활의 날에는 사망이 삼킨 바 되고 패배한다. 영원한 행복은 부활의 목표이다. 하나님의 나라가 광채와 기쁨과 행복과 영광으로 충만하게 될 것이다.

b. 하나님께서는 땅에서 성도들에게 영적 은사들을 아낌없이 주시는 것처럼 하늘에서는 영광으로 그들을 옷 입히신다. 또한 성경은 신자들에게 영생 뿐만 아니라 각각에게 특별한 상급을 약속하고 있다(딤후 1:18; 마 19:29).

c. 그리스도께서 이 세상에서 그의 몸의 영광을 다양한 은사들을 통해 나타내기 시작하시고, 점점 그 영광을 더 드러내신 것처럼, 하늘에서는 그것을 완전하게 나타내실 것이다.

제 4 권

외적 방편 또는 수단

I. 교회의 정의(i. 1-6)

a. 제 삼권과 제 사권의 관계
　　제 삼권은 성령의 일들, 즉 성령이 무엇을 하시는가를 다루고 있는데 반하여 제 사권은 성령이 일하실 때 사용하는 외형적 방편, 즉 성령이 어떻게 일하시는가를 다루고 있다.

b. 교회의 필요성(i. 1)
(1) 제 삼권에서 설명된 바와 같이 우리가 복음을 믿음으로 말미암아 그리스도께서 우리의 구주가 되시고 우리는 그가 주시는 구원과 영원한 축복에 참여하게 되는 것이다. 그러나 우리에게 믿음을 심어주고 키워주며 목표에 이르게 하려면 무지하고 태만한 우리로서는 외형적인 도움이 필요하기 때문에 하나님께서는 우리의 이 약점에 대비하고자 이 수단들을 첨가하셨다.
(2) 하나님께서는 이같은 외형적 방편으로 복음선포와 성례집행을 제공하셨으며 이를 위하여 '목사와 교사'(엡 4:11)를 세우셨다.
(3) 따라서 계획성 있게 가르치기 위해서는 먼저 교회와 그것의 정치, 직제 및 권세를 논하고 다음에 성례를 그리고 마지막으로 시민정부

를 다룰 필요가 있다.
c. 교회는 거룩하고 보편적인 공회(公會)이다(i. 2).
　　교회를 '보편적이다' 또는 '거룩하다'고 부르는 것은 그리스도가 나누어지지 않는 한, 교회도 둘이나 셋이 있을 수 없기 때문이다(참고; 고전 1:13). 그러나 모든 선택된 사람들은 그리스도를 머리로 하여 그에게 종속되어 있기 때문에 한 몸에 속한 지체들이 서로 연결되어 있는 것처럼(롬 12:5; 고전 10:17; 12:12, 27) 서로 상합(相合)하여 한 몸을 이루어(참고; 엡 4:16) 그리스도 안에서 하나로 연합되어 있는 것이다(참고, 엡 1:22~23). 그들은 한 믿음, 한 소망, 한 사랑과 동일한 성령 안에서 더불어 살기 때문에 진실로 하나가 되는 것이다. 이는 그들이 다같이 참여하도록 부르심을 받았기 때문이다(엡 5:30).
d. 교회는 '성도의 교통'이다(i. 3).
　　하나님께서 성도들에게 주시는 은혜는 무엇이든 서로간에 함께 나누어 갖는다는 원칙 아래 그들이 그리스도의 공동체로서 모였다. 만일 하나님이 모든 신자들의 한 아버지요, 그리스도가 그들 모두의 머리이신 것을 참으로 확신한다고 하면 그들은 형제 사랑으로 연합되어 있는 까닭에 그들이 받은 축복들을 서로 함께 나누어 갖지 않을 수 없게 되는 것이다.
e. 가견(可見)교회는 신자들의 어머니이다(i. 4).
　　교회라고 하는 이 어머니가 우리를 잉태하고 출산하여 젖을 먹여 기르지 아니하면, 그리고 우리를 지속적으로 돌보고 인도해주지 아니하면, 우리에게는 생명으로 들어가는 다른 문이 결코 없다. 우리는 연약한 까닭에 일평생 교회를 학교로 삼아 학생으로 지내야 하며 학교를 떠나서는 안된다. 더욱이나 교회의 품을 떠나서는 아무도 죄 용서나 구원을 소망할 수가 없다(참고; 사 37:32; 욜 2:32; 겔 13:9). 또한 하나님의 부성적 은총과 영적 생명의 특별한 증거는 그의 양무리에게만 한정되어 주어지기 때문에 교회를 떠나게 되면 언제나 비참하게 되는 것이다.

Ⅱ. 교회에 대한 교리(i. 7-xiii)

A. 교회의 회원권과 표지(i. 7-22)

1. 교회의 회원권(i. 7)

   a. 이 교회에는 하나님의 수양(收養)의 은혜로 그의 자녀된 자들과 성령의 성화에 의하여 그리스도의 참된 지체된 자들이 회원이 된다.
   b. 이 회원들로는 현재 이땅 위에 살고 있는 성도들 뿐만 아니라 세상이 시작된 이래로 선택받은 모든 사람들이 포함된다.
   c. 한분 하나님과 그리스도를 섬기는 것으로 고백하는 지구상에 흩어져 사는 모든 사람 전체를 가리켜 교회라고 할 수 있다.
   d. 우리는 세례를 통해서 그리스도를 믿는 신앙에 입문하고 주님의 만찬에 참여함으로써 우리가 참된 교리와 사랑에서 하나됨을 증거하며 주의 말씀에서 일치하게 되는 것이다.

2. 교회의 표지

   a. 하나님의 말씀이 순전하게 선포되고 청종하며 성례가 그리스도께서 제정하신 대로 지켜지는 곳마다 하나님의 교회가 존재한다(참고; 엡 2:20) (i. 9).
   b. 교회론의 기본적 요소(i. 9)
      (1) 보편적 교회는 모든 민족들로부터 모인 큰 무리이다.
      (2) 이 보편적 교회는 사람의 필요에 따라 여러 곳으로 나뉘어 개교회로서 산재하고 여러 고을과 마을들에 세워진다.
   c. 말씀 선포와 성례 집행에 어떤 과오가 끼어들 수는 있으나 이로 인하여 우리가 교회와의 교통에서 일탈해서는 안된다(i. 12).
   d. 비록 그리스도의 교회는 거룩하지만(엡 5:26) 교회에는 선한 사람들과 악한 사람들이 섞여 존재하고 있다(마 13:47~58). 죄악의 전염병이 교회 안에서 창궐하는 것은 참을 수 없을 것처럼 보인다. 그렇지

만 말씀선포와 성례집행이 거부되지 아니하고 계속되는 한 거기에는 교회가 존재하고 있는 것이다(i. 13, 14).
　e. 교회는 매일 진보하면서도 아직 완전하지 않다는 의미에서 거룩하다. 그러므로 교회가 불순하다는 이유만으로 교회를 버리고 새로운 교회들을 세워서는 안된다. 즉 교회를 가름으로써 그것의 통일성을 깨뜨려서는 안되는 것이다(i. 17, 18).

3. 열쇠의 권세(i. 21, 22)

　a. 우리의 죄를 용서하시는 주님의 변함없는 은혜가 우리를 지탱해 주지 않는다고 하면 우리는 한 순간도 교회 안에 머무르지 못할 것이다. 교회라고 하는 몸에 접붙임을 받은 우리의 죄는 하나님의 관용과 그리스도의 중재 및 성령의 성화 사역을 통해서 이미 용서되었고 지금도 매일 용서되고 있다.
　b. 하나님의 이같이 지속적인 용서의 은혜를 우리에게 베풀어 주기 위하여 교회의 열쇠들이 주어진 것이다.
　c. 이 용서의 은혜는 열쇠의 주요한 권세인 복음선포와 성례 집행에 의하여 교회의 교역자들과 목사들을 통해서 우리에게 주어진다. 그러므로 이 용서의 직분을 받은 장로들이나 감독들이 복음의 약속들을 통해서 경건한 자들의 양심을 죄 용서의 희망으로 북돋아 줄 때 성도들의 교통 속에서 우리의 죄는 교회 자체의 사역을 통해서 계속적으로 용서되는 것이다.

B. 거짓 교회와 참 교회의 비교(ii)

1. 근본적인 구별

　a. 말씀 선포와 성례 집행은 교회의 존재를 드러내 보이는 영구적인 표지(標識)이다(ii. 1).
　b. 말씀 선포와 성례 집행이 건전하고 순전하게 계속되는 경우에는 어떠

한 도덕적 과실이나 병폐가 있더라도 '교회'라는 이름을 가지는 데에 결코 방해가 되지 않는다(ii. 1).
- c. 거짓이 종교의 요새에 침투해 들어오고 핵심적 교리가 무너지며 성례의 사용이 파괴되는 순간에 교회는 사라진다(ii. 1).
- d. 주님께서는 자기의 말씀이 전해지고 빈틈없이 지켜지는 경우가 아니고서는 어떤 성전도 자기의 것으로 인정하지 않는다(ii. 3).
- e. 교회는 그리스도의 왕국이요 그는 오직 자기의 말씀으로만 통치하시기 때문에 그리스도의 왕국이 그의 가장 거룩한 말씀 없이도 존재한다고 생각하는 것은 거짓말이다(ii. 4).

2. 분파와 이단이라는 비난에 대한 변호

- a. 로마 카톨릭 교도들은 칼빈이 다르게 설교하고 그들의 법에 순종하지 않으며 그를 추종하는 종교 집단을 이끌고 있기 때문에 그를 분파와 이단으로 비난했다.
- b. 이에 대하여 칼빈은 이단과 분파주의자들을 정의함으로써 자신을 다음과 같이 변호한다. 성도들의 교통은 두 개의 띠, 곧 건전한 교리상의 일치와 형제 사랑에 의하여 유지된다. 따라서 이단자들과 분파주의자들은 다음과 같이 식별될 수 있다. 이단자들은 건전한 믿음을 거짓된 교리로 부패시키는 데 반하여 분파주의자들은 형제사랑의 교제의 띠를 끊는다(ii. 5).
- c. 우리가 분리하는 유일한 원인은 우리가 진리를 순수하게 고백하는 것을 그들(로마 카톨릭 교도들)이 결코 용납해 주지 못한 데 있다(ii. 6).
- d. 그들은 파문과 저주를 퍼부어 우리를 추방했다. 이 일은 그리스도 때문에 생겨난 것이다(ii. 6).
- e. 로마의 교황은 다니엘과 바울이 예언한 적그리스도이다(단 9:27; 살후 2:4)(ii. 12).

C. 교회의 사역자들(iii)

1. 인간적 방편, 즉 사역자들의 필요성

   a. 그리스도께서는 그의 몸을 세우기 위해서 인간적 방편인 사역자들을 임명하였다(엡 4:10~13). 하나님께서는 자신의 백성을 일순간에 완전케 하실 수 있지만 그들이 오직 교회에서 교육을 받음으로써만 장성한 사람으로 자라나게 되기를 그는 원하신다. 인간적 방편인 사역자들을 통하여 우리를 가르치는 것이 하나님의 뜻이다(i. 5).
   b. 하나님만이 교회 안에서 왕으로서 다스리셔야 한다. 그렇지만 그는 우리 가운데 가견적 모습으로 임재하여 계시지 않는다. 일꾼이 연장을 사용하여 자기의 일을 하는 것처럼, 하나님은 사람들의 봉사를 활용하여 자기의 뜻을 말로 우리에게 명백하게 선포하시는 것이다(iii. 1).
   c. 인간적 방편은 우리를 겸손케 하는 데 있어서 최상의 가장 유익한 훈련이다. 왜냐하면 하나님의 말씀이 우리와 같은 사람들을 통해서 선포될지라도, 하나님은 우리로 하여금 그의 말씀에 순종하는 데 익숙하도록 하시기 때문이다(iii. 1).
   d. 사람들 간에 사랑을 가장 적절하게 배양해 주는 비결은 사람들을 인간적 방편의 띠로 연합시키는 것이다. 즉 한 사람이 목사로 임명되어 나머지 사람들을 가르치며, 생도들이 된 자들은 한 입으로부터 공통된 가르침을 받을 때 상호간의 사랑이 깊어지는 것이다(iii. 1).
   e. 이같은 인간의 봉사는 신자들을 한 몸으로 결합시켜 주는 중추적 힘줄이다. 그리스도께서는 사역자들을 통하여 그의 은사들을 교회에게 분배하여 주신다(iii. 2).

2. 성경에 나오는 직분들

   a. 일시적이고 특별한 직분들로는 사도들과 선지자들과 복음 전도자들이 있다(iii. 4).
   b. 영구적이고 일반적인 직분들

(1) 목사들: 권징, 성례집행, 권면 그리고 하나님의 말씀을 가르치는 일 등의 책임을 맡았다(iii. 4).
  (2) 교사들: 성경을 해석하는 일만 맡아서 했다(iii. 4).
  (3) 장로들: 사람들 가운데서 피택되어, 교회의 행정과 도덕적 견책과 권징 실시하는 일 등의 책임을 맡았다(iii. 8).
  (4) 집사들: 집사직에는 두 종류가 있는데, 하나는 교회를 위해서 구제 사업을 관리하는 직분이고, 다른 하나는 직접 가난한 자들을 돌보는 직분이다(iii. 9).

D. 교회의 권세(viii-xi)

1. 교리적 권세

    a. 교회가 가지고 있는 영적 권세는 교리나 사법 또는 입법에 관한 권세이다. 이 가운데 교리적 권세는 신조(信條)를 제정하는 권세와 그 신조들을 해설하는 권세 등 두 가지 부분으로 되어 있다(viii. 1).
    b. 교회의 권세의 목적은 교회를 강화하는 데 있고, 파괴하는 데 있지 않다(고후 10:8; 13:10) (viii. 1).
    c. 교리적 권세는 제사장들과 선지자들과 사도들과 사도들의 후계자들과 같은 하나님의 사역자들에 의하여 선포되도록 되어 있는 하나님의 말씀에 주어져 있다(viii. 2).
    d. 모든 예언자들 가운데 으뜸가는 예언자인 모세 자신도 주님께로부터 받은 것 외에는 아무것도 선포할 수가 없었다(출 3:4 이하) (viii. 2).
       하나님께서는 자기가 명령하신 것에 그 무엇을 덧붙여 가르치는 것을 아무에게도 허락하지 않으신다. 예언자들이 여호와의 말씀에 대한 경외심에 사로잡혀 그들이 받은 말씀 이외에는 어떤 것도 선포하지 아니할 때, 그들에게는 비상한 권세와 탁월한 칭호들이 부여되었다 (viii. 3).
    e. 교회의 권세는 무한한 것이 아니고 주의 말씀에 종속되며 그 테두리

안에 있다(viii. 4). 사도들마저도 그 말씀 밖으로 넘어갈 수가 없었다고 하면, 그들의 후계자들의 경우는 말할 것도 없다. 신실한 사역자들은 새로운 교리를 날조하는 대신에 순전한 마음으로 하나님이 이미 주신 교리에 충실할 따름이다(viii. 9).
  f. 그리스도께서 자기 임의로가 아니라 율법과 선지자들의 성령을 따라 말씀하신 까닭에, 우리는 복음의 성령을 따라 말하는 것이다(viii. 13).

2. 입법의 권세

  a. 여기서 논하고자 하는 것은 정치적 질서가 아니고, 하나님에 대한 예배와 영적 자유이다(x. i).
  b. 교회법의 필요성: 교회법은 교회의 안전을 위하여 필요하다. 교회에서 법을 제거해 버리면, 교회를 지탱해 주는 바로 그 근육들이 와해되고, 교회가 완전히 망하여 흩어지게 되는 것이다(x. 27).
  c. 예배의 목표: 첫째는, 책임을 맡은 직분자들로 하여금 선하게 행정하는 규칙과 법을 알게 하고, 한편, 다스림을 받는 일반 회중들은 하나님에 대한 순종과 바른 권징에 숙달되게 하는 것이다. 둘째는, 교회의 질서를 잘 잡은 후에 교회 안에 화평과 평온을 마련하는 것이다 (x. 28).
  d. 우리는 스스로 어떠한 영구적인 법을 제정해서는 안되고, 교회의 규례들의 용도와 목적을 교회의 건덕에 두고, 상황에 따라서 언제든지 변경시킬 수 있어야 한다(x. 32).

3. 교회의 사법권

  a. 교회의 사법권의 기초: 도덕의 권징(xi. 1)
      이 사법권은 영적 체제를 보존하기 위하여 강구된 질서에 지나지 않는다. 이 권세는 그리스도께서 교회에게 주신 열쇠들에 의존한다. 그 열쇠의 권세란 단지 복음을 선포하는 데 있어서, 사역자들의 입장에서 보면, 그것은 권세가 아니고, 사역(심부름)에 불과하다. 이는 그리스도께서 이 권세를 실제로는 사람들에게가 아니라 그의 말씀에게 주었고 단지 사람들은 그 말씀의 사역자들로 삼았을 뿐이기 때문이다(xi. 1).
  b. 매고 푸는 권세(마 16:19; 18:17~18)
    교회는 출교한 자의 생활과 품행을 정죄하기 때문에 출교당한 자를 속박한다. 그리고 교회가 공동체 안으로 영접해들인 자를 풀어준다. 이는 교회가 예수 그리스도 안에서 소유하고 있는 연합에 그로 하여금 참여할 수 있게 해주기 때문이다(xi. 2).
  c. 신자들이 할 수 있는 판단은 주님께서 판결해 놓은 것을 언도하는 데 불과하다(xi. 2).

E. 교회의 권징(xii)

1. 교회권징의 필요성과 성격(xii. 1)

교회에 권징이 필요한 것은 교회가 올바른 상태를 유지하기 위함이고, 이 권징은 교회를 지탱하는 근육으로서 이것을 통하여 몸의 지체들이 각각 그 자체의 위치에서 서로 결합되게 한다.

2. 교회권징의 단계(xii. 2-4)

권징의 첫단계는 개인적인 충고를 위한 여지를 마련하는 것이요, 그 다음은 교회의 재판정 즉 장로회에 소환하는 것이다. 마지막으로는 신자들의 교제로부터 제거하는 것이다(마 18:15, 17)(xii. 2).
개인적인 죄는 개인적으로 책망되어야 하고 공적인 죄는 공중 앞에서 공개적으로 책망되어야 한다(xii. 3). 그리고 무거운 죄를 바로잡기 위해서는 더 엄격한 대책을 강구해야 하는 것이다(xii. 4).

3. 교회권징의 목적(xii. 5)

권징의 목적은 첫째로, 하나님의 명예를 욕되게 하지 않고 보전하기 위함이며; 둘째로 공동체의 미덕이 악으로부터 보호되도록 하기 위함이고; 셋째로 범죄한 자들이 회개하고 회복될 수 있도록 하기 위함이다.

4. 권징의 온건성(xii. 8)

a. 권징을 할 때는 너무 급하거나 심하게 하지 말고, 하나님의 용서에 근거하여 온건하게 해야 한다.
b. 출교하는 목적은 죄인을 회개하도록 이끌어 주고, 회중들 가운데서 나쁜 사례들을 제거하는 데 있다.
c. 죄인이 교회에 대하여 회개한 증거를 보이고, 그의 힘이 닿는 대로 그가 이전에 교회에 끼친 누를 깨끗하게 씻어내 버린다고 하면, 더이상 그를 추궁해서는 안된다.
d. 키푸리아누스와 크리소스톰과 어거스틴의 경우 그들은 온건한 권징을 실시해 보였다.

5. 금식의 가치와 목적

a. 권징의 남은 부분으로는 금식, 엄숙한 간구 및 겸비(謙卑)와 회개와 신앙을 나타내보이는 여타의 행위들이 있다. 여기에 대하여 때와 방법과 형식은 하나님의 말씀으로 규정된 바 없고, 교회의 판단에 일임되어 있다(xii. 14).
b. 금식의 목적: 첫째로, 육체를 약화시키며 굴복시키기 위함이고; 둘째로, 기도와 거룩한 묵상을 좀더 잘 준비하기 위함이며; 셋째로, 우리가 하나님 앞에서 스스로 겸비해진 증거를 보이기 위함이다(xii. 15).
c. 성경에 나오는 금식의 실례들로는 바울과 바나바를 선교사로 세우려 할 때 안디옥 교회 신자들이 금식하며 기도하였고(행 13:3), 예수 탄생 때에 안나가 그러했고(눅 2:37), 느헤미야가 동족의 해방을 위해 금식한 바 있다(느 1:4).
d. 금식의 성격: 검소와 절제를 통하여 자기를 억제하되, 식사하는 양을 엄격하게 제한한다(xii. 18).

6. 성직자 독신제도의 필요조건

   a. 초대교회 감독들에 대한 권징: 사냥, 도박, 음주, 고리대업, 장사 또는 난잡한 무도회 등이 금지되었다. 감독들은 신자들에 대해서보다 자신들에 대해서 훨씬 더 엄격했다(xii. 22).
   b. 감독들은 사제들에게 혼인을 허락하지 않는 데 있어서 극단적으로 엄격하고 냉혹하였다. 이 혼인금지로 인하여 교회는 착하고 유능한 목회자들을 잃었을 뿐만 아니라, 죄악의 더러운 시궁창이 되고 말았다(xii. 23).
   c. 성직자의 독신제도는 하나님의 말씀을 거스릴 뿐만 아니라 모든 형평의 원리에 어긋나는 불경건한 포학(暴虐)에 의하여 생겨났던 것이다(딤전 3:2; 딛 1:6) (xii. 23).
   d. 혼인을 금한 것은 마귀의 가르침이다(딤전 4:1, 3) (xii. 23).
   e. 바울은 혼인을 감독의 미덕 가운데 하나로 꼽는다. 그리고 그리스도께서는 혼인을 교회와의 그의 성스런 연합의 모형으로 삼으실만큼 존귀한 것으로 여기신다(엡 5:23~24, 32) (xii. 24).
   f. 구약의 레위 제사장들은 신약교회의 목회자들의 예표가 아니고, 하나님과 사람 사이의 중보자이신 그리스도의 예표이다(딤전 2:5). 그러므로 신약의 목회자들을 구약의 제사장들과 비교하는 것은 무의미하다(xii. 25).
   g. 크리소스톰은 혼인을 이렇게 예찬했다; "둘째 종류의 순결은 부부관계의 정숙한 사랑이다"(xii. 28).

Ⅲ. 성례(xiv-xix)

A. 성례에 대한 정의(xiv)

1. 외형적 표호(標號)

하나님께서는 약속 자체를 확인하고 인치실 목적으로, 이 외형적 방편인 성례를 통해서 우선은 우리의 무지와 우둔함에 대하여, 그 다음에는 우리의 연약함을 대비하시는 것이다. 하나님의 진리의 말씀은 그 자체로도 확고부동하다. 그러나 우리의 믿음은 각종의 방편에 의하여 받쳐지지 아니하면 너무나도 연약하여서 비틀거리다가 결국 무너지고 만다(xiv. 3).

2. 성례를 통해서 우리의 양심에 하나님께서는 우리를 향한 그의 선의의 약속들을 인치신다(xiv. 6).

    a. 성례는 하나님의 말씀의 진실성을 우리로 하여금 더욱 확신하게 하는 의식들이다.
    b. 어거스틴은 성례를 '가견적 말씀'이라고 불렀다.
    c. 성례는 '우리의 믿음의 기둥'이라고도 부를 수 있다. 믿음은 하나님의 말씀을 기초로 삼아 그 위에 서 있지만, 성례가 첨가되는 때에는 믿음이 마치 기둥들에 의해 받쳐지는 것처럼 더욱 튼튼하게 서 있게 되는 것이다.
    d. 성례는 마치 거울과도 같아서 하나님이 우리에게 쏟아부어 주시는 풍성한 은혜를 묵상할 수 있게 해준다.

3. 성례는 우리의 믿음의 연약성을 떠받쳐준다.

    a. 하나님께서는 그의 거룩한 말씀 뿐만 아니라 성례를 통해서 우리에게 긍휼과 그의 은혜의 약속을 제시하신다(xiv. 7).
    b. 하나님의 은혜에 대한 증거로서 성례는 우리의 믿음을 지탱해 주고, 자라게 하며, 강화하고 증가시킨다(xiv. 7).
    c. 하나님은 성례를 통해서 영적으로 믿음을 자라게 하신다(xiv. 12).

4. 우리는 주님께 대한 우리의 경건을 주님과 그의 천사들과 사람들 앞에서 증명해야 한다.

    a. 성례를 통해서 하나님 앞에서 우리의 믿음을 강화하고, 사람들 앞에서는 우리의 신앙고백을 증명해야 한다(xiv. 13).

b. 성례를 통해서 하나님은 자기의 백성을 연단시키시되, 우선은 그들 안에서 믿음을 배양하고 일으키며 확립하고 그 다음에는 사람들 앞에서 경건을 증명하기를 원하신다(xiv. 19).

　5. 모든 성례의 실체: 그리스도

　성례는 오직 그리스도 안에서만 견고성을 지니며 그를 떠나서는 아무것도 약속하지 않는다(xiv 16).

　그러므로 성례에는 하나님의 말씀이 가지고 있는 것과 같은 직분, 곧 우리에게 그리스도를 제시할 뿐만 아니라 그리스도 안에 있는 신령한 은혜의 보고를 열어 보이는 직분이 있다는 것을 확정된 원리로 간주하는 것이 좋다. 그러나 성례는 믿음으로 받지 아니하면 아무런 효력이 없다. 또한 성령께서 성례에 동반되지 않으면 더이상의 유익이 없다. 이는 성령이 우리의 마음을 열어 성례가 하는 증거를 받아들일 수 있게 해 주기 때문이다(xiv. 17).

B. 세례(xv-xvi)

　1. 세례의 의미(xv. 1)

　　a. 정의

　　　세례는 우리가 교회의 공동체로 받아들여져 입문하는 문호이다. 따라서 그것은 우리가 받은 죄용서와 그리스도의 죽음과 부활 및 축복에 참여하게 된 것의 표호이다. 우리가 세례를 받는 것은 하나님 앞에서 우리의 믿음을 보이고, 사람들 앞에서 우리의 신앙고백을 증명하기 위함이다.

　　b. 즈빙글리의 견해를 거부함

　　　성례를 단순히 사람들 앞에서 우리의 종교(신앙)를 나타내보이는 표지 정도로만 이해하는 즈빙글리의 견해를 칼빈은 거부한다. 세례의 가장 주요한 점은 다음과 같은 약속에 있다. "믿고 세례를 받는 사람은 구원을 얻을 것이요"(막 16:16).

2. 세례의 효력(xv. 2)

   a. 바울의 말, "물로 씻어 생명의 말씀으로 깨끗하게 하사 거룩하게 하셨다"(엡 5:26)는 것은 우리를 물로 씻어 구원한다는 뜻이 아니고, 우리의 정결케 됨과 성화에 대한 복음의 메시지가 이같은 세례를 통해서 인쳐진다는 뜻이다.
   b. 세례가 우리에게 약속해 주는 것은 물을 수단으로 해서 표현하는바 그리스도의 피뿌림을 통해 얻는 정결일 뿐이다.

3. 세례의 세 가지 유익

   a. 일평생 깨끗함을 받는다는 표(xv. 3)

   세례는 과거만을 위한 것이 아니고 우리의 온 생애를 위해서 주어졌다. 그런 까닭에, 세례는 한 번만 베풀어지지만, 세례를 받은 이후의 계속되는 죄로 말미암아 세례가 무효화되지 않는데, 이는 그리스도의 순결이 여전히 효력을 발휘하고 있기 때문이다.

   b. 그리스도 안에서 죽고 새로워진다는 표(xv. 5)

   세례는 우리가 그리스도 안에서 죽고 그 안에서 새생명을 얻는 것을 알려준다(롬 6:3~5, 11; 골 2:11~12; 단 3:5). 이와 같이 죄용서와 의의 전가(轉嫁)가 먼저 약속되고, 그 다음에는 우리를 개혁하여 새생명을 얻게 하는 성령의 은혜가 약속된다.

   c. 우리가 그리스도와 연합되었다는 표(xv. 6)

   세례는 우리가 그리스도의 죽으심과 살으심에 접붙임이 되었을 뿐만 아니라, 그리스도 자신과 연합되어 있음을 보여주는 표이다. 세례 때에 주어지는 하나님의 모든 선물들은 오직 그리스도 안에서만 발견된다. 우리가 정결케 되고 거듭나게 되는 일에 있어서, 그것의 원인은 성부에게서, 질료(質料)라는 성자에게서 그리고 효력은 성령에게서 각각 분명하게 식별할 수 있다.

4. 요한의 세례와 그리스도의 세례(xv. 7)

누가 세례를 베푸는가에 따라서 세례의 효력이 달라지는 것은 아니다. 세례 요한 뿐만 아니라 사도들까지도 다같이 그리스도의 이름으로 세례를 주었다. 그런데 요한은 물로 세례를 주는 사역자였으나, 그리스도는 성령을 주시는 자였다.

5. 세례와 할례

a. 할례를 통해서 구약의 족장들에게 주어진 약속은 세례를 통해서 우리에게 주어지는 것과 내용상 같다. 이는 그것이 죄용서와 육체를 죽이는 것을 나타내 보이기 때문이다(xvi. 3).
b. 그리스도가 세례의 기초이듯이, 그는 할례의 기초이기도 하다(xvi. 3).
c. 세례와 할례를 통해서 주어지는 약속은 동일하다. 즉 하나님의 부성적 사랑과 죄용서 및 영생에 대한 약속이 주어진다. 그리고 세례와 할례가 표현하는 것도 동일하게 중생이다. 양자간의 차이점은 외형적인 의식에 있다(xvi. 4).

6. 유아세례

a. 세례가 유아들에게 마땅히 베풀어져야 하는 것으로써 그들에게 시행되는 것은 적절하다. 이는 구약의 초기에 주께서 유아들에게 할례를 행하도록 하시던 때에 할례가 상징하는 모든 축복들에 그들이 참여하게 해주셨기 때문이다(참고; 창 17:12) (xvi. 5).
b. 유아 할례는 언약의 약속을 확증하는 인호(印號)이다. 그러나 만일 이 언약이 지금도 확고부동하게 유효하다면, 구약시대에 유대인의 유아들에게 해당하는 것 못지않게 오늘날 그리스도의 자녀들에게도 적용되는 것이다(xvi. 5).
c. 그리스도인의 자녀들도 거룩한 것으로 인정된다(xvi. 6).
d. 그리스도께서는 어린아이들을 청하여 축복해 주셨다. 그러므로 우리는 세례의 의식과 세례가 주는 유익으로부터 유아들을 배제하여서는 안된다(참고; 마 19:13~15; 출 20:6) (xvi. 7, 8).

e. 유아세례에 대한 반대론(xvi. 18-20)

첫째 반대론은 유아들이 설교를 이해할 수 없다고 주장하고, 둘째 반대론은 유아들이 회개나 신앙을 경험할 수 없다고 주장한다. 이에 대한 칼빈의 대답: 말씀 선포를 매개로 하지 않고서도 하나님은 성령의 조명을 통해서 자신에 대한 참된 지식을 유아들에게 주실 수가 있다. 그리고 유아들은 장래 있게 될 회개와 신앙을 위하여 세례받으며, 회개와 신앙의 씨가 그들 안에 성령의 은밀한 사역으로 말미암아 감추어져 있는 것이다.

C. 그리스도의 성만찬(xvii-xviii)

1. 표호와 실체(xvii. 1)

그리스도의 성만찬의 표호는 떡과 포도주이고, 그 표호가 표현하는 실체는 우리 영혼의 유일한 생명양식인 그리스도이시다.

2. 성만찬의 필요성(xvii. 1)

a. 자기 자녀에 대하여 관심을 가지는 가장 훌륭한 아버지로서의 의무를 성취하기 위하여, 하나님은 우리의 전생애를 통해서 우리를 신령한 양식으로 먹이신다. 그리하여, 우리가 하늘의 영생불사에 이르게 되는 때까지 반복적으로 힘을 얻을 수 있게 하시는 것이다.

b. 성도와의 그리스도의 은밀한 연합의 신비는 인간의 본성으로는 헤아려 알 수가 없기 때문에, 우리의 빈약한 능력에 가장 적절한 가견적 표호를 통해서 그 연합의 모습과 모형을 나타내 보이시는 것이다.

3. 성만찬의 특별한 열매(xvii. 2)

우리는 성만찬을 통해서 우리가 그리스도와 한 몸을 이루어 성장하게 되는 것을 확신하게 된다. 그리하여, 영생과 죄에서의 구출에 대하여도 확신을 얻는다. 그리스도께서는 자기의 의로 우리를 옷입히셨다.

4. 그리스도의 영적 임재

   a. 성경에는 마치 우리 가운데 신체적으로 임재하여 계시는 그리스도를 실제로 우리가 보는 것처럼 그리스도에 대한 증거가 충분하다: "받으라, 먹으라, 마시라", "너희를 위하여 주는", "너희를 위하여 흘리는." 그러므로 그리스도의 살과 피가 떡과 포도주로 표현되어 있는 것은 그 살과 피가 우리의 것이라는 것 뿐만 아니라 그것들이 우리의 영적 생명을 위한 양식으로 주어졌다는 것을 우리로 알게 하기 위함이다(xvii. 3).
   b. 그리스도께서는 우리의 육신을 그의 거처로 삼으신다. 그리고 우리의 육신 자체를 소생시키신다. 그리하여 우리가 그를 먹고 마심으로, 영생에 이르도록 하시는 것이다(xvii. 8).
   c. 성령의 은밀한 능력을 통해서 그리스도께서는 신령한 잔치상에 참여하는 모든 자들에게 성만찬이 상징하는 실체를 제공하시며 보여주신다.
      떡을 떼는 것은 하나의 상징이다. 그러나 떡 떼는 것을 통하여 그리스도는 진실로 자기의 몸을 나타내 보이시는 것이다. 그러므로 우리가 그 몸의 상징을 받는 때에, 그 몸 자체가 우리에게 주어지는 것으로 확신해야 한다(xvii. 10).

5. 성례의 주요한 기능

   a. 성례는 단순히 그리스도의 몸을 우리에게 나누어 주는 것만이 아니고, 그의 살은 양식이요, 그의 피는 음료라고 한 약속을 인치며 확증하는 것이다(xvii. 4).
   b. 성례를 통해서 우리는 그리스도의 십자가 앞에 서게 된다. 우리는 산 체험을 통해서 그리스도의 죽음의 효력을 이해하게 된다(xvii. 4).
   c. 우리는 그리스도의 살을 믿음으로 먹는다. 왜냐하면 그의 살이 믿음을 통해서 우리의 것이 되고, 우리가 그의 살을 먹는 행위는 믿음의 결과이기 때문이다(xvii. 5).
   d. 주께서 자신을 '생명의 떡' (요 6:51)이라고 부르신 의도는 우리의 구

원이 그의 죽음과 부활에 대한 신앙에 달려있다는 것 뿐만 아니라 우리가 그를 참되게 먹고 마심으로, 마치 우리가 양식으로 먹은 떡이 우리 몸에 힘을 주는 것처럼 그의 생명이 우리에게로 옮겨와 우리의 것이 된다는 것을 가르치기 위함이다(xvii. 5).

6. 성례의 의미와 본체와 효과(xvii. 11)

성례의 의미는 약속들에 포함되어 있고, 그것의 본체는 그리스도와 그의 죽음 및 부활이며, 성례가 의미하는 것과 그것의 본체로부터 나오는 효력 또는 결과로는 구속, 의, 성화, 영생 그리고 여타의 모든 그리스도의 축복들이 있다.

7. 그리스도의 몸은 공간적으로 임재하는 것이 아니다.

  a. 로마카톨릭의 화체설(化體說)

사제의 봉헌을 통해서 전에는 떡이었던 것이 그리스도로 변화됨으로써 외형상으로는 떡이지만 그 아래 그리스도가 숨어 있다. 롬바르드의 말에 의하면, "본질상으로는 가견적인 그리스도의 몸이 봉헌기도 이후에는 떡의 형태로 감추어 덮여있다." 다시 말하자면, 떡이 그리스도의 몸으로 변화되는 일이 봉헌기도를 통해서 일어난다는 것이다. 즉 몸이 떡으로부터 적절하게 만들어진다는 것이 아니고, 그리스도께서 떡의 형체 아래 자신을 숨기기 위해서 몸의 본체를 멸절시키기 때문에 변화가 있다고 주장한다(xvii. 14).

  b. 루터의 신체적 임재설

루터에 의하면 그리스도의 몸은 떡과 함께, 떡 안에 그리고 떡 아래 신체적으로 임재하여 있다. 루터주의자들은 떡을 몸이라고 부르지 않으려고 안간힘을 쓴다. 왜냐하면 떡은 몸의 표호이기 때문이다. 그들의 생각에, "떡은 몸이라"고 하는 이 단순한 명제는 지지될 수 없는 것으로 보였던 것이다. 그러나 그들의 견해는 그리스도가 신체적으로 온 우주 가운데 어디에나 임재해 계신다는 편재 개념으로부터 온 것이다(xvii. 20).
  c. 칼빈의 대답
   (1) 그리스도의 몸은 모든 인간의 몸에 공통된 일반적인 특색들에 의해서 제한되어 있기 때문에, 그가 심판날에 재림하실 때까지는 하늘에 있게 된다(xvii. 12). 온전한 그리스도가 어디에나 계시기 때문에 성만찬에도 온전한 그리스도가 임재해 계시지만, 그의 영육이 전체적으로 계시는 것은 아니다. 그는 심판날에 나타나시기까지는 육체로는 하늘에 머물고 계시는 것이다(xvii. 30).
   (2) 그리스도께서 "이것은 나의 몸이니라"(눅 22:19)고 말씀하시던 때에, 그의 손에는 떡이 쥐어져 있었고, 그는 그것을 자기의 몸이라고 선언하였다. 그 떡은 변화되지 않고 여전히 떡이었다(xvii. 20).
   (3) 그리스도의 몸은 그가 부활하신 때로부터 유한하며, 마지막 날까지 하늘에 간직되어 머무신다(참고; 행 3:21). 성령의 오심과 그리스도의 승천은 대조적이다. 따라서 그리스도는 그의 성령을 보내시는 것과 같은 방식으로 육체를 따라 우리와 함께 계실 수가 없는 것이다(xvii. 26).
   (4) 성만찬에서 그리스도는 떡과 포도주로 상징되는 그의 살과 피를 취하여 먹고 마시라고 명하신다. 이로 보건대 그 자신이 진실로 자기의 살과 피를 우리에게 주시며, 우리는 그것들을 실제로 받는 것이 분명하다(xvii. 32).

8. 주의 성만찬의 용도

  첫번째 용도는 사람의 연약한 마음을 도와 하늘로 높이 올리워져 승천하신 그리스도를 생각케 하는 것이요(xvii. 36); 두번째 용도는 사람들 앞에서 그리스도의 죽음을 선언하고(고전 11:26), 우리로 하여금 그의 죽음을 기념하게 하는 것이며(xvii. 37); 세번째 용도는 우리의 삶에 순결과 거룩 뿐만 아니라 사랑과 평화와 일치를 고취시키는 것이다(xvii. 38).

Ⅳ. 세속정치(xx)

A. 세속정치와 교회와의 관계(xx. 1-2)

1. 두 극단적 파당(xx. 1)

   a. 사람은 두 개의 정치 곧 영적정치와 세속정치 아래 살고 있다. 전자는 영생과 관계가 있고 후자는 공적인 정의와 외형적 도덕을 확립하는 것과 관계가 있다(xx. 1).
   b. 두 극단적 파당(xx. 1)
      (1) 정신이 온전하지 못하고 야만스런 사람들은 하나님이 세우신 질서를 전복하려고 광란을 부린다.
      (2) 다른 한편으로 군주들에게 아첨하는 자들은 그들의 권력을 과도하게 찬미하며 하나님 자신의 규칙을 물리친다.
      (3) 이 두 극단적인 악들이 억제되지 아니하면 신앙의 순수성이 소멸될 것이다.

2. 자유에 대한 거짓된 개념

   a. 어떤 기독 혁명가들은 오직 법원과 법률과 집권자 등이 폐기될 때에만 자유가 가능하다고 생각하며, 그들 위에 어떤 종류의 권력이라도 세워져 있는 동안에는 그들의 자유는 아무런 의미도 있을 수 없는 것으로 간주한다.
   b. 그리스도의 왕국을 이 세상의 초보적인 제도에서 찾으며 거기에 한정시키려는 것은 유대주의적 망상(妄想)이다.

3. 세속정치의 목적(xx. 2)

   a. 하나님에 대한 외형적 예배를 간직하고 보호하기 위해서
   b. 경건의 건전한 교리와 교회의 지위를 변호하기 위해서
   c. 우리의 삶을 사람들이 공동체에 순응시키기 위해서

d. 시민적 의(義)에 따라 우리의 사회적 행동을 형성하기 위해서
　　e. 우리가 서로 화목하도록
　　f. 전체적인 평화와 평온을 증진시키기 위해서

B. 세속정치는 필요하며 하나님이 인정하신다

1. 세속정치의 주요 임무(xx. 3)

　　세속정치의 주요 임무는 첫째로, 그리스도인들이 공개적으로 종교 생활을 안전하게 할 수 있게 하는 것이요, 둘째로, 사람들 가운데 인간성이 보전되도록 하는 것이다.

2. 세속정치의 삼요소(xx. 3)

　　세속정치에는 법률의 수호자인 집권자와 그 집권자가 통치할 때 규범이 되는 법률과 그 법률에 의하여 통치를 받으며 집권자에게 순종하는 백성 등 세 가지 요소가 있다.

C. 집권자의 직분

1. 성경적 증명(xx. 4)

　a. 성경은 세속정치의 집권자들에게 가장 영예로운 호칭과 역할을 부여해 주고 있다.
　　(1) '신'(하나님의 대리자; 출 22:8; 시 82:1,6).
　　(2) 집권자들의 통치 행위는 하나님의 섭리와 거룩한 명령에 의하여 되어지는 하나님의 행위이다(잠 8:14~16).
　　(3) '다스리는 일'은 하나님의 은사(롬 12:8)로서 그리스도의 종들이 교회의 건덕을 위하여 사용한다.
　　(4) 권세는 하나님이 명하여 주신 것이다(롬 13:2).
　　(5) 방백들은 하나님의 일꾼들이다(롬 13:3~4).
　b. 성경적 실례

    (1) 좋은 왕들: 다윗, 요시야, 히스기야
    (2) 좋은 고급 관리들: 요셉, 다니엘
    (3) 자유민들의 지도자들: 모세, 여호수아, 사사들
  2. 집권자들은 하나님의 신실한 대리자들이다.
    a. 교회의 상태는 집권자들의 보호와 관리에 달려있다. 즉 집권자들은 교회가 평안한 가운데 회집하여 예배 생활을 할 수 있도록 보호하고 관리해 줄 의무가 있는 것이다(xx.5).
    b. 하나님의 대리자인 집권자들은 모든 주의를 기울여 하나님의 섭리와 보호와 선하심과 후의와 공의의 모습을 사람들에게 나타내 보이도록 노력해야 한다(xx.6).
    c. 집권자들은 하나님의 대리자들이므로 장차 하나님에게 자기들의 직무 수행에 대하여 책임을 져야 한다(xx.6).

D. 정치형태와 집권자들의 임무

  1. 각종 정치형태(xx.8)
    a. 각종의 기본적인 정치형태는 각기 그 나름대로 장점이 있고 특별한 상황에 따라서 생겨난다.
    b. 정치의 세 형태: 왕 중심의 군주제, 귀족 중심의 귀족정치, 그리고 백성 중심의 민주주의
    c. 칼빈의 견해에 의하면 귀족정치나 또는 귀족정치와 민주정치가 혼합된 정치 체제가 가장 이상적이다. 왜냐하면 절대군주제에서 찾아볼 수 없는 외고집을 꺾는 견제와 균형이 그 정치체제에서는 가능하여 집권자들이 서로 돕고 권고하여 가르쳐 줄 수 있기 때문이다.
  2. 율법의 두 돌판에 대한 고려(xx.9)
    a. 첫째 돌판: 경건에 최우선적으로 관심을 두지 않는 한 아무 정치도 온전하게 세워질 수가 없다. 집권자들은 자기들이 하나님을 대표하는

자들이요, 또한 하나님의 은혜로 집권하여 통치하게 된 까닭에 하나님의 명예를 보호하고 선양하는 데 힘써야 마땅하다. 성경은 타락하고 부패한 예배를 회복시킨 거룩한 왕들을 칭송하는가 하면 무정부 상태를 비난한다. 하나님께 대한 관심을 무시한 채 사람들 사이에 정의를 확립하는 일에만 유의하는 자들은 우매한 자들이다.

b. 둘째 돌판: 집권자들은 공공의 무죄 상태의 보호자요, 옹호자로 임명되었으며 그들이 오로지 힘써야 할 것은 모든 백성들의 안전과 평화를 도모하는 것이다(참고, 렘 22:3; 시 82:3~4; 신 1:16~17; 17:16~19). 이 직무를 수행할 수 있도록 집권자들에게는 두 가지의 방편이 주어져 있다. 무죄한 자들을 옹호하는 공의와 불경건한 자들의 대담한 자유 분방을 물리치고 그들의 폭력을 진압하며 그들의 비행(非行)을 처벌하는 심판(審判) 등이 방편으로 주어져 있는 것이다.

3. 집권자들의 강제력 행사(行使) (xx. 10)

a. 질문: "어떻게 집권자들은 경건하면서도 동시에 피를 흘리는 일을 행할 수가 있는가?"
b. 대답: 집권자가 형벌을 실시할 때 임의로 아무것도 하지 아니하고 단지 하나님의 심판을 수행하는 것뿐이다. 모든 일들은 그것을 명하신 하나님의 권위에 근거해서 되어지는 것이다. 그들은 하나님의 진노를 집행하는 하나님의 일꾼이요, 행악자들을 보복하는 자들이다(롬 13:4)

4. 전쟁 수행권

a. 평온을 방해하고 선동을 일삼는 자들을 대항하여 공적인 보복을 수행할 목적으로 행하여진 전쟁은 합법적이다(xx. 11).
b. 집권자들은 사법적인 형벌을 통하여 개인들의 비행을 규제할 뿐만 아니라 만일 자기들이 맡아 지키는 영토가 적의 공격을 어느 때라도 받는다면 전쟁을 통해서 그것을 방어하기 위해 무장해야 하는 것이다(xx. 11).

c. 만일 집권자들이 벌을 주어야 한다 할지라도 격분에 휩싸이거나 증오심에 사로잡히거나 무자비하고, 살벌한 감정으로 불타서는 안되는 것이다(xx. 12).

5. 과세권(xx. 13)

a. 공물(貢物)과 세금은 집권자들의 합법적인 수입이다. 이것을 그들은 주로 그들의 직책을 위한 공적인 경비로 지출할 뿐만 아니라 그들의 지위에 걸맞는 훌륭한 주택을 위한 관리비로 충당할 수가 있다.
b. 그러나 이같은 공물과 세금은 대부분 백성들의 고혈(膏血)이므로 절약하지 않는 것은 가장 비인도적인 잔인한 행위가 될 것이다. 그러므로 집권자들은 낭비와 불필요한 사치를 삼가하고 하나님 앞에서 청결한 양심을 지켜야 한다.

E. 공법(公法)과 재판 절차(xx. 14-21)

1. 법의 영구적인 원칙

a. 법은 순전한 믿음과 경건으로 하나님을 예배하는 것과 신실한 사랑으로 사람들을 품어주는 것이다(xx. 15).
b. 모든 법은 꼭같이 형평(衡平)이라고 하는 동일 목표를 추구한다. 그런 까닭에 오직 이 형편만이 모든 법의 목표이자 원칙이며 한계이어야 하는 것이다(xx. 16).

2. 재판 절차

a. 법정 이용에 관한 두 극단주의자들(xx. 17)
(1) 법에 호소하는 것이 신약에서 금지된 것으로 간주하여 반대하는 자들이 있다. 이것은 잘못된 태도이다. 왜냐하면 사도 바울이 이와는 반대로 말씀하고 있는 것이 분명하기 때문이다(롬 13:4).
(2) 한편, 복수심에 불타 소송을 제기하는 사람들이 있다. 이것도 잘못된 것이다. 왜냐하면 그들은 그리스도의 사랑을 베풀 수가 없기 때

문이다.
　b. 소송의 바른 사용(xx. 18)
　　(1) 피고는 권리상 자기의 것에 속한 것만을 악감(惡感)없이 변호할 때 참되게 변호하는 것이 된다.
　　(2) 원고는 부당하게 자기의 인권이나 재산에 침해가 있을 때 재판관의 보호를 요청하고 고소 이유를 진술하며 정당하고 선한 판결을 기다려야 한다.
　c. 소송의 원리: 소송 당사자는 분쟁 중인 모든 일이 이미 평화롭게 해결되어 버리거나 한 것처럼 사랑과 선의를 가지고 상대방을 대하여야 한다(xx. 18).

F. 집권자들에 대한 순종(xx. 22-29)

1. 공경(xx. 22)

집권자들에 대한 백성들의 첫째 의무는 그들의 직분을 가장 존귀하게 생각하며 그들을 하나님의 일꾼이요, 대표자들로 알고 존경하는 것이다.

2. 순종(xx. 23)

백성들은 집권자들의 법령에 순종하거나 세금을 바치는 일을 통해서 집권자들에 대한 순종을 증명해 보여야 한다(롬 13:1~3; 딛 3:1; 벧전 2:13~14).

3. 불의한 집권자에게도 순종하는 것이 마땅하다.

집권자들이 누구이든지 간에 그들의 권세는 오직 하나님께로부터 오는 것이다. 역사상 불의하고 무능하게 다스리는 자들은 백성들의 사악함을 처벌하기 위해 하나님이 세우셨다(참고, 욥 34:30; 호 13:11; 사 3:4; 10:5; 신 28:29)(xx. 25). 그러므로 백성된 자들은 집권자의 명령에 순종하고 저항해서는 안되었던 것이다(참고, 삼상 8:11~17; 렘 27:5~8,17)(xx. 26).

G. 폭군들에게 저항할 수 있는 권리가 법률상 보장된 사람들

1. 하나님의 직접적인 개입(xx. 30)

하나님은 공공연하게 복수자들을 일으켜서 악한 정부를 처벌하며 부당하게 압박받는 백성들을 불행에서 구출하신다. 또한 다른 의도를 가진 사람들을 대행자로 삼아 하나님이 직접 개입하신다(예; 모세, 옷니엘, 애굽 사람들 등).

2. 법률상 저항권이 있는 사람들(xx. 31)

왕들의 전횡을 제지할 목적으로 하나님이 세우신 자들로는 스파르타의 에포르(일종의 감사관), 로마의 호민관, 아테네의 지방 장관 등이 있다.

3. 하나님께 먼저 순종하라(xx. 32)

  a. 하나님의 뜻에 위배되는 명령은 누구의 명령이든 결코 순종해서는 안 된다.
  b. "사람보다 하나님을 순종하는 것이 마땅하니라"(행 5:29)

"하나님을 찬양하라!!"

Calvin: Institutes of the Christian Religion

CONTENTS

Preface
Introduction
Book I : God the Creator
    I. Knowledge of God 180
    II. Proofs: Why the scripture should be accepted as the word of God 187
    III. Trinity 193
    IV. Knowledge of Man 202
    V. Providence 208

Book II : God the Redeemer
    I. Sin 219
    II. Christ, the Redeemer, Revealed in the Law and Gospel 225
    III. The Old and New Testament 235
    IV. The Person of Christ 238
    V. The Work of Christ 243

Book III : God the Holy Spirit
    I. The Work of the Holy Spirit 252
    II. Faith 253
    III. Repentance: Regeneration by Faith 258
    IV. Christian Life(Practical Description of Regeneration) 266
    V. Justification by Faith 272
    VI. Christian Freedom 277
    VII. Prayer 279
    VIII. Eternal Predestination 288
    IX. The Final Ressurection 292

Book IV : The External Means or Aids
    I. The Definition of the Church 295
    II. Doctrine of the Church 296
    III. The Sacraments 304
    IV. Civil Government 312

CALVIN: INSTITUTES OF THE CHRISTIAN RELIGION

Introduction

A. **HISTORY OF CALVIN'S INSTITUTES**

   1. First edition (April 1536):

      It consists of six chapters: (i) Ten Commandments; (ii) Apostles' Creed; (iii) Lord's Prayer; (iv) Sacraments; (v) False Sacraments; (vi) Christian freedom (Church and State).

   2. Second edition (August 1539)

      It consists of seventeen chapters. Some subjects were added: Knowledge of God and man, Trinity, Similarities and differences of Old and New Testaments, Justification, Predestination, Christian life.

   3. Third edition (1543)

      It has twenty-one chapters and was almost the same as the second edition.

   4. Fourth edition (1550)

      It consists of twenty-one chapters and has some subjects newly added: the authority of Scripture, Worship of images and saints, Physical resurrection.

   5. Final edition (1559)

      Eighty chapters.

B. **PURPOSE OF INSTITUTES**

   1. Practical purpose: It was to explain the Christian doctrines simply and systematically, so that the students can access to the Scripture with ease, but without stumbling.

   2. Defensive purpose: It was to refute the charges of Antagonists (cf. "Prefatory Address to Francis I").

C. **CENTRAL THEME OF INSTITUTES**

1. Knowledge of God, our loving Father

    a. Knowledge of God:

    This knowledge of God is twofold: Father as the fountain of every good thing, and the Lord as the sovereign owner and ruler, who was revealed in Christ and testified by the Holy Spirit with the Scripture in the Church. God is also known as the Creator and the Redeemer.

    b. Piety:

    This piety is a prerequisite for the sound knowledge of God. Pious mind not only loves and trusts in God the Father, but also fears and reveres the Lord.

    c. Faith:

    Piety is the foundation of our faith. Without piety there cannot be a true faith. This true faith can be empowered by our constant prayer, which is its chief exercise.

2. Systematic structure in relation to the Central Theme

    a. The source of the knowledge of God: Scriptures

    b. The knowledge of God the Creator: God

    c. The knowledge of God in creation: (Universe and) Man

    d. Loss of the knowledge of God: Sin (Fall)

    e. Restoration of the knowledge of God: in Christ

    f. Appropriation of the knowledge of God: by the Spirit

    g. The full and complete knowledge of God: on the Last Day

D. OUTLINES

1. Outline according to the Apostles' Creed

    a. Book I.
       The knowledge of God the Father: God

    b. Book II.
       The knowledge of God the Redeemer: Christ

    c. Book III.
       The Way in which we receive the grace of Christ: Holy Spirit

    d. Book IV.
       The external means: Church

2. Outline according to the central theme

    a. Knowledge of God

    $\begin{bmatrix} \text{Creator} \\ \text{Redeemer} \\ \text{(Fall)} \end{bmatrix}$ God (Bk. I)

    $\begin{bmatrix} \text{Christ (Bk. II)} \\ \text{to be united with Christ by the Spirit (Bk. III)} \\ \text{to be united with Christ by the external means (Bk. IV)} \end{bmatrix}$

    b. Knowledge of ourselves

    $\begin{bmatrix} \text{as created (Fall)} & \text{(Bk. I)} \\ \text{as redeemed} & \text{(Bk. III)} \end{bmatrix}$

3. Outline according to the divine works.

    a. God the Creator:

       Creation and Providence (Bk. I).
       Man (apart from sin)

    b. God the Redeemer:

       Activities of God the Redeemer for the salvation of the Sinners.

(1) Establishing of salvation through Christ: preparation already made under the O.T. (Bk. II)

(2) Application of salvation through the Holy Spirit

    (a) inner process of salvation (Bk. IV)

    (b) outer means which God uses (Bk. IV)

4. Outline according to major contents

Book One: God the Creator

I. Knowledge of God

    A. The kind of knowledge of God which God himself requires (i-ii)

    B. Sources of the knowledge of God

        1. Man: awareness of God, seed of religion, conscience (iii-iv)

        2. Structure of nature: creation, history (v)

        3. Scriptures (vi-ix)

    C. False and true knowledge of God

        1. Impiety of idolatry (x-xi)

        2. True acceptable worship of God (xii)

        3. Trinity (xiii)

II. Knowledge of Man

    A. Creation of universe (xiv)

    B. Creation of man (xv)

III. Illustration of the twofold knowledge of God and man: Providence (xvi-xvii)

Book Two: God the Redeemer

I. Fall and loss of the free will (i-v)

II. Law and Gospel (vi-xi)

III. Christ (xii-xvii)

> Incarnation (xii-xiv), threefold offices (xv), death, resurrection, and ascension (xvi-xvii)

Book Three: God the Holy Spirit

I. Inner activity (i); Faith (ii)

II. Repentance (iii-v); Christian life (vi-x)

III. Justification by faith (xi-xviii)

IV. Christian freedom (xix); Prayer (xx)

V. Predestination (xxi-xxiv)

VI. Final resurrection (xxv)

Book Four: Church

I. The Church

    A. Its nature (i-ii)

    B. Its order (iii-vii)

    C. Its power (viii-xiii)

II. The Sacraments

    A. Sacraments (xiv)

    B. Baptism and Infant Baptism (xv-xvi)

    C. The Lord's Supper (xvii)

    D. The Papal false sacraments (xviii-xix)

III. Civil Government (xx)

E. **ANALYSIS OF CALVIN'S PREFATORY ADDRESS TO FRANCIS I**

1. Circumstances in which the book was first written.

    a. To set forth certain rudiments to aid the zealous toward true godliness.

    b. Due to persecution of and false rumors about the Evangelicals.

    c. To request for a full and fair inquiry by a truly Christian king.

2. The plea for the persecuted Evangelicals.

    a. For the king not to close his ears to a just defense, and to recognize himself a minister of God in governing his kingdom for the sake of God's glory.

    b. Our doctrine is not of us, but of the living God and his Christ, and our faith is scripturally oriented.

    c. But, our adversaries ignore, neglect, and despise the true religion, which has been handed down in the Scriptures.

3. Charges of the antagonists against the Evangelical doctrine refuted.

    a. New: God's Sacred Word does not deserve to be accused of novelty.

    b. Unknown: True doctrine has long lain unknown and buried through the fault of man's impiety.

    c. Uncertain: Our assurance contrasts with their doubt.

    d. Lack of Supporting Miracles: the salvation proclaimed by the gospel has been confirmed by signs and various mighty works. There are also false miracles wrought by Satan. Idolatry has been nourished by wonderful miracles.

4. Misleading claim that the church fathers oppose the Reformation teaching.

a. These so-called pious children of theirs worship only the faults and errors of the fathers.

  b. What the church father said was twisted by Romanists' practice

  c. Romanists contend that the whole authority of Scripture depends entirely upon the judgment of the church.

5. The appeal to custom against truth.

   Most custom is the result of the private vices of the majority. Strength of numbers does not sanction or excuse the public error.

6. Errors about the nature of the Church.

  a. The true church worships and adores one God, and Christ the Lord, as he has always been adored by all godly men.

  b. The true church is marked by pure preaching of God's Word and the lawful administration of the sacraments.

  c. Romanists contend that the form of the church is always observable.

7. Tumults alleged to result from the Reformation preaching.

   For centuries, Satan kept the church asleep in worldly luxury.

8. Let the king beware of acting on false charges: the innocent await divine vindication.

   We hope this appeal will change your attitude; but if it does not, we still put our trust in the King of Kings.

BOOK ONE

GOD THE CREATOR

I. **KNOWLEDGE OF GOD (i-vii)**

  A. **MEANING OF "KNOWLEDGE OF GOD" (i-ii)**

   1. No simple objective knowledge

      a. Knowledge, whatever the word employed, is for Calvin never "mere" or "simple" or purely objective knowledge, but the knowledge of faith which consists in assurance of God's fatherly favor toward us (III. ii. 14).

      b. The knowledge of God is not a knowledge which, content with empty speculation, merely flits in the brain, but that which will be sound and fruitful if it takes root in the heart (I. v. 9). This knowledge consists in living experience (I. x. 2).

      c. Knowledge of this sort ought not only to arouse us to the worship of God but also to awaken and encourage us to the hope of the future life (I. v. 10). In this connection, the final goal of the blessed life rests in the knowledge of God (cf. John 17:3) (I. v. 1). To know God is man's chief end, and justifies his existence (Comm. Jer. 9:24).

      d. Calvin's task is to expound "the whole sum of piety and whatever it is necessary to know in the doctrine of salvation" (his original title of Institutes). His book is called not a 'summa theologiae' but a 'summa pietatis.' (cf. "Introduction," p. 1i).

      e. Piety is the key to understand Calvin's theology, and a prerequisite for the true and sound knowledge of God. In this respect, knowledge of God involves trust and reverence joined with love of God. God is not known where there is no religion or piety (I. ii. 1).

   2. The knowledge of God is connected with that of ourselves.

- a. True and sound wisdom consists of twofold knowledge of God and man (I. i. 1).

- b. No one can look upon himself without immediately turning his thoughts to the contemplation of God, in whom he "lives and moves" (Acts 17:28) (I. i. 1).

- c. Again, it is certain that man never achieves a clear knowledge of himself unless he has first looked upon God's face, and then descends from contemplating him to scrutinize himself (I. i. 2).

- d. Man is never sufficiently touched and affected by the awareness of his lowly state until he has compared himself with God's majesty. (I. i. 3).

3. The knowledge of God is, in practice, reverence.

    - a. Two aspects of the knowledge of God (I. ii. 1)

        - (1) To feel that God as our Maker supports us by his power, governs us by his providence, nourishes us by his goodness, and attends us with all sorts of blessings.

        - (2) To embrace the grace of reconciliation offered to us in Christ.

        - (3) As much in the fashioning of the universe as in the general teaching of Scripture the Lord shows himself to be simply the Creator, then in the face of Christ he shows himself the Redeemer.

    - b. The Genesis of piety (I. ii. 1).

        - (1) God is the fountain of every good, and so we must seek nothing elsewhere than in him.

        - (2) This awareness of God's goodness teaches us piety, from which religion is born.

            (3) Piety is reverence joined with love of God which the knowledge of his benefits induces. It exists when men recognize that they owe everything to God, that they are nourished by his fatherly care, that he is the Author of their every good.

        c. Knowledge of God involves trust and reverence (I. ii. 2).

            (1) Our knowledge of God should serve first to teach us fear and reverence; secondly to teach us to seek every good from him and, having received it, credit it to his account.

            (2) Because it acknowledges him as Lord and Father, the pious mind also deems it meet and right to observe his authority in all things, reverence his majesty, take care to advance his glory, and obey his commandments.

            (3) Because it loves and reveres God as Father, it worships and adores him as Lord. Here is pure and real religion: faith so joined with an earnest fear of God.

    4. The purpose of the knowledge of God (I. v. 10).

        The purpose is threefold:

        a. to arouse us to the worship of God

        b. to encourage us to the hope of the future life

        c. to invite us to true and complete happiness.

B. **SOURCES OF THE KNOWLEDGE OF GOD (iii-vii)**

    1. From Creation

        a. Subjective inner revelation

            (1) There is within the human mind, and indeed by natural instinct, an awareness of divinity. God himself has implanted in all men a certain understanding of his divine majesty

(I. iii. 1). Some conception of God is ever alive in all men's minds (I. iii. 2).

(2) Men one and all perceive that there is a God and that he is their Maker; they still continue to retain some seed of religion, which God has sown in all men (I. iii. 1; iv. 1). This seed of religion is a reaction and result of the awareness of divinity (something like behavior). Thus, men foster to ripen (I. iv. 1).

(3) Actual godlessness is impossible, because the sense of divinity can never be effaced, but it thrives and presently burgeons. It is worship of God alone that renders men higher than brutes (I. iii. 3).

b. Objective outer revelation

(1) God not only sowed in men's minds that seed of religion, but revealed himself and daily discloses himself in the whole workmanship of the universe for all men to see. Upon his individual works he has engraved unmistakable marks of his glory, wisdom and power (I. v. 1,2).

(2) The skillful ordering of the universe is for us a sort of mirror in which we can contemplate God (I. v. 1).

(3) There are innumerable evidences both in heaven and on earth that declare his Wonderful wisdom, so that even the most untutored and ignorant persons cannot open their eyes without being compelled to witness them (I. v. 2).

(4) Man is properly called a microcosm because he is a rare example of God's power, goodness and wisdom. And so, there is no need to go outside ourselves to comprehend God (I. v. 3).

(5) What are thought to be chance occurrences are just so many proofs of heavenly providence, especially of

fatherly kindness. And hence ground for rejoicing is given to the godly. (I. v. 8).

c. Insufficiency of natural theology

   (1) The revelation of God "within" man is extinguished by human sin. The same is true of that which comes to man "from without" through God's signs and tokens in external nature (p. 43, note 1; cf. I. v. 4).

   (2) Although the Lord represents both himself and his everlasting Kingdom in the mirror of his works with very great clarity, such is our stupidity that we grow increasingly dull toward so manifest testimonies, and they flow away without profiting us (I. v. 11).

   (3) Individual men, almost, had their own gods. For as rashness and superficiality are joined to ignorance and darkness, scarcely a single person has ever been found who did not fashion for himself an idol or specter in place of God (I. v. 12).

   (4) It is therefore in vain that so many burning lamps shine for us in the workmanship of the universe to show forth the glory of its author. Surely they strike some sparks, but before their fuller light shines forth these are smothered (I. v. 14) because of our fault of dullness (I. v. 15).

   (5) Though the invisible divinity is made manifest in such spectacles, we have not the eyes to see this unless they be illumined by the inner revelation of God through faith (I. v. 14). Natural theology is not the bridge to the faith and knowledge of God.

   (6) The revelation of God in creation, for Calvin, would have been the basis of a sound natural theology only if Adam had remained upright. Because of sin no sound theology of this type is possible. Scripture is the only

medium of knowing the Creator, and of apprehending his revelation in creation (p. 40, note 2).

(7) No mortal ever contrived anything that did not basely corrupt religion. It results in evil religion (I. v. 12).

2. From Scriptures

a. Scripture is needed as guide and teacher

(1) Despite the fact that God sets forth to all men without exception his presence portrayed both in heaven and on earth, it is needful that another and better help be added to direct us aright to the very Creator of the universe (I. vi. 1).

(2) Just as old men and those with weak vision, with the aid of spectacles will begin to read distinctly, so Scripture, gathering up the otherwise confused knowledge of God in our minds, having dispersed our dullness, clearly shows us the true God (I. vi, 1).

(3) There is no doubt that Adam, Noah, Abraham, and the rest of the patriarchs with this assistance penetrated to the intimate knowledge of him. It was necessary for them to recognize God not only as Creator but also as Redeemer, that they might pass from death to life (I. vi. 1).

(4) No one can get even the slightest taste of right and sound doctrine unless he be a pupil of Scripture (I. vi. 2). God has provided the assistance of the Word for the sake of all the people of God on account of the insufficient effect of natural revelation as well as the forgetfulness and audacity of men (I. vi. 3).

(5) In order that truth might abide forever in the world with a continuing succession of teaching and survive

through all ages, the same oracles he had given to the patriarchs it was his pleasure to have recorded on public tablets (I. vi. 2).

b. Scripture must be confirmed by the witness of the Spirit

(1) Now daily oracles are not sent from heaven, for it pleased the Lord to hallow his truth to everlasting remembrance in the Scriptures alone (cf. John 5:39). Hence the Scriptures obtain full authority among believers only when men regard them as having sprung from heaven. Scripture has its authority from God himself (I. vii. 1).

(2) Scripture exhibits fully as clear evidence of its own truth as white and black things do of their color, or sweet and bitter things do of their taste (I. vii.2).

(3) Even though the Scripture is intrinsically valid, it comes to have its authority when the Holy Spirit credits that validity. Consequently, we ought to seek our conviction in the secret testimony of the Spirit (I. vii. 4).

(4) As God alone is a fit witness of himself in his Word, so also the Word will not find acceptance in men's hearts before it is sealed by the inward testimony of the Spirit (I. vii. 4).

(5) Scripture is self-authenticated. And the certainty it deserves with us, it attains by the testimony of the Spirit. For even if it wins reverence for itself by its own majesty, it seriously affects us only when it is sealed upon our hearts through the Spirit (I. vii. 5).

(6) By a kind of mutual bond the Lord has joined together the certainty of his Word and of his Spirit so that the

perfect religion of the Word **may abide** in our minds when the Spirit shines (I. ix. 3).

(7) Scripture comes from the very mouth of God by the ministry of men (I. vii. 5). It is the school of the Holy Spirit. Therefore, when the Lord closes his holy lip, he also shall at once close the way to inquiry (III. xxi. 3).

II. **PROOFS: WHY THE SCRIPTURE SHOULD BE ACCEPTED AS THE WORD OF GOD (viii-xii)**

   A. **INNER PROOF: TESTIMONY OF THE HOLY SPIRIT (vii)**

   B. **EXTERNAL PROOFS (viii)**

   1. Scripture is superior to all human wisdom

      a. Once we accept the authenticated certainty of Scripture by the secret testimony of the Spirit, the proofs that before were useless become very useful aids in helping us to understand Scripture (I. viii. 1).

      b. Grandeur of subjects rather than grace of language draws us to admiration for Scripture. Furthermore, the economy of the divine wisdom, so well ordered and disposed; the completely heavenly character of its doctrine, savoring of nothing earthly; the beautiful agreement of all the parts with one another gain majesty for the writings of Scripture (I. viii. 1).

   2. Simple expression

      Since such uncultivated and almost rude simplicity inspires greater reverence for itself than any eloquence, we can conclude that the force of the truth of Scripture is manifestly too powerful to need the art of words (I. viii. 1).

   3. The great antiquity of Scripture (I. viii. 3).

      a. Egyptian theology and all other religions are far more recent than the age of Moses.

- b. Moses devised no new God, but rather set forth what the Israelites had accepted concerning the eternal God handed down by the patriarchs age after age.

- c. If Moses traced the transmission of his doctrine back to such a remote source, Scripture surpasses all other writings in antiquity.

4. The truthfulness of Scripture shown by Moses' example:

   Moses' outspokenness concerning Levi, his brother Aaron, and his sister Miriam (cf. Num. 12:1), which went against the feelings of the flesh, and his relegation of his own sons to the lowest social station, are the clear proofs that vindicate the full assurance that Moses undoubtedly came forth like an angel of God from heaven (I. viii. 4).

5. Miracles strengthen the authority of God's messengers:

   Numerous and remarkable miracles which Moses relates are so many confirmations of the law that he has delivered, of the doctrine that he has published, and of his authority as his undoubted prophet (I. viii. 5).

6. God has confirmed the prophetic words (I. viii. 8)

   a. Examples from Isaiah

      (1) He foretold the fall of Jerusalem to the Chaldeans (Isa. 39:6-7)

      (2) He names Cyrus (Isa. 45:1) through whom the Chaldeans had to be conquered and the people set free.

   b. Examples from Jeremiah and Ezekiel

      (1) Jeremiah set the duration of the captivity at seventy years and indicated the return and liberation (Jer. 25:11-12).

(2) Jeremiah and Ezekiel, far apart yet prophesying at the same time, in all their statements commonly agreed.

c. Daniel, too, prophesied as if he were writing the history of events generally known.

7. The transmission of the law is to be trusted, and God has marvelously preserved the Law and the prophets.

   a. The writings of the prophets passed down to posterity in but one way: from hand to hand (I. viii. 9).

   b. The miracle appeared not only in that God delivered the Tablets of his covenant from the bloody edicts of Antiochus (I. Macc. 1:56-57), but also in that the Jewish people, ground down and wasted by such manifold misfortunes, were soon almost exterminated, yet the writings remained safe and intact (I. viii. 10).

8. Proofs of New Testament (I. viii. 11).

   a. The first three Evangelists, criticized by some proud folk for their humble and lowly style, are actually discoursing on heavenly mysteries above human capacity.

   b. This is especially true of John's Gospel and the writings of Paul and Peter.

   c. Paul's sudden and unhoped for conversion shows that he was compelled by heavenly authority to affirm a doctrine that he had assailed.

   d. These apostles who, previously contemptible among common folk, suddenly began to discourse so gloriously of the heavenly mysteries must have been instructed by the Spirit.

9. Consent of the Church, and fidelity of the martyrs:

   a. Since the publication of Scripture, age after age agreed to obey it steadfastly and harmoniously (I. viii. 12).

- b. Assailed so strongly from every side by the whole power of earth, the Scripture has successfully resisted. By this very fact it is proved to be from God, because, with all human efforts striving against it, still it has of its own power thus far prevailed (I. viii. 12).

- c. We see the Scriptural doctrine confirmed and attested by the blood of so many holy men. They follow the dignity and majesty of Scripture, which are affirmed by the inward persuasion of the Holy Spirit (I. viii. 13).

C. **IMPORTANT ISSUES OF THE SCRIPTURE (vii)**

1. Inerrancy:

   We can surely assert that, for Calvin, Scripture is inerrant, in that he was assured that God is its Author; that Scripture is from the very mouth of God; that God has spoken without deceit or ambiguity (Isa. 43:10); that God in person speaks in it; and that God alone is a fit witness of himself in his Word (I. vii. 4, 5).

2. Self-authenticated:

   The majesty and certainty of the Scripture can be sealed upon our hearts only through the secret testimony and inner persuasion of the Holy Spirit. But it is possible only because Scripture is self-authenticated (I. vii. 5) and it exhibits fully as clear evidence of its own truth as white and black things do of their color (I. vii. 2).

D. **CALVIN'S METHOLOGICAL CHARACTERISTICS (ix-x)**

1. Emphasis on the Scripture

   a. The fanatics wrongly appeal to the Holy Spirit (I. ix. 1).

      (1) The Libertines forsook Scripture, laughed at the simplicity of those who still follow the dead and killing letter, and exalted the teaching office of the Spirit.

- (2) The apostles of Christ and other believers of the primitive Church were illumined by the Spirit of Christ, but no one of them thence learned contempt for God's Word; rather, each was imbued with greater reverence as their writings most splendidly attest; and especially Paul urged Timothy to give heed to reading (I. Tim 4:13) despite his ecstatic experience (II. Cor. 12:2).

- (3) The task of the Holy Spirit is not to invent new and unheard-of revelations, or to forge a new kind of doctrine, to lead us away from the received doctrine of the gospel, but to seal our minds with that very doctrine which is commended by the gospel.

b. The Holy Spirit is recognized in his agreement with Scripture (I. ix. 2).

- (1) If we want to receive any gain and benefit from the Spirit of God, we ought zealously to apply ourselves both to read and to hearken to Scripture.

- (2) If any spirit, passing over the wisdom of God's Word, foists another doctrine upon us, he justly deserves to be suspected of vanity and lying (Gal. 1:6-9).

- (3) The Holy Spirit is the Author of the Scriptures: He cannot vary and differ from himself. Hence he must ever remain just as he once revealed himself there.

c. Word and Spirit belong inseparably together (I. ix. 3).

- (1) The Libertines censure us for insisting upon the letter that kills, but in this matter they pay the penalty for despising Scripture. For this statement (II. Cor. 3:6) insists that the Holy Spirit so inheres in His truth, which he expresses in Scripture, that only when its proper reverence and dignity are given to the Word does the Holy Spirit show forth his power.

      (2) The Word is the instrument by which the Lord dispenses the illumination of his Spirit to believers, and by whose oracles they are continually recalled to the hearing of the Word.

2. No illustrations outside from the Scriptures

    a. Every figurative representation of God contradicts his being:

    God openly speaks against all images (cf. Deut. 4:15), that we may know that all who seek visible forms of God depart from him (I. xi. 2).

    b. Any use of images leads to idolatry:

      (1) In almost every age since the beginning of the world, men, in order that they might obey this blind desire for a tangible deity, have set up symbols in which they believed God appeared before their bodily eyes (I. xi. 8).

      (2) God's infinity ought to make us afraid to try to measure him by our own senses. Indeed, his spiritual nature forbids our imagining anything earthly or carnal of him (I. xiii. 1).

    c. Calvin refused to borrow comparisons from human affairs to express the distinction among the three persons of Trinity, because he was convinced that those analogies were quite inadequate (I. xiii. 18).

3. Emphasis on the true worship

For Calvin, the knowledge of God does not rest in cold speculation, but carries with it the honoring of him. True religion binds us to God as the one and only God. Calvin distinguishes pure religion from superstition. The pure religion connotes befitting reverence, and suggests the avoidance of the perverted honoring of God by adhering to the definite rule of God's law. God prescribes a rule whereby he is to be duly honored to his own will. In one word, law and right worship are combined in God's law to conform man to his will (I. xii. 1).

III. TRINITY (xiii)

A. DEFINITION (xiii. 1-6, 18-20)

1. Source of the doctrine of Trinity

    a. Scripture is the only unique source of the doctrine of trinity. The Scriptural teaching concerning God's infinite and spiritual essence ought to be enough, not only to banish popular delusions, but also to refute the subtleties of secular philosophy (I. xiii. 1).

    b. God's infinite and spiritual nature cannot be measured by our own sense. We ought to avoid imagining anything earthly or carnal of him. It was stupid of the Anthropomorphites to imagine a corporeal God from the fact that Scripture often ascribes to him a mouth, ears, eyes, hands and feet (I. xiii. 1).

    c. God the Creator cannot be derived from creation, but from only Scripture alone.

2. The term "Trinity"

    a. It is wicked of the heretics to disapprove of words that explain nothing else than what is attested and sealed by Scripture (I. xiii. 3).

    b. If terms go against the simplicity of God's Word they are to be rejected, but if they concisely express something in Scripture they are to be admitted. The church is utterly compelled to make use of the words "Trinity" and "Persons" (I. xiii. 3).

    c. The church has regarded expressions like "Trinity," "Person," etc. as necessary to unmask such false teachers as Arius and Sabellius (I. xiii. 4).

3. The three persons in the unity of God.

- a. The upright doctors, who had piety at heart, truly affirmed that a trinity of persons subsists in the one God, or what was the same thing, subsists in the unity of God (I. xiii. 4). In the one essence of God there is a trinity of persons (I. xiii. 5).

- b. Since the essence of God is simple and undivided, and he contains all in himself, without portion or derivation, but in integral perfection, God's simple essence cannot be torn into three persons. There are three hypostases which distinguish the one from the other. Indeed, this is not a distinction of essence (I. xiii. 2).

- c. Father and Son and Spirit are one God, yet the Son is not the Father, nor the Spirit the Son, but they are differentiated by a peculiar quality (I. xiii. 5, 22).

4. Difference of Father, Son, and Spirit (I. xiii. 18).

- a. To the Father is attributed the beginning of activity, and the fountain and wellspring of all things; to the Son, wisdom, counsel, and the ordered disposition of all things; but to the Spirit is assigned the power and efficacy of that activity.

- b. Although we must not seek in eternity a "before" or an "after," nevertheless the observance of an order is not meaningless, when the Father is thought of as first, then from him the Son, and finally from both the Spirit. For this reason, the Son is said to come forth from the Father alone; the Spirit, from the Father and the Son at the same time.

5. The relationship of Father, Son, and Spirit (I. xiii. 19)

- a. In each hypostasis the whole divine nature is understood, but to each belongs his own peculiar quality.

- b. The distinction is signified in their mutual relationships and not the very substance by which they are one. In this sense, the ancient doctors teach, on the one hand, that the Father is the beginning of the Son; on the other hand, they declare that the Son has both divinity and essence from himself, and thus has one beginning with the Father.

c. As Augustine shows, Christ in himself is called God; in relation to the Father, Son. Again, the Father in himself is called God; in relation to the Son, Father. The Spirit in himself is called God; in relation to the Father and Son, the Spirit.

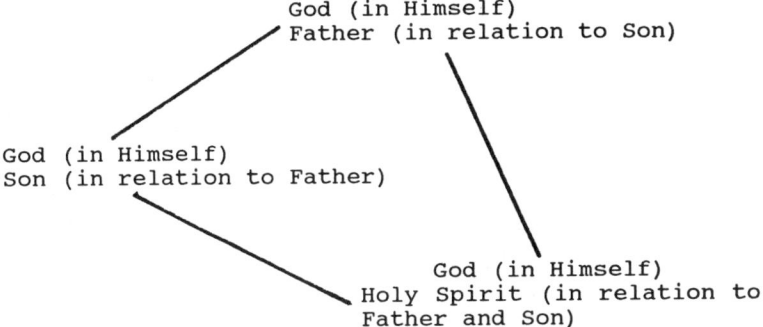

d. Therefore, when we speak simply of the Son without regard to the Father, we well and properly declare him to be of himself; and for this reason we call him the sole beginning. But with respect to the Father, we rightly make the Father the beginning of the Son.

6. The triune God (I. xiii. 20)

   a. When we profess to believe in one God, under the name of God is understood a single, simple essence, in which we comprehend three persons, or hypostases.

   b. But because the peculiar qualities in the persons carry an order within them, e.g., in the Father is the beginning and the source.

   c. In this way, unity of essence is retained, and a reasoned order is kept, which yet takes nothing away from the deity of the Son and the Spirit.

7. The meaning of the most important conception (I. xiii. 6)

   a. "Person": a "subsistence" in God's essence.

   b. "Subsistence": the act of being related by a common bond to the essence, but distinguished by an incommunicable special quality.

   c. "Relation": when God is mentioned simply and indefinitely, this name pertains to the Son and the Spirit as well; but the persons of the Trinity are compared, their special character distinguishes the one from the other.

   d. A kind of distribution or economy in God has no effect on the unity of essence.

8. Summary of Calvin's Doctrine of Trinity

   a. Simplification: the one simple God.

   b. Clarification: a reasoned order among the three persons; a distinction by the peculiar qualities, not a division torn into three persons.

   c. Equalization: one and the same God with respect to himself.

   d. To sum, e.g., the Son, since he is God, exists by himself. But the Son, since he is the Son, exists (comes forth) from God the Father.

B. **PROOFS OF THE DEITY OF THE SON (xiii. 7-13)**

   1. The deity of the Word (xiii.7)

      a. The "Word" mentioned in the Old and New Testaments is not a mere utterance but rather the everlasting wisdom, residing with God, and the source of all prophecies (I Pet. 1:10-11, II. Pet. 1:21).

      b. It is necessary to understand the Word as begotten of the Father before time (cf. Ecclus. 24:14).

- c. As Moses clearly teaches in Genesis one, the Word is understood as the order or mandate of the Son, who is himself the external and essential Word of the Father, and through whom the World was made. And he upholds all things by his powerful Word (Heb. 1:2-3).

- d. As John declared, that Word, God from the beginning with God, was at the same time the cause of things, together with God the Father (John 1:1-3).

- e. Unchangeable, this substantial Word abides everlastingly one and the same with God, and is God himself.

2. The eternity of the Word (xiii. 8)

- a. The Word was always God and the artificer of the universe as well. That Word had existed long before God said, "Let there be light" (Gen. 1:3, cf. John 17:5).

- b. The Word, conceived beyond the beginning of time by God, has perpetually resided with him. By this, his eternity, his true essence, and his divinity are proved.

3. The deity of Christ in the Old Testament (xiii. 9)

- a. Christ is brought forward by Isaiah both as God and as adorned with the highest power (Isa. 9:6).

- b. Jer. 23:5-6, "This will be the name by which the branch of David will be called 'Jehovah our Righteousness.'"

- c. "Jehovah is there" (Ezek. 48:35); "Jehovah my exaltation" (Ex. 17:15).

4. The "Angel of the Eternal God" (xiii. 10)

- a. To the holy patriarchs an angel is said to have appeared, claiming for himself the name of the External God (Judg. 6:11, 12, 20, 21, 22; 7:5, 9). He was Jehovah himself (Judg. 13:18).

- b. From such passages as Genesis 32:29, 30; I Cor. 10:4; Hos. 12:5; Zech. 2:3, 9; Mal.

3:1; we follow the church fathers in interpreting the Angel as the Word, Christ.

5. The deity of Christ in the New Testament (xiii. 11)

   a. Passages from Isaiah (8:14; 45:23) applied by Paul to Christ (Rom 9:32-33; 14:10,11) show that he is that very God whose glory cannot be transferred to another.

   b. John asserts that the majesty of God seen by Isaiah in his temple vision (Isa. 6:1) was actually Christ (John 12:41).

   c. The titles of God that the apostles in their writings confer upon the Son are the most glorious of all, asserting no second god, but proclaiming Christ that sole God, always worshiped:

      (1) "In the beginning, thou, O Lord, didst found heaven and earth" (Heb. 1:10; Ps. 101:26).

      (2) "Adore him, all ye his angels" (Heb. 1:6; Ps. 96:7).

      (3) John did not hesitate to refer the majesty of God to Christ, when he declared that the Word was ever God (John 1:1, 14).

      (4) Paul placed Christ on God's judgment seat (II Cor. 5:10), and proclaimed that he was "God...blessed forever" (Romans 9:5), that "God has been manifested in the flesh (I Tim. 3:16), that "He was in the form of God" (Phil. 2:6), and that "God has purchased the church by his blood" (Acts 20:28).

      (5) John went further, saying, "He is the true God, and eternal life" (I John 5:20); and in John's Gospel Thomas openly proclaims him his Lord and God (John 20:28).

6. The deity of Christ is demonstrated by his works (xiii. 12)

a. By saying that he had been working hitherto from the beginning with the Father (John 5:17), Jesus made himself equal with God the Father (John 5:18).

b. Christ demonstrated his deity by governing the universe with providence and regulating all things through the command of his own power (Heb. 1:3).

c. Christ not only asserted in words, but also proved by miracle, that the authority of forgiveness of sins belonged to him (Matt. 9:6). Christ also has the power of searching and penetrating of the silent thoughts of hearts (Matt. 9:4, John 2:25). From this we infer his divinity.

7. The deity of Christ is demonstrated by his miracles (xiii. 13)

a. Though the prophets and apostles performed miracles, they distributed the gifts of God by their ministry. But Christ showed his own power.

b. Moreover, they so used that sort of ministry as to show sufficiently that the power came from Christ: For example, "In the name of Jesus Christ," Peter says, "...arise and walk" (Acts 3:6). These miracles rendered the fullest testimony of his divinity.

C. **PROOFS OF THE DEITY OF THE HOLY SPIRIT (xiii. 14-15)**

1. From his works (xiii. 14)

a. The testimony of Moses, "The Spirit of God was spread over the deeps" (Gen. 1:2), shows not only that the beauty of the universe owes its strength and preservation to the power of the Spirit but that the Spirit was occupied with tending that confused mass.

b. The Spirit shared with God the sending of the prophets (Isaiah 48: 16).

c. Not only from the Scriptures but from our own sure experience of godliness do we learn the Spirit's many-fold divine activities:

- (1) The Spirit sustains all things, causes them to grow, and quickens them in heaven and on earth.

- (2) The Spirit is the author of regeneration not by borrowing but by his very own energy.

- (3) He bestows wisdom and the faculty of speaking (I Cor. 2:10).

- (4) He grants us justification, power, sanctification (cf. I Cor. 6:11), truth, grace, and every good thing (I Cor. 12:11).

d. Paul, therefore, very clearly attributes to the Spirit divine power, and shows that He resides hypostatically in God.

2. From the express testimonies (xiii. 15)

a. Scripture in speaking of the Spirit does not refrain from the designation "God."

- (1) Paul concludes that we are the temple of God from the fact that his Spirit dwells in us (I Cor. 3:16-17, 6:19; II Cor. 6:16)

- (2) Peter, rebuking Ananias for lying to the Holy Spirit, says that he has lied not to men but to God (Acts 5:3-4).

- (3) Where the prophets usually say that the words they utter are those of the Lord of Hosts, Christ and the apostles refer them to the Holy Spirit (cf. II Pet 1:21).

b. If blasphemy against the Spirit is remitted neither in this age nor in the age to come, by this his divine majesty is openly declared.

D. **REFUTATIONS OF ANTI-TRINITARIAN HERESIES (xiii. 21-24)**

1. Principle of refutations: Scripture (xiii. 21)

a. In the battles against Satan, partly concerning the divine essence of the Son and the Spirit, partly concerning the distinction of the persons, let us use **great** caution that neither our thoughts nor our speech go beyond the limits to which the Word of God itself extends.

    b. Let us not take it into our heads either to seek out God anywhere else than in his Sacred Word, or to think anything about him that is not prompted by his Word, or to speak anything that is not taken from that Word.

    c. And so let man's minds yield themselves to be ruled by the heavenly oracles, even though they may fail to capture the height of the mystery.

2. Servetus' anti-trinitarian heresy (xiii. 22)

    a. God is assumed to be tripartite when three persons are said to reside in his essence; this is an imaginary triad, because it clashes with God's unity.

    b. The persons are certain external ideas which do not truly subsist in God's essence, but represent God to us in one manifestation or another. Person is nothing else than a visible manifestation of the glory of God.

    c. In the beginning there was no distinction in God, because the Word and the Spirit were formerly one and the same.

    d. But when Christ came forth as God from God, the Spirit proceeded from him as another God.

    e. Yet afterward the deity of both Christ and the Spirit comes to be annihilated, in that as God metes out according to his dispensation there is a part of God both in Christ and in the Spirit, just as the same Spirit, being substantially in us and also in wood and stone, is a portion of God.

    f. Thus the Son and the Spirit are indiscriminately mingled with created beings generally, and the spirits of believers are co-eternal and con-substantial with God.

        g.   In the essence of God there are parts and divisions each portion of which is God.

    3.   Calvin's refutations against Servetus (xiii. 23-29)

        a.   Let us hold fast to the Scriptural doctrine of Trinity - that the essence of the one God is simple and undivided, and that it belongs to the Father, the Son, and the Spirit; and on the other hand that by a certain peculiar quality the Father differs from the Son, and the Son from the Spirit (I. xiii. 22).

        b.   Calvin is cautious not to burden his readers with useless trouble, and not to touch upon many things that would profit but little. He is convinced that three persons have subsisted in the unity of God from eternity. In this connection, for Calvin, it is foolish to imagine that the Father always begets the Son (I. xiii. 29).

IV. KNOWLEDGE OF MAN (xiv-xv)

A. CREATION OF UNIVERSE (xiv)

    1.   Creation in general (xiv. 1-2)

        a.   It was God's will that the history of Creation be made manifest, in order that the faith of the church, resting upon this, might seek no other God but him who was put forth by Moses as the Maker and Founder of the Universe.

        b.   Time was first marked so that by a continuing succession of years believers might arrive at the primal source of the human race and of all things.

        c.   Let us remember that that invisible God set before us Moses' history as a mirror in which his living likeness glowed. For just as eyes, when dimmed with age or weakness, unless aided by spectacles, discern nothing distinctly; so, such is our feebleness, unless Scripture guides us in seeking God, we are immediately confused.

        d.   Therefore, let us willingly remain enclosed within these bounds to which God has willed to confine us, and as it were, to pen up our minds that they may not go astray.

2. Creation of Angels (xiv. 3-12)

   a. The theologian's task is not to divert the ears with chatter, but to strengthen consciences by teaching things true, sure, and profitable. Therefore, let us examine in the simple teaching of Scripture what the Lord would have us know of his angels (xiv. 4)

   b. The angels are actualities.

      (1) Angels are spirits having a real existence, which have the sense of joy (Luke 15:10), lift up believers by their hands (Ps. 91:11, Matt. 4:6), carry their souls to rest (Luke 16:22), see the face of the Father (Matt. 18:10) and the like (xiv. 9).

      (2) Since the angels are God's ministers, ordained to carry out his commands, there should be no question that they are also his creatures (Ps. 103:20-21) (xiv. 4, 5).

   c. The designation of the angels (xiv. 5):

      (1) Celestial Spirits (Ps. 103:20-21): ministers to carry out all things decreed by God.

      (2) Hosts (Luke 2:13): bodyguards of their prince.

      (3) Virtues (Eph. 1:21): through them God declares the power and strength of his hand.

      (4) Principalities, powers, dominions (Col. 1:16, Eph. 1:21, I Cor. 15:24): through them God exercises his authority in the world.

      (5) Thrones (Col. 1:16): the glory of God resides in them.

      (6) gods (Ps. 138:1): through them God shows forth the presence of his divine

majesty.

d. The ministry of Angels (xiv. 6-7).

   (1) Angels are dispensers and administrators of God's beneficence toward us. They keep vigil for our safety, take upon themselves our defense, direct our ways, and prevent us from harm (Ps. 91:11-12, 34:7; Gen. 16:9, 24:7, 48:16; Ex. 14:19, 23:20; Judges 2:1, 6:11, 13:3-20).

   (2) Angels ministered to Christ (Matt. 4:11) in all his tribulations (Luke 22:43), and announced his resurrection (Matt. 28:5, 7) and his glorious coming (Acts 1:10).

   (3) To fulfill the task of protecting us, the angels fight against the devil and all our enemies, and carry out God's vengeance against those who harm us.

   (4) Specific angels have been appointed as guardians over kingdoms and provinces (Daniel 10:13, 20; 12:1); and there are angels for children (Matt. 18:10).

e. The hierarchy, number, and form of the angels:

   (1) The hierarchy: Michael (the archangel, Daniel 12:1, Jude v.9, I Thess. 4:16); Gabriel (Daniel 8:16, Luke 1:19, 26); Raphael (Tobit 12:15).

   (2) Number: Many legions (Matt. 26:53); many myriads (Daniel 7:10); a huge multitude (Ps. 34:7).

   (3) Form: spirits lack bodily form.

3. Devil (xiv. 13-19)

   a. Devils are actualities.

      (1) Devils were first created as angels of God, but by degeneration they perverted and ruined themselves and became instruments of ruin for others (xiv. 16).

(2) God did not spare those reprobate angels who sinned (II Pet. 2:4) and kept not their original nature but left their abode (Jude 6) (xiv. 19).

b. The designation and activity of devils.

(1) Satan is called the god (II Cor. 4:4), prince of this world (John 12:31), the spirit who holds power over the air (Eph. 2:2), a roaring lion (I Pet. 5:8); Satan or the devil in the singular denotes the empire of wickedness (xiv. 14).

(2) Scriptural references to devils in the plural remind us of the vast host of enemies against us, that we may not slacken our efforts, have to wage war against them (xiv. 14).

(3) The devil is everywhere called God's adversary and ours; he seduces man from the obedience owed to God, that he may simultaneously deprive God of his due honor and hurl man himself into ruin (Gen. 3:1-5). He is considered as the author, leader, and architect of all malice and iniquity (xiv. 15).

(4) Yet, Satan can only act with God's permission and sufferance (Job 1:6, 2:1) (xiv. 17).

c. Assurance of victory:

Because that promise to crush Satan's head (Gen. 3:15) pertains to Christ and all his members in common, believers can never be conquered or overwhelmed by Satan. They so toil throughout life that at the last they obtain the victory (xiv. 18).

4. The Spiritual lessons of Creation (xiv. 2, 20-22).

a. The works of the six days show God's goodness toward men (xiv. 2).

(1) We ought in the very order of things diligently to contemplate God's

fatherly love toward mankind, in that he did not create Adam until he had lavished upon the universe all manner of good things.

    (2) When God disposed the movements of the sun and stars to human uses; filled the earth, waters, and air with living things; and brought forth an abundance of fruits to suffice as foods, in thus assuming the responsibility of a foreseeing and diligent father of the family he shows his wonderful goodness toward us.

b. The first evidence for faith is to ponder with pious meditation to what end God created all things of this universe (xiv. 20).

c. Two parts of the rule related to faith

    (1) The first part of the rule is to recognize God's powers in the creation of the universe, when we reflect upon the greatness of the Artificer who stationed, arranged, and fitted together the starry host of heaven in a wonderful order (xiv. 21).

    (2) The second part of the rule is to recognize that God has destined all things for our good and salvation but at the same time to feel his power and grace in ourselves and in the great benefits he has conferred upon us, and so bestir ourselves to trust, invoke, praise, and love him (xiv. 22).

d. We are therefore to await the fullness of all good things from him alone and to trust completely in what God will give us, and to hang our hope on none but him! We are therefore, also, to petition him for whatever we desire; and thankfully to recognize as a blessing from him every benefit that falls to our share; and to study to love and serve him with all our heart (xiv. 22).

B. **CREATION OF MAN (xv)**

   1. Structure of human body: flesh and soul

      a. The knowledge of ourselves is two-fold (xv. 1):

         (1) To know what we were like when we were first created.

         (2) And what our condition became after the fall of Adam.

      b. Man consists of a soul and a physical body.

         (1) The soul is an immortal yet created essence, which is man's nobler part; it is something essential, distinguished from the body (Eccl. 12:7, Luke 23:46, Job 4:19, II Cor. 7:1) (xv. 2).

         (2) The body is like a prison house; house of clay (Job. 4:19); corruptible tabernacle (II Cor. 5:1) (xv. 2).

         (3) The primary seat of the divine image was in the mind and heart, or in the soul and its power, yet there was no part of man, not even the body itself, in which some parts did not glow (xv. 3).

   2. Man was made in God's image.

      a. God created man in his image (Gen. 1:27), and so he is like God (xv. 3).

      b. God's image was visible in the light of the mind, in the uprightness of the heart, and in the soundness of all the parts, namely, in knowledge, pure righteousness, and holiness (Eph. 4:24, Col. 3:10) (xv. 4).

   3. Man was created with the ability to attain eternal life.

      a. The human soul consists of two faculties, understanding and will (xv. 7).

         (1) The office of understanding is to distinguish between objects, as each

seems worthy of approval or disapproval.

    (2) The office of will is to choose and follow what the understanding pronounces good, but to reject and flee what it disapproves.

    (3) The understanding is the leader and governor of the soul, and the will is always mindful of the bidding of the understanding and awaits the judgment of the understanding.

  b. Free choice and responsibility (xv. 8).

    (1) Man's soul was provided with a mind (understanding) to distinguish good from evil, right from wrong.

    (2) To this he joined the will, under whose control is the choice.

    (3) Man in his first condition excelled in these preeminent endowments, so that his reason, understanding, prudence, and judgment not only sufficed for the direction of his earthly life, but in this integrity man, by free will, had the power to attain an eternal life of bliss.

    (4) All the organic parts were rightly composed to obedience, until in destroying himself he corrupted his own blessings.

V. PROVIDENCE (xvi-xviii)

A. DEFINITION

1. Creation and providence inseparably joined (xvi. 1).

  a. Carnal sense, once confronted with the power of God in the very creation, stops there and contemplates some general preserving and governing activity, from which the force of motion derives. In short, carnal sense can recognize a God who once created all things and bestowed them sufficient energy from the beginning to carry on by themselves thereafter.

- b. But faith ought to penetrate more deeply, namely, having found him Creator of all, forthwith to conclude he is also everlasting Governor and Preserver.

    (1) Not only in that he drives the celestial frame,

    (2) but also in that he sustains, nourishes, and cares for everything he has made, even to the last sparrow (Matt. 10:29), including human affairs.

- c. Nobody seriously believes the universe was made by God without being persuaded that he takes care of his works. Although philosophers subscribe to Paul's statement that we have our being and move and live in God (Acts 17:28), yet they are far from that earnest feeling of grace which he commends, because they do not at all taste God's special care, by which alone his fatherly favor is known.

2. There is no fortune or chance (xvi. 2).

    a. Almost all mortals in all ages hold the same opinion that all things come about through chance, thus not only beclouding, but almost burying God's providence; but we must know that God's providence is opposed to fortune and fortuitous happenings, and that all things happen in accord with God's will (cf. I. xvi. 8).

    b. The sun does not daily rise and set by a blind instinct of nature but that he himself, to renew our remembrance of his fatherly favor toward us, governs its course.

3. Two themes of providence:

    a. God is sovereign and rules over all: Nothing happens except what is knowingly and willingly decreed by him (xv. 4).

    b. He is the father of caring-for (xvi. 1)

Nature of providence.

a. Providence is more than bare foreknowledge and mere permission.

   (1) When Abraham said to his son, "God will provide," (Gen. 22:8), he meant not only to assert God's foreknowledge of a future event, but to cast the care of a matter unknown to him upon the will of him who is want to give a way out of things perplexed and confused. In this sense, providence is not mere foreknowledge, but active governance of events (xvi. 4).

   (2) From the first chapter of Job, we know that whatever men or Satan himself may instigate, God nevertheless holds the key, so that he turns their efforts to carry out his judgments and he remains pure from every stain. Therefore, his providence is not just a mere permission (xviii. 1).

b. Providence is special, particular, and personal, rather than general, impersonal, and universal.

   (1) The universe is ruled by God, not only because he watches over the order of nature set by himself, but because he exercises especial care over each of his works (xvi. 4).

   (2) God so attends to the regulation of individual events, and they all so proceed from his set plan, that nothing takes place by chance (xvi. 4).

   (3) It is true that the several kinds of things are moved by a secret impulse of nature, as if they obeyed God's eternal command, and what God has once determined flows on by itself (xvi. 4).

   (4) But, not even a tiny and insignificant sparrow falls to the ground without the Father's will (Matt. 10:29). Surely if the flight of birds is

governed by God's definite plan, we must confess with the prophet that he so dwells on high as to humble himself to behold whatever happens in heaven and on earth (Ps. 113:5-6) (xvi. 5).

    c.   God's providence especially relates to men (xvi. 6).

        (1) Even as the universe was established especially for the sake of mankind, so also is this the purpose of His governance of it. The prophet Jeremiah exclaims, "I know, O Lord, that the way of man is not his own, nor is it given to man to direct his own steps" (Jer. 10:23). Moreover, Solomon says, "Man's steps are from the Lord" (Prov. 16:9).

        (2) Scripture, to express more plainly that nothing at all in the world is undertaken without his determination, shows that things seemingly most fortuitous are subject to him. For example, when a branch breaking off from a tree kills a passing traveler, the Lord acknowledges that he has delivered him to the hand of the slayer (Ex. 21:13).

    d.   God's providence also regulates "natural" occurrences (xvi. 7).

        (1) Examples from Scripture: Wind (Ex. 16:13; Jonah 1:4; Ps. 104:3-4, 107:25; Amos 4:9), power of procreation (Ps. 127:3; Gen. 30:2), nourishment (daily bread) (Matt. 6:11, Ps. 136:25).

        (2) When we hear, "The eyes of the Lord are upon the righteous and his ears toward their prayers" (Ps. 34:15), let us know that all creatures above and below are ready to obey, that he may apply them to any use he pleases.

        (3) God's general providence not only flourishes among creatures so as to continue the order of nature, but is by his wonderful plan adapted to a definite and proper end.

       e.   Providence is not fate (xvi. 8-9)

            (1) God, the ruler and governor of all things, in accordance with his wisdom has from the farthest limit of eternity decreed what he was going to do, and now by his might carries out what he has decreed. Not only heaven and earth and the inanimate creatures, but also the plans and intentions of men, are so governed by his providence that they are borne by it straight to their appointed end.

            (2) Nothing happens by chance, or by contingency. "Fortune" and "chance" are pagan terms. For if every success is God's blessing, and calamity and adversity his curse, no place now remains in human affairs for fortune or chance.

            (3) What is commonly called 'fortune' is also ruled by a secret order, and we call a 'chance occurrence' only that of which the reason and cause are secret.

            (4) God's will is the highest and first cause of all things because nothing happens except from his command or permission.

            (5) However all things may be ordained by God's plan, according to a sure dispensation, for us they are fortuitous. In this sense, the term 'fate' is often repeated in Ecclesiastes (2:14-15, 3:19, 9:2-3, 11), because at first glance men do not penetrate to the first cause, which is deeply hidden.

            (6) What for us seems a contingency, faith recognizes to have been a secret impulse from God.

B. IMPLICATIONS OF GOD'S PROVIDENCE (xvii)

    1. The meaning of God's way: To what end Scripture teaches that all things are divinely ordained (xvii. 1).

- a. God's providence must be considered with regard to the future as well as the past.

- b. Sometimes God's providence works through an intermediary, sometimes without an intermediary, sometimes contrary to every intermediary.

- c. God's providence strives to the end that God may reveal his concern for the whole human race, but especially his vigilance in ruling the church.

2. How to interpret God's providence (xvii. 1)

- a. Sometimes the cause of the events are hidden. But we should not attribute all occurrences to the blind fortune. If we had quiet and composed minds ready to learn, the final outcome would show that God always has the best reason for his plan.

- b. Sometimes everything seems to us to be confused and mixed up. While the disturbances in the world deprive us of judgment, we must so cherish moderation that we not try to make God render account to us, but so reverence his secret judgments as to consider that his will is the truly just cause of all things, and that God, out of the pure light of his justice and wisdom, tempers and directs these very movements in the best-conceived order to a right end.

3. God's providence does not relieve us from responsibility and due prudence.

- a. The Libertines say, if the Lord has indicated the point of our death, we cannot escape it. Then whatever does happen now, they so impute to God's providence that they close their eyes to the man who clearly has done it (xvii. 3).

- b. On the contrary, all who will compose themselves to moderation will not murmur against God on account of their adversities in time past, nor lay the blame for their own wickedness upon him. Rather, they inquire and learn from Scripture what is pleasing to God so that they may strive toward this under the Spirit's guidance

(xvii. 3).

    c. With respect to future events, Solomon easily brings human prudent deliberations into agreement with God's providence. So he says, "Man's heart plans his way, but the Lord will direct his steps" (Prov. 16:9). This means that we are not at all hindered by God's external decrees either from looking ahead for ourselves or from putting all our affairs in order, but always in submission to his will (xvii. 4).

    d. God of providence has provided means and helps to preserve our life; he has also made us able to foresee dangers; and he has offered precautions and remedies. Now it is clear what our duty is: if the Lord has committed to us the protection of our life, our duty is to protect it by using means, helps, or remedies offered by God (xvii. 4).

    e. God's providence does not always meet us in its naked form, but God in a sense clothes it with the means employed (xvii. 4). Therefore, we must not disregard intermediate causes (xvii. 9).

    f. God's providence does not exculpate our wickedness. One who is motivated by an evil inclination, by only obeying his own wicked desire, does not render service to God at his bidding (xvii. 5).

    g. Thieves and murderers and other evildoers are the instruments of divine providence, and the Lord himself uses these to carry out the judgments. Yet they cannot derive from this any excuse for their evil deeds. It is because in themselves they discover all evil, but in him only the lawful use of their evil intent (xvii. 5).

4. God's providence grants us thankfulness in prosperity and perseverance in adversity.

    a. The Christian heart, since it has been thoroughly persuaded that all things happen by God's plan, and that nothing takes place by chance, will ever look to him as the principal cause of things, yet will give attention to the secondary causes in their proper place (xvii. 6).

- b. The heart of the Christian will know that their plans, wills, efforts, and abilities are under God's hand, and that God's singular providence of fatherly care watches over the welfare of believers (xvii. 6). Therefore, whatever shall happen prosperously and according to the desire of his heart, God's servant will attribute wholly to God, whether he feels God's beneficence through the ministry of men, or has been helped by inanimate creatures. In other things he will not doubt that it is the Lord's blessing alone by which all things prosper (xvii. 7).

- c. If anything adverse happens, straightaway he will raise up his heart here also unto God, whose hand can best impress patience and peaceful moderation of mind upon us (xvii. 8).

- d. Without certainty about God's providence life would be unbearable, because wherever we turn, all things around us not only are hardly to be trusted but almost openly menace, and seem to threaten immediate death (xvii. 10).

- e. Certainty about God's providence puts joyous trust toward God in our hearts. But ignorance of providence is the ultimate of all miseries; the highest blessedness lies in the knowledge of God's providence (xvii. 11).

5. Does God repent?

- a. Meanwhile neither God's plan nor his will is reversed, nor his volition altered; but what he had from eternity foreseen, approved, and decreed, he pursues in uninterrupted tenor, however sudden the variation may appear in men's eyes (xvii. 13).

- b. The expression "repentance" has been taken from our own human experience (xvii. 13).

C. **HOW DOES GOD USE THE EVIL DEEDS OF THE UNGODLY? (xviii)**

1. No mere "permission" (xviii. 1).

    a. God does not sit idly in a watchtower awaiting chance events as if his judgments depended upon human will. Whatever men or Satan himself may instigate, God nevertheless holds the key, so that he turns their efforts to carry out his judgments.

    b. Examples from Scripture.

        (1) As Job himself recognizes, not Satan, but God is the source of his trials.

        (2) The blinding and insanity of Ahab (I Kings 22:20, 22).

        (3) The apostles recognize Pilate and the Jews as merely carrying out what God has decreed (Acts 4:28).

        (4) Absalom's incest (II Samuel 16:22).

        (5) The Chaldeans' cruelty toward Judah (Jeremiah 1:15, 7:14).

2. How does God's impulse come to pass in men? (xviii. 2)

    a. Sundry Scriptural expressions (cf. Prov. 21:2) show that "whatever we conceive of in our minds is directed to His own end by God's secret inspiration;" not by divine permission merely but with the active agency of the Spirit.

    b. This is notably seen in the "hardening of Pharaoh's heart."

        (1) It is said that God hardened Pharaoh's heart (Ex. 9:12; 10:1, 20, 27; 11:10; 14:8).

        (2) It is said elsewhere that Pharaoh himself at the same time hardened his own heart (Ex. 8:15, 32; 9:34).

        (3) God's will is posited as the cause of hardening (Ex. 4:21).

- c. To sum up, since God's will is said to be the cause of all things, I have made his providence the determinative principle for all human plans and works, not only in order to display its force in the elect, who are ruled by the Holy Spirit, but also to compel the reprobate to obedience.

3. God's will is a unity (xviii. 3)

    a. The blasphemers' first objection: If nothing happens apart from God's will, there are in him two contrary wills, because by his secret plan he decrees what he has openly forbidden by his law.

    b. Calvin's answer: Even though his will is one and simple in him, it appears manifold to us because, on account of our mental incapacity, we do not grasp how in diverse ways it wills and does not will something to take place.

4. God uses the evil deeds for his purpose without suffering reproach (xviii. 4)

    a. The blasphemers' second objection: If God not only uses the work of the ungodly, but also governs their plans and intentions, he is the author of all wickedness; and therefore men are unreservedly damned if they carry out what God has decreed because they obey his will.

    b. Calvin's answer: God's will is wrongly confused with his precept. Examples from Scripture: Absalom;s incest (II Sam. 16:22), the choice of King Jeroboam (I Kings 12:20), Judas' betrayal of our Lord.

    c. While God accomplishes through the wicked what he has decreed by his secret judgment, they are not excusable because they did not obey his precept (or, his perceptive will), but out of their own lust they deliberately broke.

5. How can we harmonize God's omnipotence and goodness?

OMNIPOTENCE	GOODNESS
God can do everything	Good God does not do evil. He fights against it.
He wills men's disobedience (God's Will)	He does not will men's disobedience. (God's Precept)

FAITH

Through the bad wills of evil men, God fulfills what he righteously wills (xviii. 3). (God's Sovereign Providence)

BOOK TWO

GOD THE REDEEMER

I. SIN (i-v)

   A. THE ORIGINAL SIN (i)

      1. By the fall and revolt of Adam the whole human race was delivered to the curse, and degenerated from its original condition (i. title).

      2. Dynamics of Christian life (i. 1)

         a. A true knowledge of ourselves results in self-denial and destroys self-confidence.

         b. That primal worthiness cannot come to mind without the sorry spectacle of our foulness and dishonor presenting itself by way of contrast, since in the person of the first man we have fallen from our original condition. From this source arises abhorrence and displeasure with ourselves, as well as true humility; and thence is kindled a new zeal to seek God, in whom each of us recover those good things which we have utterly and completely lost.

      3. Definition of the knowledge of ourselves (i. 1):

         a. We were endowed with no mean gifts at creation, and God so generously continues his favor toward us.

         b. But we are now in a miserable condition after Adam's fall.

         c. It behooves us to recognize that we have been endowed with reason and understanding so that, by leading a holy and upright life, we may press on to the goal of blessed immortality.

      4. Adam's sin entailed loss of man's original endowment and ruin of the whole human race (i. 4).

      5. Definition of sin:

         a. Its root: unfaithfulness, disobedience to God's Word. Once we hold God's Word in contempt, we shake off all reverence for him. After unfaithfulness, ambition and pride, together with ungratefulness, arose (i. 4). Here, indeed, was the best bridle to control all passions: the thought that nothing is better than to practice righteousness by obeying God's commandments (i. 4).

b. Its nature: the inherited corruption, the depravation of a nature previously good and pure (i. 5). Original sin seems to be a hereditary depravity and corruption of our nature, diffused into all parts of the soul, which first makes us liable to God's wrath, then also brings forth in us those works of the flesh (Gal. 5:19) (i. 8). Original sin is properly called "concupiscence" (i. 8).

Transmission of Adam's original sin:

a. Adam was not only the progenitor but the root of human nature, and in his corruption mankind deserved to be vitiated. Adam, by sinning, not only took upon himself misfortune and ruin but also plunged our nature into like destruction. This was not due to the guilt of himself alone, but was because he infected all his posterity with that corruption into which he had fallen (i. 6).

b. The first man at one and the same time have and lose, both for himself and for his descendants, the gifts that God had bestowed upon him (i. 7).

c. For that reason, even infants themselves, while they carry their condemnation along with them from the mother's womb, are guilty not of another's fault but of their own (i. 8).

d. To sum up: Adam's original sin was not transmitted to all his posterity by imitation, but by propagation. Since Adam is the root of human race, from the mother's womb, we are guilty.

Results of Adam's sin

a. Guilty: men deserve God's punishment being begotten from a corrupted nature. Since we through his transgression have become entangled in the curse, Adam is said to have made us guilty. God's punishment has fallen upon us from Adam (i. 8).

b. Total Depravity: empty of good things.

   (1) Our nature is not only destitute and empty of good, but so fertile and fruitful of every evil. The whole man is of himself nothing but concupiscence (i. 8).

   (2) We are so vitiated and perverted in every part of our nature that by this great corruption we stand justly condemned and convicted before God (i. 8).

   (3) This perversity never ceases in us, but continuously bears new fruits of the flesh (i. 8).

   (4) The dominion of sin, from the time it held the first man bound to itself, not only ranges among all mankind, but also completely occupies individual souls (ii. 1).

c. Inability

   (1) Natural gifts were corrupted in man through sin (so, some sort of reason remains), but his supernatural gifts were stripped from him (ii. 12).

   (2) When the Spirit calls men "darkness," he at once denies them any ability of spiritual understanding (ii. 19).

   (3) Man has no ability to pursue righteousness, or to do good works (ii. 1; cf. ii. 26).

B. **FREEDOM OF WILL (ii. 1-17)**

1. Opinion of Philosophers (ii. 2):

   a. Reason is located in the mind, which like a lamp illumines all counsels, and like a queen governs the will.

            b. Understanding is endowed with reason, the
                best ruling principle for the leading of a
                blessed life.

            c. Sense is the lower impulse.

            d. Will is located midway between reason and
                sense. It possesses right and freedom of
                itself either to obey reason or to
                prostitute itself to be ravished by sense--
                whichever it pleases.

            e. This is the sum of the opinion of all
                philosophers: reason which abides in human
                understanding is a sufficient guide for
                right conduct; the will, being subject to
                it, is indeed incited by the senses to evil
                things; but since the will has free choice,
                it cannot be hindered from following reason
                as its leader in all things (ii. 3).

        2. Opinion of Augustine: The free will has been so
            enslaved that it can have no power for
            righteousness (ii. 8).

        3. Opinion of the Church Fathers: close to the
            philosophers.

            a. All ecclesiastical writers have recognized
                both that the soundness of reason in many is
                gravely wounded through sin, and that the
                will has been very much enslaved by evil
                desires. Despite this, many of them have
                come far too close to the philosophers (ii.
                4).

            b. Thomas says that since freedom properly
                belongs to the will, it would be most
                suitable to call free will a "power of
                selection" (ii. 4).

            c. To sum up, the power of free decision
                resides in the reason and the will (ii. 4).

        4. Opinion of Calvin: no free will.

            a. Man is necessarily, but without compulsion,
                a sinner. Man will be spoken of as having
                this sort of free decision, not because he
                has free choice equally of good and evil,

■ 222 ■

but because he acts wickedly by will, not by compulsion (ii. 7).

    b.   Because of the bondage of sin by which the will is held bound, it cannot move toward good, much less apply itself thereto, but only to evil. Man is surely subject to the necessity of sinning (iii. 5).

    c.   If the whole man lies under the power of sin, surely it is necessary that the will, which is its chief seat, be restrained by the stoutest bonds. Paul's saying would not make sense, that "it is God who is at work to will in us (Philippians 2:13), if any will preceded the grace of the Spirit (ii. 27).

C. THE LIMITS OF OUR UNDERSTANDING (ii. 18-27)

1. Spiritual insight consists chiefly in three things:

    a.   Knowing God

    b.   Knowing his fatherly favor in our behalf, in which our salvation consists

    c.   Knowing how to frame our life according to the rule of his law (ii. 18).

2. Man is spiritually blind

    a.   Man's keenness of mind is mere blindness as far as the knowledge of God is concerned (ii. 19).

    b.   But, enough of reason remains to distinguish man from brute beasts so that he has some understanding of earthly things, such as arts and sciences (ii. 17; cf. ii. 13-15).

D. GOD'S GRACE AND MAN'S FREE WILL (iii)

1. Man must be reborn (John 3:3).

Corruption of man's nature is such as to require total renewal of his mind and will. In man's nature there is nothing but flesh (John 3:6). Therefore, man must be reborn (John 3:3) (iii. 1).

2. Conversion of the will is the effect of divine grace.

   a. Divine grace corrects and cures the corruption of nature. From the beginning to the end, God does his good work by converting us to zeal for the right (iii. 6).

   b. Everything good in man's will is the work of grace alone (iii. 6). Grace precedes every good work, and it is prior to all merit (iii. 7).

3. Good takes its origin from God alone. And willing and doing well take their origin from faith. But since the whole of Scripture proclaims that faith is a free gift of God, it follows that when we, who are by nature inclined to evil with our whole heart, begin to will good, we do so out of mere grace (iii. 8).

4. God is the author of "will and effort" (Phil. 2:13) (iii. 9).

5. The human will does not obtain grace by freedom, but obtains freedom by grace. By the Lord's free mercy it is converted to good, and once converted it preserves in good. The direction of the human will toward good, and after direction its continuation in good, depend solely upon God's will, not upon any merit of man (iv. 14).

E. **GOD, THE DEVIL, AND MAN ACTIVE IN SIN (iv-v)**

   1. The root of evil

      a. The blinding of the impious and all iniquities following from it are called "the works of Satan." Yet their cause is not to be sought outside man's will, from which the root of evil springs up, and on which rests the foundation of Satan's kingdom, that is, sin (iv. 1).

      b. Man sins of necessity under Satan's control, yet sins no less voluntarily (iv. 1).

   2. Two ways of the divine work in the reprobate (iv. 3)

a. God takes away his Spirit, and hardens man's heart into stones. After his light is removed, nothing but darkness and blindness remain. When his guidance ceases, their hearts are wrenched into crookedness. Thus it is properly said that he blinds, hardens, and bends those whom he has deprived of the power of seeing, obeying, and rightly following.

b. To carry out his judgments through Satan as minister of his wrath, God destines men's purposes as he pleases, arouses their wills, and strengthens their endeavors, and prepares their ruin through obstinacy of heart.

c. To sum up, Satan is properly said to act in the reprobate over whom he exercises his reign of wickedness. God is also said to act in His own manner, in that Satan himself, since he is the instrument of God's wrath, bends himself hither and thither at his beck and command to execute his just judgments (iv. 2).

3. Two ways of the divine work in his elect (v. 5).

a. Inwardly, through his Spirit, illumining their minds and forming their hearts to the love and cultivation of righteousness, he makes them a new creation.

b. Outwardly, through his Word, he arouses them to desire, to seek after, and to attain that same renewal.

c. Grace does not destroy man's will, but rather restores it. God's grace is the rule of the Spirit to direct and regulate man's will with correcting, reforming, and renewing (v. 15).

II. **CHRIST, THE REDEEMER, REVEALED IN THE LAW AND GOSPEL (vi-ix).**

(Fallen man ought to seek redemption in Christ).

*Major Theme:

>Through the Mediator, God is seen as a gracious Father. Only the Mediator helps fallen man. Even the Old Covenant declared that there is no faith in the gracious God apart from the Mediator.

A.   NECESSITY OF THE MEDIATOR (vi)

    1.   Only the Mediator helps fallen man (vi. 1)

        a.   The whole human race perished in the person of Adam. Consequently that original excellence and nobility would be no profit to us but would rather redound to our great shame, until God appeared as Redeemer in the person of his only Son.

        b.   Therefore, since we have fallen from life into death, the whole knowledge of God the Creator would be useless unless faith sets forth for us God our Father in Christ. In this sense, only the Mediator can help fallen man.

        c.   Because we have profited so little by the magnificent theater of heaven and earth, God calls us to the faith of Christ. After the fall of the first man no knowledge of God apart from the Mediator has had power unto salvation. For Christ not only speaks of his own age, but comprehends all ages when he says: "This is eternal life, to know the Father and Jesus Christ whom he has sent" (John 17:3).

    2.   Even the Old Covenant declared the necessity of the Mediator (vi. 2).

        a.   Apart from the Mediator, God never showed favor toward the ancient people, nor ever gave hope of grace to them.

        b.   The sacrifices of the law plainly and openly taught believers to seek salvation nowhere else than in the atonement that Christ alone carried out.

        c.   Since God cannot without the Mediator be propitious toward the human race, under the law Christ was always set before the holy fathers as the end to which they should direct their faith.

3. Christ is essential to the covenant and to true faith.

   a. To show God merciful, all the prophets were constantly at pains to proclaim that kingdom of David upon which both redemption and eternal salvation depended (vi. 3).

      (1) Isaiah 55:3-4: "I will make with you a covenant, my steadfast mercies for David. Behold, I made him a witness to the peoples."

      (2) Jeremiah 23:5-6: "Behold, the days are coming when I will raise up for David a righteous Branch."

      (3) Ezekiel 34:23-25: "I will set over my sheep one shepherd,...namely, my servant David...I, Jehovah, will be their God, and my servant David shall be shepherd...and I will make with them a covenant of peace."

      (4) These passages indicate that the hope of all the godly has ever reposed in Christ alone.

   b. God is comprehended in Christ alone (vi. 4).

      (1) Since the sole pledge of God's mercy rested upon the coming of the Redeemer, Christ himself bade his disciples believe in him, that they might clearly and perfectly believe in God: "You believe in God; believe also in me" (John 14:1).

      (2) Apart from Christ the saving knowledge of God does not stand. John's saying has always been true: "He that does not have the Son does not have the Father" (I John 2:23).

B. USES OF THE LAW (vii)

1. The meanings of the term law for Calvin:

   a. The whole religion of Moses (II. vii. 1);

    b. The special revelation of the moral law to the chosen people, i. e., chiefly the Decalogue and Jesus' summary (II. viii);

    c. Various bodies of civil, judicial, and ceremonial statues (IV. xx. 14-16).

    d. Of these, the moral law, the "true and eternal rule of righteousness (IV. xx. 15) is most important (cf. II. vii. note 1, p. 348).

2. The purpose of the law: not to restrain the folk of the Old Covenant, but to foster hope of salvation in Christ until his coming; to lead his people to Christ. Law was a best way and means for the children, namely, Old Testament church (vii. 2, 11).

3. Three Uses of the law:

    a. Condemnation (Puritive function): a mirror.

        (1) The law is like a mirror, which discloses our weakness and sinfulness, leading us to implore divine help. It warns, informs, convicts, and lastly condemns every man of his own unrighteousness (vii. 6).

        (2) Through the law comes knowledge of sin (Rom 3:20). Law slipped in to increase the trespass (Rom 5:20), and thus it is "the dispensation of death" (II Cor. 3:7) that "brings wrath" (Rom. 4:15), and slays (vii. 7).

        (3) The wickedness and condemnation of us all are sealed by the testimony of the law. In this way the wicked are terrified because of their obstinacy of heart (vii. 8).

        (4) "God has shut up all men in unbelief" (Rom 11:32) that, naked and empty-handed, they flee to his mercy, repose entirely in it, hide deep within it, and seize upon it alone for righteousness and merit. In Christ his face shines, full of grace and gentleness, even upon us poor and unworthy sinners (vii. 8).

- (5) Augustine writes: "The Law bids us...to know how to ask the help of grace." "The usefulness of the law lies in convicting man of his infirmity and moving him to call upon the remedy of grace which is in Christ " (vii. 9).

b. Restraint (Social function of public order): a halter.

- (1) The law was given, at least by fear of punishment, to restrain certain men who are untouched by any care for what is just and right unless compelled by hearing the dire threats in the law (vii. 10).

- (2) All who are still unregenerate feel that they are not drawn to obey the law voluntarily, but impelled by a violent fear do so against their will and despite their opposition to it. This constrained and forced righteousness is necessary for the public community of men (vii. 10).

- (3) The unregenerate have need of a bridle to restrain them from so slackening the reigns on the lust of the flesh as to fall clean away from all pursuit of righteousness (vii. 11).

- (4) The bridle of the law restrains the unregenerate in some fear and reverence toward God until, regenerated by the Spirit, they begin wholeheartedly to love him (vii. 11).

c. Exhortation and teaching (admonitory function): a whip (or, a sting) to the flesh; but a lamp to the godly (vii. 12).

- (1) The law is the best instrument for believers to learn more thoroughly each day the nature of the Lord's will to which they aspire, and to confirm them in the understanding of it; to search out and observe their master's ways more carefully in order to conform and accommodate themselves to them; from the daily instruction of the law, to make fresh progress toward a purer knowledge of the divine will.

    (2) By frequent meditation upon the law, believers can be aroused to obedience, be strengthened in it, and be drawn back from the slippery path of transgression.

    (3) The law is to the flesh like a whip to an idle ass, to arouse it to work. Even for a spiritual man not yet free of the weight of the flesh, the law remains a constant sting that will not let him stand still. Likewise, "Thy word is a lamp unto my feet and a light unto my path" (Ps. 119:105).

4. The so-called abrogation of the ceremonial laws.

    a. The law is not abrogated to the extent that it exhorts us (vii. 14).

        (1) The law has power to exhort believers. this is not a power to bind their consciences with a curse, but one to shake off their sluggishness, by urging them, and to pinch them awake to their imperfection.

        (2) When the Lord testifies that he "came not to abolish the law but to fulfill it" (Matt. 5:17), he sufficiently confirms that by his coming nothing is going to be taken away from the observance of the law.

        (3) Therefore, through Christ, the teaching of the law remains inviolable; by teaching, admonishing, reproving, and correcting, it forms us and prepares us for every good work (cf. II. Tim. 3:16-17).

    b. The law is abrogated to the extent that it no longer condemns us (vii. 15).

        (1) Those who ground their righteousness in remission of sins, are released from the vigor of the law, namely, from the bonds of the law. In this sense, the law is abrogated.

            (2) Christ was made a curse for us to redeem us from the curse of the law. And he was made subject to the law that he might redeem those under the law (Gal. 3:13, 14).

        c. The so-called abrogation of the ceremonial laws (vii. 16).

            (1) The ceremonial laws have been abrogated not in effect but only in use. Christ, by his coming, has terminated them, but has not deprived them of anything of their sanctity; rather, he has approved and honored it. They are shadows whose substance exists for us in Christ (Col. 2:17).

            (2) Although the rites of the law have ceased to be observed, by their termination one may better recognize how useful they were before the coming of Christ, who in abrogating their use has by his death sealed their force and effect.

C. **EXPLANATION OF THE MORAL LAW (THE TEN COMMANDMENTS) (viii)**

    1. Significance of the law in relation to the two-fold knowledge of God and ourselves (viii. 1-5).

        a. We cannot conceive God in his greatness without being immediately confronted by his majesty, and so compelled to worship him. In the first part of his moral law, claiming for himself the lawful power to command, he calls us to reverence his divinity, and specifies wherein such reverence lies and consists (viii. 1).

        b. Empty of all opinion of our own virtue, and shorn of all assurance of our own righteousness - in fact, broken and crushed by the awareness of our own utter poverty - we may learn genuine humility and self-abasement. In the latter part of his moral law, having published the rule of his righteousness, he reproves us both for our impotence and for our unrighteousness (viii. 1).

- c. God, as he is our Creator, has toward us by right the place of Father and Lord; for this reason we owe to him glory, reverence, love, and fear (viii. 2).

- d. If only when we prefer his will to our own do we render to him the reverence that is his due, it follows that the only lawful worship of him is the observance of righteousness, holiness, and purity. Whatever he requires of us, we must obey out of natural obligation (viii. 2).

- e. By comparing the righteousness of the law with our life, we learn how far we are from conforming to God's will. And, considering our powers, we learn that they are not only too weak to fulfill the law, but utterly nonexistent. From this necessarily follows mistrust of our own virtue (viii. 3).

- f. Thus, realizing that we do not possess the ability to pay to the law what we owe, and despairing in ourselves, and we are moved to betake ourselves to God's mercy alone, as the only haven of safety (viii. 3).

- g. In order to imbue our hearts with love of righteousness and with hatred of wickedness, God has added promises and threats: He promises to the faithful both blessings in the present life and everlasting blessedness, and threatens the transgressors with present calamities and the punishment of eternal death (viii. 4).

- h. The perfect teaching of righteousness that the Lord claims for the law has a perpetual validity. The law has been divinely handed down to us to teach us perfect righteousness (viii. 5).

2. Three principles of interpretation of the law.

    a. Law is inward and spiritual (Rom. 7:14):

    (1) The law not only demands obedience of soul, mind, and will, but requires an angelic purity. Through the law man's life must be molded not only to outward honesty but to inward and spiritual righteousness (viii. 6).

(2) Scriptural example: Christ declares an unchaste glance at a woman to be adultery (Matt. 5:28); and he testifies that "anyone who hates his brother is a murderer" (I John 3:15) (viii. 7).

    b. Look for the purpose and reason of each commandment.

        (1) The commandments and prohibitions always contain more than is expressed in words. In each commandment we must seek out its intent and purpose (viii. 8).

        (2) The intent of the First Commandment is that God alone be worshipped in true piety, and he abominates impiety; the purpose of the Fifth Commandment is that honor ought to be paid to those to whom God has assigned it (viii. 8).

    c. Look for its negative side (prohibition) and positive implications (commandment).

        (1) It is natural that when a good thing is commanded, the evil thing that conflicts with it is forbidden; if he commands this, he forbids the opposite (viii. 9).

        (2) In the sixth commandment, "You shall not kill," men's common sense will see only that we must abstain from wronging anyone. Besides this, it contains the requirement that we give our neighbor's life all the help we can (viii. 9).

3. The sum of the law

    a. "We should love the Lord our God with all our heart, and with all our soul, and with all our powers; and we should love our neighbor as ourselves" (Luke 10:27). The first foundation of righteousness is the worship of God. It is vain to cry up righteousness without religion. Apart from the fear of God men do not preserve equity and love among themselves (viii. 11).

b. The purpose of the whole law is the fulfillment of righteousness to form human life to the archetype of divine purity; the aim of the law is love from a pure conscience and a faith unfeigned (I Tim. 1:5) (viii. 51).

4. Faith and love (viii. 53)

   a. God does not confine our duties to himself, but he exercises us "in good works toward our neighbor" (cf. Ps. 16:2). The apostle consequently writes: "he who loves his neighbor has fulfilled the law" (Rom. 13:8). Again, "The whole law is comprehended in one word, 'Love your neighbor as yourself.'" (Gal. 5:14).

   b. The law only enjoins us to observe right and equity toward men, that thereby we may become practiced in witnessing to a pious fear of him, if we have any of it in us.

5. Our neighborhood (viii. 55)

   a. The more closely men are bound together by the ties of kinship, of acquaintanceship, or of neighborhood, the more responsibilities for one another we share. This does not offend God, for his providence leads us to it.

   b. But since Christ has shown in the parable of the Samaritan that the term "neighbor" includes even the most remote person (Luke 10:36), we ought to embrace the whole human race without exception in a single feeling of love. Whatever the character of the man, we must yet love him because we love God.

D. **CHRIST REVEALED IN THE OLD AND NEW TESTAMENTS (ix)**

   1. The ancient people had but a light taste of the divine grace, but the New Testament Christians can more richly enjoy it (ix. 1).

   2. The ancient people but glimpsed the mysteries of the gospel in shadowed outline, but the New Testament Christians see the glory of Christ shining in the gospel (ix. 1).

3. The gospel points out with the finger what the law foreshadowed under types. It confirmed and satisfied whatever the law had promised, and gave substance to the shadows. The gospel differs from the law only in clarity of manifestation (ix. 3, 4).

4. To sum up, Christ was revealed in the Old Testament as well as in the New Testament, so that under both of the Testaments only through faith in Christ men can be saved from sin.

III. THE OLD AND NEW TESTAMENTS (x-xi)

A. COMMON POINT: COVENANT (x. 1-2)

1. All men adopted by God into the company of his people since beginning of the world were covenanted to him by the same law and by the bond of the same doctrine as obtains among us (x. i).

2. The covenant made with all the patriarchs is much like ours in substance and reality that the two are actually one and the same. Yet they differ in the mode of dispensation (x. 2).

3. Here we must take our stand on three main points (x. 2):

   a. The goal set before the Jews to which they were to aspire was not the carnal prosperity and happiness but the hope of immortality.

   b. The covenant by which they were bound to the Lord was supported, not by their own merits, but solely by the mercy of the God who called them.

   c. They had and knew Christ as Mediator, through whom they were joined to God and were to share in his promises.

B. THE SIMILARITIES OF THE OLD AND NEW TESTAMENTS (x)

1. Goal: Immortality (or, heaven) (x.23 cf. x.3-22)

   a. The Old Testament fathers had Christ as pledge of their covenant and put in him all trust of future blessedness. The Old Covenant had not been limited to earthly things, but contained a promise of spiritual and eternal life.

b. Christ the Lord promises to his followers today no other "Kingdom of heaven" than that in which they may "sit at table with Abraham, Isaac, and Jacob" (Matt. 8:11).

2. Mediator: Christ (x. 4)

a. When Jesus said, "Abraham rejoiced that he was to see my day; he saw it and was glad" (John 8:56), it was testified that with the Jews was made the covenant of the gospel, the sole foundation of which is Christ.

b. When Paul said, "Christ remains, yesterday and today and forever" (Heb. 13:8), he is not speaking there simply of Christ's everlasting divinity but of his power, a power perpetually available to believers.

3. Means: Grace (x. 4)

a. The Old Testament was established upon the free mercy of God, was confirmed by Christ's intercession.

b. The gospel preaching declares nothing else than that sinners are justified by God's fatherly kindness and the whole of it is summed up in Christ.

4. Signs: Baptism and the Supper (x. 5, 6)

From the Pauline passage: "They ate the same spiritual food and drank the same spiritual drink" (I Cor. 10:3-4), we can conclude that:

a. he interprets this as referring to Christ;

b. he makes the Israelites equal to us not only in the grace of the covenant but also in the signification of the sacraments;

c. the Lord not only communicated to the Jews the same promises of eternal and heavenly life as he now deigns to give us, but also sealed them with truly spiritual sacraments.

C. THE DIFFERENCES BETWEEN THE TWO TESTAMENTS (xi)

	O.T.	N.T.
1.	temporal and earthly blessings	: future and spiritual inheritance (xi. 1-3)
2.	types (images and ceremonies)	: substance (Christ) (x. 4-6)
3.	literal	: spiritual (xi. 7-8)
	a. carved on tablets of stone	: written spiritually on men's hearts
	b. the preaching of death	: the preaching of life
	c. the ministry of condemnation	: the ministry of righteousness
	d. to be made void	: to abide

(Jeremiah 31:31-34; II Corinthians 3:6-11)

4.	bondage	: freedom
	(because O.T. produces fear in men's minds)	(because N.T. lifts men's minds to trust & assurance)
5.	one nation	: all nations (xi. 11-12)
	(until the advent of Christ, the Lord set apart one nation within which to confine the covenant of his grace)	(The calling of the Gentiles is a notable mark of the excellence of the N.T. over the O.T.)

D. THE CONCLUSIVE STATEMENT (xi. 13-14)

1. It is true that God taught the same doctrine to all ages, and has continued to require the same worship of his name that he enjoined from the beginning.

2. He had changed the outward form and manner and accommodated diverse forms to different ages; he has accommodated himself to men's capacity, which is varied and changeable.

3. The Old Testament still functions as a gospel awakening faith in us.

IV. THE PERSON OF CHRIST (xii-xiv)

A. THE IMPORTANCE OF THE DOCTRINE OF CHRIST

1. God appeared as Redeemer in the person of Christ; in other words, the knowledge of God the Redeemer is disclosed in Christ (Bk. II. title).

2. The substance of the gospel is comprehended in Christ. God, in sending Jesus Christ declares himself Father to all the world. Accordingly, God is comprehended in Christ alone (II. vi. 4).

3. Christ is the only door whereby we, fallen men, enter into salvation. Apart from the Mediator, God never showed favor toward his people (ii. vi. 2).

4. Since the whole human race perished in the person of Adam and fell from life into death, the whole knowledge of God the Creator would be useless unless faith sets forth for us God our Father in Christ. After the fall of the first man, no knowledge of God apart from the Mediator has had power unto salvation (II. vi. 1).

5. Calvin considers that both the Old Testament and the New Testament form one single testimony to Christ (II. ix. 4).

B. NECESSITY OF INCARNATION (xii)

1. No simple or absolute necessity; but consequent necessity.
   a. He who was to be our Mediator must be both true God and true man. If someone asks why this is necessary, there has been no simple or absolute necessity. Rather, it stemmed from a heavenly decree, on which man's salvation depended (xii. 1).

   b. Since it was not in our power to ascend to God, and we are completely estranged from God on account of our iniquities, it was necessary for the Son òf God to become for us "Immanuel, that is, God with us" (Matt. 1:23) (xii. 1).

2. Conditional necessity
   a. Even if man had remained free from all stain, his condition would have been too

lowly for him to reach God without a Mediator. What, then, of man: plunged by his mortal ruin into death and hell, defiled with so many spots, and overwhelmed with every curse? (xii. 1).

    b. The mediator had to counter man's disobedience with his own obedience, satisfy God's judgment, pay the penalties for sin, wipe out our guilt and appease the Father's righteous wrath (xii. 3).

    c. The task of the mediator was to restore us to God's grace and to make of the children of men, children of God (xii. 2).

    d. As man the Mediator could feel death, and as God, he could overcome it (xii. 3).

C. HUMANITY OF CHRIST (xiii)

1. Scriptural proof of Christ's humanity.

    a. Many strong testimonies of Scripture stand against both the Marcionites and the Marichees. The Marcionites fancied Christ's body a mere appearance, while the Marichees dreamed that he was endowed with heavenly flesh (xiii. 1).

    b. The Old Testament proof (xiii. 1):

        (1) The blessing is promised neither in heavenly seed nor in a phantom of a man, but in the seed of Abraham and Jacob (Gen. 12:3, 17:2, 7, 18:18, 22:18, 26:4).

        (2) Nor is an eternal throne promised to a man of air, but the Son of David and the fruits of his loins (Ps. 45:6, 132:11). Hence, when he was manifested in the flesh, he was called "the Son of David and of Abraham" (Matt. 1:1).

    c. The New Testament proof (xiii. 1).

        (1) Christ was born of the virgin's womb (Matt. 1:25). "God sent forth his Son, born of a woman" (Gal. 4:4).

(2) There are innumerable evidences that show him to have been subject to hunger, thirst, cold, and other infirmities of our nature (Matt. 4:2, John 4:6-7).

(3) He did not so concern himself with angels (Heb. 2:16) as to take their nature, but took ours, that "in the flesh and blood...he might through death destroy him who had the power of death" (Heb. 2:14); "He had to be made like his brethren...so that he might be a merciful and faithful intercessor" (Heb. 2:17).

(4) Christ suffered according to the infirmity of the flesh (II. Cor. 13:4) (xiii. 2).

2. True man - and yet sinless! True man - and yet eternal God (xiii. 4).

   a. Even though Christ was sent "in the likeness of sinful flesh" to satisfy the law (Rom. 8:3-4), he was free from all spot not just because of the virgin birth but because of his sanctification by the Spirit.

   b. Even if Christ in his immeasurable essence united with the nature of man into one person, we do not imagine that he was confined therein. Here is something marvelous: the Son of God descended from heaven in such a way that, without leaving heaven, he willed to be born in the virgin's womb, to go about on earth, and to hang upon the cross; yet he continuously filled the world even as he had done from the beginning.

D. **CHRIST'S TWO NATURES AND ONE PERSON (xiv)**

   1. The definition of the unity of person of Christ (xiv)

      a. The Word was not turned into flesh or confused mingled with flesh. Rather, because he chose for himself the virgin's womb as a temple in which to dwell, he who was the Son of God became the Son of Man - not by confusion of substance, but by unity of person.

- b. His divinity was so joined and united with his humanity that each retains its distinctive nature unimpaired, and yet these two natures constitute one Christ.

- c. To sum up, Christ consists of two distinct natures, and yet not two persons, one person; and yet not by confusion of substance but by the unity of person. The best human analogue of this union is that of soul and body.

2. The communication of properties

- a. Because Christ is truly divine and human but one person, his properties of divinity and humanity communicate to each other. The doctrine of the unity of two natures in the one person results in the doctrine of the communication of properties.

- b. Definition:
  The two natures are so united in Christ as to constitute one person, what properly belongs to the one is sometimes improperly transferred to the other. This figure of speech was called the communication of properties by the Fathers, because the property of one nature is applied to the other (xiv. 2; cf. Calvin's commentary on Acts 20:28).

- c. Five examples (xiv. 2)

    (1) Acts 20:28, "God purchased the church with his blood." Since Christ, who was true God and also true man, was crucified and shed his blood for us, the things that he carried out in his human nature are transferred improperly, although not without reason, to his divinity.

    (2) I Cor. 2:8; "The Lord of glory was crucified."

    (3) I John 1:1; "The Word of life was handled."

(4) I John 3:16; "that God laid down his life for us."

(5) John 3:13; "no one has ascended into heaven but the Son of Man who was in heaven." When Christ still lived on earth as man in the flesh, he was not in heaven. But because the self-same one was both God and man, for the sake of the union of both natures, he gave to the one what belonged to the other.

Condemnation of some Christological errors (xiv. 4-8).

a. The error of Nestorius (xiv. 4): a double Christ

(1) Nestorius wants to pull apart rather than distinguish the nature of Christ and devises a double Christ.

(2) For Calvin, the name "Son of God" is applied to him who is born of the virgin (Luke 1:32), and the virgin herself is called the "mother of our Lord' (Luke 1:43). He assumes "Hypostatic Union," namely, constitution of one person out of two natures.

b. The error of Eutyches (xiv. 4): a commingled Christ.

(1) Eutyches means to show the unity of the person, but destroys one nature or the other. He exaggerates Cyril's teaching and minimizes so as virtually to deny Christ's human nature.

(2) Calvin's answer: Christ would not have called his body a temple (John 2:19) unless divinity, as distinct from the body, dwelt therein. It is no more permissible to commingle the two natures in Christ than to pull them apart.

c. The error of Servetus (xiv. 5-8): a mixed Christ.

- (1) Servetus supposes the Son of God to be figment compounded from God's essence, spirit, flesh, and three uncreated elements. He denies the eternity and deity of Christ and regards him to be a mixture of some divine and some human elements, but not to be reckoned both God and man (xiv. 5).

- (2) Calvin's answer: Christ is believed to be the Son of God because the Word begotten of the Father before all ages took human nature in hypostatic union (xiv. 5).

V. WORK OF CHRIST (xv-xvii)

A. THREEFOLD OFFICES OF CHRIST (xv)

1. The prophetic office (xv. 1-2)

   a. Scriptural proof (xv. 1)

   - (1) John 4:25; "When the Messiah comes, he will teach us all things."

   - (2) Isa. 9:6; "messenger or interpreter of great things."

   - (3) Heb. 1:2; "in these last days he has spoken to us through a beloved Son."

   - (4) Dan. 9:24; "to seal both vision and prophet."

   b. Its meaning (xv. 2)

   - (1) Christ was anointed to be herald and witness of the Father's grace and to carry out his office of teaching through the continuing preaching of the gospel.

   - (2) In him are hidden all the treasures of knowledge and understanding (Col. 2:3).

2. The Kingly office (xv. 3-5)

   a. Scriptural proof (xv. 3)

- (1) Ps. 89:35-37; "Once for all I have sworn by my holiness; I will not lie to David. His line shall endure forever, his throne as long as the sun before me. Like the moon, it shall be established forever; the witness of heaven is sure."

- (2) Ps. 2:2; "The kings and people rage in vain..., for he who dwells in heaven is strong enough to break their assaults."

- (3) Ps. 110:1; "Sit at my right hand, till I make your enemies your footstool."

- (4) In John 18:36, Christ, to lift our hope to heaven, declares that his "kingship is not of this world."

b. Its meaning (xv. 4-5)

- (1) Christ was anointed to preserve, protect, and take care of his church.

- (2) Christ enriches his people with all things necessary for the eternal salvation of souls and fortifies them with courage to stand unconquerable against all the assaults of spiritual enemies.

- (3) Clothed with his righteousness, we can bring forth fruit to his glory.

- (4) Christ's kingdom lifts us up even to eternal life.

- (5) His kingdom is spiritual (John 18:36), so it is righteousness, peace, and joy in the Spirit (Rom. 14:17).

- (6) Christ reigns by divine power, that we should one and all resolve to obey, and to direct our obedience with the greatest eagerness to the divine will.

The priestly office (xv. 6)

a. Scriptural proof

(1) Ps. 110:4; "You are a priest forever after the order of Melchizedek" (cf. Heb. 5:6, 7:15).

(2) Heb. 9:22. The priestly office belongs to Christ alone because by the sacrifice of his death he blotted out our own guilt and made satisfaction for our sins.

b. Its meaning

(1) Reconciliation by his blood: As a pure and stainless Mediator, he is by his holiness to reconcile us to God. Hence, an expiation must intervene in order that Christ as priest may obtain God's favor for us and appease his wrath.

(2) Intercession: Through his pleading, we obtain God's favor, and our sacrifices of prayers and praises may be acceptable and sweet-smelling before God.

(3) The same Christ was to be both priest and sacrifice.

B. HOW CHRIST HAS FULFILLED THE FUNCTION OF REDEEMER (xvi)

Christ has fulfilled the function of Redeemer to acquire salvation for us by way of his states of humiliation and exaltation. Christ has abolished sin, banished the separation between us and God, and acquired righteousness to render God favorable and kindly toward us throughout the whole course of his life, namely, through his life-long obedience.

1. The State of Humiliation

   a. The incarnation and birth of Christ

   (1) By his love, God goes before and anticipates our reconciliation in Christ. His love is the fountain of salvation. Salvation derives from God's love (John 3:16; I John 4:19) (xvi. 3). We are taught by Scripture to embrace his benevolence and fatherly love in Christ alone (xvi. 2).

(2) Even though Scripture ascribes the way of salvation as peculiar and proper to Christ's death, Calvin affirms that from the time when he took on the form of a servant, he began to pay the price of liberation in order to redeem us (xvi. 5).

(3) Because Christ manifested himself as but a lowly and despised man, his incarnation can be regarded as the starting point of humiliation.

b. The life-long obedience

(1) No proper sacrifice to God could have been offered unless Christ, disregarding his own feelings, subjected and yielded himself wholly to his father's will. In other words, Christ achieved the redemption for us by the whole course of his obedience (xvi. 5).

(2) Even in death itself his willing obedience is the important thing because a sacrifice not offered voluntarily would not have furthered righteousness (xvi. 5).

c. Condemnation and crucifixion.

(1) To take away our condemnation, it was not enough for him to suffer any kind of death; to make satisfaction for our redemption a form of death had to be chosen in which he might free us both by transferring our condemnation to himself and by taking our guilt upon himself (xvi. 5).

(2) Christ's condemnation before Pontius Pilate took away our condemnation (Isa. 53:5, 12; Mark 15:28) (xvi. 5).

(3) When Christ was hanged upon the cross, he made himself subject to the curse, so that in him we might be made the righteousness of God (II Cor. 5:21) (xvi. 6).

- (4) The cross, to which Christ was nailed, was a symbol of transferred imputation. By being crucified, he became a curse for us (xvi. 6).

- (5) Christ's shed blood served, not only as a satisfaction, but also as a laver to wash away our corruption (xvi. 6).

d. Death and burial (xi. 7)

- (1) Christ gave himself over to its power to deliver us from it. By dying, he ensured that we would not die, or redeemed us to life by his own death.

- (2) By our own participation in it, his death mortifies our earthly members so that they may no longer perform their functions; and it kills the old man in us that he may not flourish and bear fruit.

- (3) Christ's burial has the same effect: We ourselves as partakers in it are buried with him to sin.

- (4) To sum up, Christ's death and burial ensured a twofold blessing, namely, liberation from the death and mortification of our flesh.

e. The descent into hell (xvi. 8-12)

- (1) If Christ had died only a bodily death, it would have been ineffectual. It was expedient for him to undergo the severity of God's vengeance, to appease his wrath and satisfy his just judgment. In this sense, Christ's descent into hell is an expression of the spiritual torment that he underwent for us (xvi. 10).

- (2) By his redemptive agony on the cross, he triumphed over the devil's power, the dread of death, and the pains of hell, that in death we may not now fear those things (xvi. 11).

The State of Exaltation

Without the state of exaltation, Christ's state of humiliation would be incomplete. The beneficial fruits of his suffering and death on the cross would be nullified by the power of death. Calvin understands the state of exaltation as resurrection, ascension into heaven, the session of the right hand of God, and the physical return of Christ.

a. Resurrection (xvi. 13)

   (1) Three benefits of Christ's death can be summed up that God's righteous judgment is satisfied, that the curse of the law is removed, and that the penalty is paid in full. In a word, we are reconciled to God through Christ's death.

   (2) But, three benefits of Christ's resurrection are the victory of our faith over death, the newness of life, and assurance of our own resurrection.

   (3) The justification and righteousness was revived and restored by his resurrection. "He who was delivered up because of our transgressions, and was raised because of our justification" (Rom. 4:25). "Christ was raised from the dead...so we too might walk in newness of life" (Rom. 6:4). Referring to I Cor. 15:12-16 Calvin is assured of our own resurrection.

b. Ascension into heaven (xvi. 14)

   (1) Carried up into heaven, Christ withdrew his bodily presence from our sight (Acts 1:9), not to cease to be present with believers still on their earthly pilgrimage, but to rule heaven and earth with a more immediate power.

   (2) Only at his ascension into heaven Christ truly inaugurated his kingdom.

c. Heavenly session (xvi. 15-16)

- (1) By "seated at the right hand of the Father," Christ presides at the heavenly judgment seat (xvi. 15).

- (2) Benefits imparted to our faith by Christ's ascension:
  First, Christ opened the way into the heavenly kingdom, so that we in our Head already possess it;
  Secondly, Christ appeared before the Father's face as our constant advocate and intercessor (Heb. 7:25, rom. 8:34);
  Thirdly, Christ enriched his own people, and daily lavishes spiritual riches upon them, so that faith comprehends his might (Eph. 4:8) (xvi. 16).

d. Physical return of Christ (xvi. 17)

- (1) By his return as judge, Christ will separate the elect from the reprobate (Matt. 25:31-33) (xvi. 17).

- (2) Christ as intercessor will not condemn those whom he has received into his charge and protection; and he who now promises eternal blessedness through the gospel will then fulfill his promise in judgment. The Judge is the Redeemer (xvi. 18).

Concluding Remarks on the sufficiency of Christ (xvi. 18-19)

a. Our whole salvation and all its parts are comprehended in Christ: no part of it comes from elsewhere:

- (1) our salvation - of him (I Cor. 1:30)

- (2) our gifts of the Spirit - in his anointing

- (3) our strength - in his dominion

- (4) our purity - in his conception

- (5) our gentleness - in his birth

- (6) our redemption - in his passion

(7) our acquittal - in his condemnation

(8) our remission of the curse - in his cross (Gal. 3:13)

(9) our satisfaction - in his sacrifice

(10) our purification - in his sacrifice

(11) our reconciliation - in his descent into hell

(12) our mortification of the flesh - in his tomb

(13) our newness of life - in his resurrection

(14) our immortality - in the same

(15) our inheritance of the heavenly kingdom - in his entrance into heaven

(16) our protection, security, abundant supply of all blessings - in his kingdom

(17) our untroubled expectation of judgment - in the power given Him to judge

b. In short, since rich store of every kind of good abounds in him, let us drink our fill from this fountain, and from no other (xvi. 19).

C. SUBSTITUTIVE MERIT OF CHRIST (xvii)

1. Christ's merit and God's grace:

Men are freely justified by both God's grace and Christ's merit, which are fitly opposed to our works, since Christ's merit depends upon God's grace alone. Christ's merit and God's grace do not contradict or exclude each other, but the former precedes the latter. By his obedience, Christ truly acquired and merited grace for us with his Father. God's grace was imparted to us by the merit of Christ (I John 1:7) (xvii. 1, 4).

2. The sole cause of our salvation:

God's will (or ordinance), his mercy (or, grace), Christ's merit (or, obedience) and our faith can be rightly and properly considered as the sole cause of our salvation, in that God's ordinance of his own good will and pleasure is the first and ultimate cause of our salvation; Christ's obedience, which merited God's merciful grace, is its substantial cause; and our faith in God and christ is its second proximate instrumental cause (xvii. 1).

BOOK THREE

GOD THE HOLY SPIRIT

I. **THE WORK OF THE HOLY SPIRIT (i)**

The title of Book Three is "The Way in Which We Receive the Grace of Christ: What Benefits Come to Us From It, and What Effects Follow." In Book Two, Calvin dealt with Christ's meritorious obedience, which was done, depended upon God's merciful grace, according to God's ordinance of his own good will and pleasure. Since Christ merited God's grace through his own obedience, God's grace is properly called Christ's grace.

The divine grace merited by Christ's willing obedience can be applied to us by the way the Holy Spirit uses. The Holy Spirit is the bond by which Christ effectually unites us to Himself. But faith is the principal work of the Holy Spirit (III. i. 4). Consequently, it can be properly said that by faith alone the Holy Spirit leads us to receive the grace of Christ. In other words, the things spoken concerning Christ profit us by faith alone, the secret working of the Holy Spirit (i. 1). Our whole salvation and all its parts which are comprehended in Christ can be appropriated for our own sake by faith alone.

Also, by faith in Christ alone, we can be regenerated, repent, deny ourselves, bear the cross, be justified, and enjoy Christian freedom. That faith can be strengthened by prayer. By our prayer we daily receive God's benefits. And by faith we can be assured that God eternally elected us in Christ.

To sum up, the Holy Spirit is the bond which unites us to Christ, so that Christ can dwell (or remain) within us and become ours (i. 1). By the secret energy of the Spirit, which makes Christ dwell within us, we come to enjoy Christ and all his benefits. Therefore, without the Holy Spirit no one can taste either God's fatherly favor or Christ's beneficence (II Cor. 13:14, Rom. 5:5) (i. 2). Consequently, the Holy Spirit may rightly be called the key that unlocks for us the treasures of the Heavenly Kingdom (cf. Rev. 3:7) (i. 4).

That we may become partakers of the perfect salvation found in the person of Christ, he baptizes us in the Holy Spirit (Luke 3;16), brings us into the light of faith in the gospel, and regenerates us so that we become new creatures (cf. II Cor. 5:17). In the Spirit he consecrates us as temples holy to God (I Cor. 6:19, II Cor. 6:16,

Eph. 2:21). And, faith is the principle work of the Holy Spirit. It has no other source than the Spirit. By the grace and power of the same Spirit, we are made his members to possess him (i. 4).

II. **FAITH (ii)**

    1.   The Object of Faith

        a.   Nothing is worth knowing save Christ (I Cor. 2:2), for no one comes to the Father, who is "the fountain of life" (Ps. 36:9), except through Christ the way (John 14:6), because he alone knows the Father. On this ground, through faith in Christ (Acts 20:21, 26:17-18) we can be rescued from our miserable calamity and come to possess the Heavenly Kingdom (ii. 1).

        b.   It is true that faith looks to one God. But this must also be added, "To know Jesus Christ whom he has sent" (John 17:3). For the invisible Father is to be sought solely in His only Son who has explained Him (John 1:18) (ii. 1).

        c.   Our destination and the way to it is he who was both God and man: namely, as God he is the destination to which we move; as man, the path by which we go. Both are found in Christ alone. Therefore it can be rightly said that Christ is the object of our faith, and that through him alone we believe in God (I Pet. 1:21) (ii. 1).

    2.   True Faith

    A right definition of faith: a firm and certain knowledge of God's benevolence (fatherly favor and care) toward us, founded upon the truth of the freely given promise in Christ, both revealed to our minds and sealed upon our hearts through the Holy Spirit (ii. 7).

        a.   Faith is Knowledge:

            (1)   Calvin rejects scholastic implicit blind faith. Faith does not rest upon ignorance, but the knowledge of the will of God, namely, the explicit recognition of God's goodness upon which our righteousness rests (ii. 2).

(2) Faith is not merely a question of knowing that God exists, but also of knowing what is his will toward us, perceived from his Word. Faith rests upon God's Word. Therefore, take away the Word and no faith will then remain. Faith arises from hearing the gospel which declares God's promise of grace in Christ (ii. 7).

b. Faith is knowledge of God's Benevolence toward us (ii. 7):

(1) We need the promise of grace, which can testify to us that the Father is merciful. For it would not help us at all to know that God is true unless he mercifully attracted us to himself. True faith knows that God is merciful, kind and good as well as true and steadfast in his promise.

(2) The true faith finds God's goodness and truth in the Word of God. Faith without the Word of God is like a tree without roots and a bright light without the sun. And God's goodness and love for us which is testified in the Word of God is the heart of knowledge.

c. Healthy faith is a firm and certain knowledge:

(1) The knowledge of faith consists in assurance rather than in comprehension. True faith has confidence (or, boldness) and assurance about God's love for us (Eph. 3:12). Faith requires full and fixed certainty, which arises only out of a sure confidence in divine benevolence and salvation (ii. 5).

(2) It is an assurance that renders the conscience calm and peaceful before God's judgment. He alone is truly a believer who, convinced by a firm conviction that God is a kindly and well-disposed Father toward him, promises himself all things on the basis of his generosity; who, relying

upon the promises of divine benevolence toward him, lays hold on an undoubted expectation of salvation (Heb. 3:7). No man is a believer except he, who, leaning upon the assurance of his salvation, confidently triumphs over the devil and death (ii. 16).

- (3) But, believers are repeatedly shaken by gravest terrors and assailed by some anxiety (III. ii. 17). On the other hand, believers are in perpetual conflict with their own unbelief. They feel a division in their hearts. Nevertheless, true faith ultimately triumphs over those difficulties which besiege and seem to imperil it (ii. 18).

- (4) To bear these attacks, faith arms and fortifies itself with the Word of God. The godly mind finally surmounts all difficulties, and never allows itself to be deprived of assurance of divine mercy. Faith serves as our shield (Eph. 6:16). Our faith will be victor in any battle, or against any particular assault, and will prevail over the entire world (cf. Ps. 23:4, I John 5:4) (ii. 21).

d. Faith is revealed to our minds and sealed upon our hearts:

- (1) A firm and certain knowledge of God's mercy and truth must be poured into the heart itself. For the Word of God is not received by faith if it flits about in the top of the brain, but when it takes root in the depth of the heart that is may be an invincible defense to withstand and drive off all the stratagems of temptation. In such confirmation of the heart, faith is much more clearly manifested (ii. 36).

- (2) "With the heart a man believes unto righteousness" (Rom. 10:10). For this reason, faith itself is more of the heart than of the brain, and more of the disposition than of the understanding. And since faith embraces Christ, as offered to us by the Father not only for righteousness but also for sanctification (cf. I Cor. 1:30) and the fountain of the water of life (John 7:38), Christ cannot be known apart from the sanctification of his Spirit. It follows that faith can in no wise be separated from a devout disposition (ii. 8).

    e.   Faith is revealed and sealed through the Holy Spirit:

        (1)   Our mind has such an inclination to vanity that it can never cleave fast to the truth of God; and it has such a dullness that it is always blind to the light of God's truth. Accordingly, without the illumination of the Holy Spirit, the Word can do nothing. The Spirit is not only the imitator of faith, but increases it by degrees, until by it he leads us to the Heavenly Kingdom (ii. 33).

        (2)   Indeed, the Word of God is like the sun, shining upon all those to whom it is proclaimed, but with no effect among the blind. Now, all of us are blind by nature in this respect. Accordingly, it cannot penetrate into our minds unless the Spirit, as the inner teacher, through his illumination makes entry for it (ii. 34).

3.   Temporary Faith

    a.   Scriptural proofs: Acts 8:13 (Simon Magus), Luke 8:6-7, 13 (parable of the seed of the Word), Heb. 6:4-6 (taste of God's goodness without the Spirit of adoption), James 2:19 (faith ended in dread and dismay (ii. 10).

    b.   Five points of temporary faith (ii. 10-12). First, similar to the true faith; second, self-deception in false steps taken consciously; third, much different from the true faith (looks like but different); fourth, temporary, not lasting and enduring;

fifth, no perseverance of faith.

4. Basis of faith

    a. God's freely given promise of mercy; faith properly begins with the promise, rests in it, and ends in it. Faith is certain that God is true in all things whether he promises or threatens (III. ii. 29). Faith does not stand firm until a man attains to the freely given promise, and it does not reconcile us to God at all unless it joins us to Christ (ii. 30).

    b. The promise of mercy given in the Scriptures:

        (1) Faith needs the Word of God as much as fruit needs the living root of a tree (ii. 31).

        (2) There is no faith until God illumines it by the testimony of his grace (ii. 31).

        (3) It vanishes unless it is supported by the Word of God, which becomes efficacious for our faith through the illumination of the Holy Spirit (ii. 33).

    c. The promise of faith fulfilled in Christ: All the promises of God find their yea and amen in Christ alone (Ii Cor. 1:20). Any promise whatsoever is a testimony of God's love toward us. And in Christ dwells and rests the Father's love. Practically, no one is loved by God apart from Christ (Eph. 1:6), for all God's promises are confirmed and fulfilled in Christ (Rom. 15:8) (ii. 32).

5. Relation of Faith to Hope and Love

    a. Faith and Hope:

        (1) The certainty of faith can never be limited to some point of time, for by its very nature it looks to a future immortality after this life is over. Illumined by the Holy Spirit, believers enjoy through faith the

(2) And also, faith is the substance of things to be hoped for, the indication of things not appearing (Heb. 11:1), a seeing of things not seen, a clearness of things obscure, a presence of things absent, and a showing forth of things hidden (ii. 41).

(3) Faith engenders and brings forth hope from itself. Hope is nothing else than the expectation of those things which faith has believed to have been truly promised by God. Thus, faith believes God to be true, hope awaits the time when his truth shall be manifested. Faith is the foundation upon which hope rests, hope nourishes and sustains faith. In other words, hope is nothing but the nourishment and strength of faith. Faith and hope have the same foundation, namely, God's mercy (ii. 42).

b. Faith and Love: Faith alone first engenders love in us. Our mind can never be aroused to taste the divine goodness without at the same time being wholly kindled to love God in return. It is necessary to believe that we cannot have forgiveness of sins apart from God's mercy (ii. 41).

III. REPENTANCE: REGENERATION BY FAITH (iii-v)

A. DEFINITION OF REPENTANCE (iii. 1-14)

(* Two-fold grace:
  a. Works of God:
     Reconciliation ―> Forgiveness ―>
     Justification ―> Acceptance

  b. God's gifts of grace experienced in man:
     Faith ―> Repentance ―> Newness of life
     ―> Sanctification ―> Love and obedience
     ―> Restoration of the Image of God.)

1. The true turning of our life to God.

a. Repentance can thus be defined: it is the true turning of our life to God, a turning that arises from a pure and earnest fear of him; and it consists in the mortification of our flesh and of the old man, and in the vivication of the Spirit (iii. 5).

b. Repentance requires a transformation, not only in outward works, but in the soul itself. Thus says the Lord, "Circumcise yourselves to the Lord, and remove the foreskin of your hearts" (Jer. 4:1, 3-4). Wickedness must be first of all cast out from their inmost heart (iii. 6).

2. A turning arisen from an earnest fear of God.

Repentance proceeds from an earnest fear of God. For it must be aroused by thinking upon divine judgment (Acts 17: 30-31). Inasmuch as conversion begins with dread and hatred of sin, Paul makes "the sorrow...according to God" the cause of repentance (II Cor. 7:10) (iii. 7).

3. Mortification of our flesh.

Since all emotions of the flesh are hostility against God (cf. Rom. 8:7), the first step toward obeying his law is to deny our own nature. As we are naturally turned away from God, unless self-denial precedes, we shall never approach that which is right. Therefore, we must put off the old man, renounce the world and the flesh, bid our evil desires farewell, and be renewed in the spirit of our mind (Eph. 4:22-23) (iii. 8).

4. Vivication of the Spirit

If we truly partake in his death, "our old man is crucified by his power, and the body of sin perishes" (Rom. 6:6), that the corruption of original nature may no longer thrive. If we share in his resurrection, through it we are raised up into newness of life to correspond with the righteousness of God. Therefore, in a word, repentance can be interpreted as rebirth in Christ, whose sole end is to restore in us the image of God (iii. 9).

6.

5. Life-long struggle

   a. This restoration does not take place in one moment or one day or one year, but throughout our lives. The warfare against sin will end only at death, since there remains in a regenerate man a smoldering cinder of evil, from which desires continually leap forth to allure and spur him to commit sin (iii. 9). Accordingly, in the saints, until they are divested of mortal bodies, there is always sin. For in their flesh there resides that depravity of inordinate desiring which contends against righteousness. In them the sway of sin is abolished. Sin ceases only to reign. But it does not also cease to dwell in them (iii. 11).

   b. On the other hand, some Anabaptist assert that the children of God, restored to the state of innocence, now need not take care to bridle the lust of the flesh, but should rather follow the Spirit as their guide, under whose impulsion they can never go astray. And then, according to their assertion, there will now be no difference between fornication and chastity, integrity and cunning, truth and falsehood, fair dealing and extortion (iii. 14).

B. **EFFECTS AND FRUITS OF REPENTANCE (iii. 15-16)**

   1. Repentance according to II Cor. 7:11

      Repentance, aroused by the sorrow according to God, has produced in the godly believer:

      a. Earnestness (or, carefulness), to escape from the devil's snares and to keep under the governance of the Holy Spirit;

      b. Excuse, not to prove themselves innocent, but only to obtain pardon;

      c. Indignation, to inwardly find fault with himself and to be angry with himself;

      d. Fear, to tremble with the severity of God's wrath toward sinners and to render us more cautious thereafter·

- e. Longing, to lead us to diligence in duty and readiness to obey;
- f. Zeal, joined directly to longing;
- g. Avenging, to sharply examine our own sins and to hope for God's favor and mercy toward us (iii. 15).

2. Fruits of Repentance (iii. 16)

The fruits of repentance are the duties of piety toward God, of charity toward men, and in the whole of life, holiness and purity. The Spirit, while he urges us to repentance, recalls us now to the duties of the Second Table.

C. **SCRIPTURAL CONFESSION OF SINS**

1. Confession of Sins before God

    a. Private Confession

    (1) To confess our sins before God privately is a part of true repentance that cannot be omitted. Not only is it fitting to confess those sins which we commit daily, but graver offenses ought to draw us further and recall to our minds those which seem long since buried (iii. 18).

    (2) The base desires that always pester us, and the vices that repeatedly sprout in us, do not allow us to slacken our concern for mortification. Therefore, the special repentance that is required only of certain ones does not do away with the ordinary repentance to which corruption of nature compels us to give attention throughout our lives (iii. 18).

    (3) We must strive toward repentance itself and devote ourselves to it throughout life, then God offers us forgiveness of sins (iii. 20). But, we must remember that repentance is a singular gift of God (iii. 21). The efficacy of repentance depends upon the spirit of regeneration. Those who cannot repent are those who cannot be

forgiven (iii. 24).

    b.   General Confession (iv. 11)

        Every time we are afflicted either by pestilence or war, or barrenness, or any other sort of calamity, if it is our duty to take refuge in mourning, fasting, and other signs of our guilt, we must least of all neglect this very confession upon which all the rest depends.

  2.   Confession of Sins before Men

    a.   James says, "Confess your sins to one another, and pray for one another." We should lay our infirmities on one another's breasts, to receive among ourselves mutual counsel, mutual compassion, and mutual consolation. Then, as we are aware of our brothers' infirmities, let us pray too for these (iv. 6).

    b.   On the other hand, when David was rebuked by Nathan he was pricked by the sting of conscience, and confessed his sin before God and man. A willing confession among men follows that secret confession which is made to God, as often as either divine glory or our humiliation demands it (iv. 10).

D.   THE SCHOLASTIC DOCTRINE OF PENANCE

  1.   Three requirements for repentance:

    a.   The Scholastic Sophists urged their hearers not to fall again into the same transgressions from which they had been rescued. Where they seem to have wounded hearts deeply, they heal all the bitterness with a light sprinkling of ceremonies. They divide repentance into contrition of heart, confession of mouth, and satisfaction of works (iv. 1).

    b.   At the same time, they teach these things as necessary to attain forgiveness of sins (iv. 2).

    c.   It is true that forgiveness of sins can never come to anyone without repentance. But, repentance is not the cause of forgiveness of sins. The sinner does not dwell upon his own compunction or tears, but fixes both eyes upon the Lord's mercy alone (iv. 3).

Criticism of the Scholastic Doctrine of Penance

a. Confession not enjoined: the Scholastic theologians, referring to Luke 17:4, contended that confession is enjoined by divine precept. They explained that sin is spiritual leprosy and it is the duty of priests to pronounce concerning this. But in Luke 17:14, the reason why Christ sent the lepers to the priests is that they should be compelled to become witnesses of Christ's miracles (iv. 4).

b. Compulsory confession unknown in the ancient Church: no law or constitution concerning the compulsory confession had been set up before the time of Innocent III. Nectarius, bishop of Constantinople church, abolished the rite of confession, and Chrysostom clearly attests this abolition of confession, saying "Recite your sins daily upon your bed to God who heals them that there your conscience may daily acknowledge its misdeeds" (iv. 7).

c. The enumeration of all sins is impossible: It is utterly unbearable for Romanists to lay down a law on the recounting of all sins. For David exclaimed: "Who will understand errors? Cleanse thou me from my secret errors, O Lord" (Ps. 19:12). he did not catalogue them (iv. 16).

d. The requirement of complete confession is a measureless torment: complete confession is simply impossible. Therefore it can only destroy, condemn, confound, and cast into ruin and despair. Then, depriving sinners of a true awareness of their sins, it makes them hypocrites, ignorant of God and of themselves. We must pour out our whole heart in the Lord's presence, not only to confess ourselves sinners in one word, but to acknowledge ourselves as such, truly and clearly (iv. 18).

- e. Satisfaction of works deprives Christ of honor:

    (1) Romanists contend that both forgiveness of sins and reconciliation take place once for all when in baptism we are received through Christ into the grace of God; that after baptism we must rise up again through satisfaction of works: that the blood of Christ is of no avail, except in so far as it is dispensed through the keys of the church (iv. 26).

    (2) But, since Christ alone is the Lamb of God, who takes away the sins of the world (John 1:29), and our advocate with the Father, and the propitiation for our sins (I John 2:1-2), he also is the sole offering for sins, the sole expiation, the sole satisfaction (cf. I Peter 2:24, Rom. 3:24) (iv. 30).

    (3) And thus, the Roman doctrine of penance deprives Christ of honor, and the conscience of every assurance (iv. 27).

E. **THE ERRONEOUS DOCTRINES OF INDULGENCES AND PURGATORY (v)**

  1. Indulgences contrary to Scripture

      a. Indulgences flow from the doctrine of satisfaction of works. For our opponents pretend that to make satisfaction those indulgences supply what our powers lack. And they go to the mad extreme of defining them as the distribution of the merits of Christ and the martyrs, which the pope distributes by his bulls (v. 1).

      b. They call the merits of Christ and the holy apostles and martyrs the "treasury of the church." Consequently, plenary indulgences, as well as indulgences for certain years, stem from the pope; indulgences for a hundred days from the cardinals; and of forty days from the bishops (v. 2).

  c. But these are a profanation of the blood of Christ, a Satanic mockery, to lead the Christian people away from God's grace, away from the life that is in Christ, and turn them aside from the true way of salvation. And these declare against Scriptures (Acts 10:43, I John 1:7, II Cor. 5:21, I Cor. 1:13, Acts 10:28, Heb. 10:14, Rev. 7:14) that the blood of Christ is insufficient, and that Paul and other martyrs died for us to wash our dirty robes in their blood (v. 2).

2. Authorities against indulgences (v. 3)

  a. Leo, Bishop of Rome, in his letter to the Palestinians, says, "Although precious in the sight of the Lord was the death of many saints (Ps. 116:15), yet the slaying of no innocent person has been the propitiation of the world...each one surely died his own death, not paying by his end the debt of another, since one Lord Christ exists, in whom all are crucified, all are dead, buried, raised."

  b. And Augustine expresses the same judgment: "Even though we as brethren die for our brethren, no martyr's blood is shed for the forgiveness of sins."

3. Refutation of the Doctrine of Purgatory

  a. Purgatory is a deadly fiction of Satan, which nullifies the cross of Christ, inflicts unbearable contempt upon God's mercy, and overturns and destroys our faith (v. 6).

  b. Romanists are accustomed to seize upon such passages of Scripture as Matt. 12:32, 5:25-26, Phil. 2:10, Rev. 5:13, and I Cor. 3:12-13, 15. But their allegorical explanations are utterly false and wrong.

  c. According to Scripture itself, death is not destruction but a crossing over from this life to another. Therefore it testifies that blessed are the dead who die in the Lord, since henceforth they rest from their labors (Rev. 14:13) (v. 10).

d. Augustine also teaches that the resurrection of the flesh and everlasting glory are awaited by all, but that every man when he dies receives the rest that follows death if he is worthy of it. Therefore, he bears witness that all godly men enjoy blessed repose immediately after death (v. 10).

IV. CHRISTIAN LIFE (vi-x)
(Practical Description of Regeneration)

A. SCRIPTURAL MOTIVES FOR THE CHRISTIAN LIFE (vi)

The sole end of repentance as regeneration is to restore in us the image of God, namely, to manifest in our lives a harmony and agreement between God's righteousness and our obedience, and thus to confirm the adoption that we have received as sons (vi. 1).

There are two chief aspects of Scripture's moral teaching. The first one is to instill the love of righteousness in our hearts, and the second one is to provide us with a rule to keep our zeal for righteousness in the proper path (vi. 2).

The divine holiness is the goal of our calling to which we must ever look (Lev. 19:2, I Pet. 1:15-16). It is highly unfitting that the sanctuary in which he dwells should like a stable be crammed with filth (vi. 2). We have been adopted as sons by the Lord with this one condition: that our life express Christ, the bond of our adoption. Accordingly, the Christian life receives its strongest motive through the person and redemptive act of Christ. Since he engrafted us into his body, we must especial care not to disfigure ourselves, who are his members, with any spot or blemish (Eph. 5:26, I Cor. 6:15) (vi. 3).

But since no one in this earthly prison of the body has sufficient strength to press on with due eagerness, we move at a feeble rate to our goal of the divine holiness and righteousness. Through the whole course of life we seek and follow, but we shall attain it only when we have cast off the weakness of the body, and are received into full fellowship with him (vi. 5).

B. THE SUM OF THE CHRISTIAN LIFE: THE DENIAL OF OURSELVES (vii)

1. The Christian philosophy of self-denial

a. The duty of believers is "to present their bodies to God as a living sacrifice, holy and acceptable to him" (Rom. 12:1). We are consecrated and dedicated to God in order that we may thereafter think, speak, meditate, and do, nothing except to his glory (vii. 1).

   b. Since we are dedicated to God, we are not our own. Therefore, in so far as we can, let not our reason nor our will sway our plans and deeds, and let us forget ourselves and all that is ours.
   Conversely, we are God's. Therefore, let us live for him and die for him, and let his wisdom and will rule all our actions (vii. 1).

   c. The first step in the Christian life is to depart from self to total obedience to the Word of God (vii. 1).

2. Self-Denial according to Titus 2:12

   Paul limits all actions of life to three parts: soberness, righteousness, and godliness. Of these, soberness denotes chastity and temperance as well as a pure and frugal use of temporal goods; righteousness embraces all the duties of equity (cf. Rom. 13:7); and godliness joins us in true holiness with God (vii. 3).

3. The principle of self-denial in our relations with our fellow men.

   a. There is no one who does not cherish within himself some opinion of his own pre-eminence. There is no other remedy than to tear out from our inward parts this most deadly pestilence of love of self. Thus, we must remember that those talents which God has bestowed upon us are not our own goods but the free gifts of God. We will never attain true gentleness except by one path: a heart imbued with lowliness and with reverence for others (vii. 4).

   b. Self-denial leads us to give ourselves wholly to others. Scripture warns that all the gifts we possess from the Lord should be applied to the common good of the church and distributed for our neighbors' benefit (cf.

I Pet. 4:10). Let this, therefore, be our rule for generosity and beneficence: We are the stewards of everything God has conferred on us by which we are able to help our neighbor. Moreover, the only right stewardship is that which is tested by the rule of love (vii. 5).

    c. Love of neighbor is not dependent upon manner of men, who are most unworthy if they be judged by their own merit, but upon the image of God in all men. We remember not to consider men's evil intention but to look upon the image of God in them, which cancels and effaces their transgressions, and with its beauty and dignity allures us to love and embrace them (vii. 6). Our self-denial will take place in us only if we fulfill the duties of love from a sincere feeling of love, mercy and humaneness (vii. 7).

4. The principle of self-denial in our relation to God.

    a. The chief part of self-denial is to look to God and to resign ourselves and all our possessions to the will of god; to trust in God's blessing only and to bear adversity through the faith looking to God's kindness and truly fatherly indulgence (vii. 8).

    b. The rule of piety is that God's hand alone is the judge and governor of fortune, good or bad, and that his hand does not rush about with heedless force, but with most orderly justice deals out good as well as ill to us (vii. 10).

C. **BEARING THE CROSS: A PART OF SELF-DENIAL (viii)**

1. We are to take up our cross, as followers of Christ.

Christ called his disciples to bear their own cross (Matt. 16:24). God's will is that His adopted children lead a hard and unquiet life, just like Christ's own. We share Christ's sufferings in order that as he has passed from a labyrinth of all evils into heavenly glory, we may in like manner be led through various tribulations to the same glory (Acts 14:22). The more we are afflicted with adversities, the more surely our fellowship with Christ is confirmed. By communion with him the very sufferings themselves not only become blessed to us but also help much in promoting our salvation (viii. 1).

2. Reasons of bearing the cross

   a. The first reason why we must bear the cross is to lead us to perfect trust in God's power. As we are by nature too inclined to attribute everything to our flesh, God can best restrain this arrogance by afflicting us either with disgrace or poverty, or disease, or other calamities. Thus humbled, we learn to call upon his power, which alone makes us stand fast under the weight of afflictions (viii. 2).

   b. Second, the cross permits us to experience God's faithfulness and gives us hope for the future. Now we see how many good things, interwoven, spring from the cross: our blind love cleansed; we feel our incapacity; distrust self; rest with a trustful heart in God; stand in his grace and understand his promise; our hope strengthened (viii. 3).

   c. Third, the cross trains us to patience and obedience. The Lord also has another purpose for afflicting his people: to test their patience and to instruct them to obedience. The cross teaches them to live not according to their own whim, but according to God's will (viii. 4).

   d. Fourth, lest we grow haughty, the Lord himself confronts us and subjects and restrains our unrestrained flesh with the remedy of the cross (viii. 5).

   e. Fifth, the cross is a sort of fatherly chastisement. In the very harshness of tribulations we must recognize the kindness and generosity of our Father toward us, since he does not even then cease to promote our salvation. For he afflicts us not to ruin or destroy us but, rather, to free us from the condemnation of the world. Every cross attests to us God's steadfast love (Prov. 3:11-12, Heb. 12:8) (viii. 6).

- f. Last, to suffer persecution for righteousness' sake is a singular comfort. All evils, even death itself, become happiness for us when God breathes upon us (viii. 7).

- g. Suffering under the cross, the Christian finds consolation in God (viii. 7). And since the cross most properly belongs to believers, and by it Christ wills to be glorified in us, we willingly and cheerfully undergo the cross at the Lord's hand (viii. 8).

3. The Christian meets suffering with real sorrow (viii. 9)

   The Christians, unlike the Stoics of old who like stones were not affected at all, give expression to their pains and sorrows, and they are affected equally by adversity and prosperity, by sad times and happy ones. Patiently to bear the cross is not to be utterly stupefied and to be deprived of all feeling of pain (cf. II Cor. 4:8-9). Our Lord Jesus himself groaned and wept over his own and other's misfortunes.

4. In the midst of bitter sorrow, Christians can willingly and even cheerfully be patient.

   - a. Even in the midst of bitter sorrow, Christians' disposition to godliness presses toward obedience to the divine will. By whatever kind of cross we may be troubled, even in the greatest tribulations of mind, we shall firmly keep our patience. And our conclusion will always be: the Lord so willed, therefore let us follow his will (viii. 10).

   - b. But, at this point, we must not say that we must yield to God because it is vain for us to try to resist him. On the contrary, Scripture bids us contemplate in the will of God something far different: namely, first righteousness and equity, then concern for our own salvation. It is clear that our afflictions are for our benefit (viii. 11).

   - c. It is natural that we should undergo them with a thankful and quiet mind. In other words, in patiently suffering these tribulations, we do not yield to necessity but we consent for our own good (viii. 11).

D. **MEDITATION ON THE FUTURE LIFE (ix)**

1. By our tribulations God weans us from excessive love of this present life:

    a. Contempt for the present life and thereby meditate upon the future life (ix. 1).

    b. All the earthly goods are unstable and fleeting, vain and vitiated by many evils (ix. 1).

    c. Human life is like smoke (cf. Ps. 102:3) or shadow (cf. Ps. 102:11). But we act as if the present life were going to go on forever for us (ix. 2).

2. A right estimate of the present life leads us to meditate on the life to come.

    a. Contempt of the present life does not mean ingratitude toward God (ix. 3).

    b. Daily earthly benefits are a preface to eternal glory, a preparation for, a foretaste of the life to come (ix. 3).

    c. This world is like a sentry post; heavenly kingdom is our eternal home (fatherland) (ix. 4).

    d. In comparison with the heavenly life the present is to be despised (ix. 4).

3. The comfort prepared for believers by aspiration for the life to come.

    If believer's eyes are turned to the power of the resurrection, in their hearts the cross of Christ will at last triumph over the devil, flesh, sin, and wicked men (cf. Ps. 73:17) (ix. 6).

E. **PRINCIPLES ON HOW TO USE THE PRESENT LIFE (x)**

1. We can enjoy the earthly good things as gifts of God.

    a. Double danger: mistaken strictness and mistaken laxity (x. 1).

b. We are to use our God-given earthly benefits to help our course (x. 1).

2. The main principle (x. 2)

   a. God created earthly gifts for our good, not our ruin: let us therefore so use them.

   b. A dual purpose: God meant not only to provide for delight, but also for necessity.

   c. God rendered many things attractive to us, apart from their necessary use.

3. Major principles:

   a. To recognize God's authorship and thank God for his kindness toward us: Excessive food, elegant clothing, and all ostentation in living turn our minds from God (x. 3).

   b. To determine aright our outward conduct of life: contempt for the present life and to meditate on the life to come: to indulge oneself as little as possible (to be frugal) (x. 4).

   c. To render account of our stewardship: all gifts are entrusted by God's kindness to us for our benefit; therefore, an account of them is to be rendered at the end (x. 5).

   d. To look to God's calling (x. 6)

      (1) The Lord bids each one of us in all life's actions to look to his calling.

      (2) The Lord's calling is in everything, the beginning and foundation of well-doing

V. **JUSTIFICATION BY FAITH (xi-xviii)**

   A. **DEFINITION OF JUSTIFICATION**

   1. The concept of Justification

      a. He is said to be justified in God's sight who is both reckoned righteous in God's judgment and has been accepted on account of his righteousness (xi. 2).

- b. Justified by faith is he who, excluded from the righteousness of works, grasps the righteousness of Christ through faith, and clothed in it, appears in God's sight not as a sinner but as a righteous man (xi. 2).

- c. Justification can be explained simply as the acceptance with which God receives us into his favor as righteous men. And it consists in the remission of sins and the imputation of Christ's righteousness (xi. 3, 21).

2. Justification as gracious acceptance and forgiveness of sins (xi. 4).

    - a. Eph. 1:5-6, "We are destined for adoption through Christ according to God's good pleasure, to the praise of his glorious grace by which he has accounted us acceptable and beloved."

    - b. Rom. 3:4, "God justifies us freely."

    - c. Rom. 4:6-7, "That man is declared blessed...whom God renders acceptable or to whom he imputes righteousness apart from works, as it is written: 'Blessed are they whose transgressions have been forgiven.'"

    - d. II Cor. 5:18-20, God is willing to receive us into grace through Christ, not counting our sins against us.

3. Justification as imputation of righteousness (xi. 23).

    - a. We are justified before God solely by the intercession of Christ's righteousness. That is to say, man is not righteous in himself but because the righteousness of Christ is communicated to him by imputation.

    - b. Our righteousness is not in us but in Christ. We possess it only because we are partakers in Christ (cf. Rom. 5:19).

4. Justification as reconciliation (xi. 21)

    Righteousness of faith is reconciliation with God, which consists only in the forgiveness of sins. Sin is division between man and God, the turning of God's face away from the sinner. Man is God's enemy until he is restored to grace through Christ (Rom. 5:8-10). Thus, him whom he receives into union with himself the Lord is said to justify.

5. Justification and Union with Christ (xi. 10)

The righteousness of Christ is imputed to us because we put on Christ and are engrafted into his body, in short, because he deigns to make us one with him. That mystical union with Christ, that joining together of Head and members, that indwelling of Christ in our hearts affords us fellowship of righteousness with him.

B. **THE SIGNIFICANCE OF FAITH FOR JUSTIFICATION**

1. Faith of itself does not justify: Faith of itself does not possess the power of justifying, but only in so far as it receives Christ. For if faith justified of itself, as it is always weak and imperfect it would effect this only in part (xi. 7).

2. God alone justifies.

God alone justifies us freely by his glorious grace (cf. Rom. 3:4, 8:30). According to his good pleasure, God is willing to receive us into grace through Christ (II Cor. 5:18-20) (xi. 7).

3. Faith justifies us by bringing Christ

a. Faith, even though of itself is of no worth or price, can justify us by bringing Christ, just as a pot crammed with money makes a man rich. Faith is a kind of vessel to receive and embrace Christ and the righteousness offered in the gospel (xi. 7).

b. Through faith the sinner is justified with Christ's righteousness interceding and forgiveness of sins accomplished (cf. Rom. 5:1) (xi. 16).

c. Faith is merely passive, bringing nothing of ours to the recovering of God's favor but receiving from Christ that which we lack (xiii. 5).

C. **THE CAUSALITY OF SALVATION (xiv. 17, 21)**
   (Rom. 3:23-24, 26; Eph. 1:3-14)

   1. Primal or Efficient cause: the mercy of the Heavenly Father and God's ordinance (or will).

   2. Material cause: God the Son's obedience

   3. Formal or Instrumental cause: Faith, the Spirit's Illumination

   4. Final cause: proof of divine justice and praise of God's goodness

D. **JUSTIFICATION THROUGH LOVE**

   1. Justification by faith working through love (xi. 20)

      The Romanists contend that we are justified by faith alone, which acts through love, so that righteousness depends upon love. But we confess no other faith justifies "but faith working through love" (Gal. 5:6). It does not take its power to justify from that working of love.

   2. Love is greater than faith (xviii. 8)

      From such passages as I Cor. 13:2, 13 and Col. 3:14, Romanists contend that we are justified by love rather than faith, doubtless by a stronger power. But, Paul says love is greater than faith, not as being more meritorious, but because it is more fruitful, because it extends farther, because it serves more, because it flourishes forever, while the use of faith continues only for a while (cf. I Cor. 13:2ff).

   3. Love does not justify (xviii. 8)

      Justification does not depend upon love. Romanists contend that we are justified by the benefit of love because it excels faith. It is as if someone argued that a king is more capable of making a shoe than a shoemaker is because he is infinitely more eminent. The power of justifying which faith possesses, does not lie in any worth of works. Our justification rests upon God's mercy alone and Christ's merit, and faith, when it lays hold of justification, is said to justify.

E. **PROBLEM OF REWARD AND RIGHTEOUSNESS (xvii.8 - xviii.7)**

    1. Twofold value of work before God

        a. Since it is said that the deed committed by Phinehas "was reckoned to him for righteousness" (Ps. 106:31), our opponents decide that without faith we are not justified but that we are also not justified by it alone - that it is works that complete our righteousness. On the contrary, men are justified without any help from our works. But it is one thing to discuss what value works have of themselves, another, to weigh in what place they are to be held after faith - righteousness has been established (xvii. 8).

        b. Man's works are unworthy to come before God's sight. Man has no works in which to glory before God. But after forgiveness of sins is set forth, the good works that now follow are reckoned as righteous, or, as righteousness (xvii. 8).

        c. Justification of faith is the beginning, foundation, cause, proof, and substance of works - righteousness. Works done by believers are acceptable when sins have been pardoned. By faith alone not only we ourselves but our works as well are justified (xvii. 10).

    2. James and Paul

        a. James 2:21, 24 seem to be in conflict with Romans 4:3 and Galatians 3:6: James - justification by works, not only by faith; Paul - justification through faith alone, not through works (xvii. 11).

        b. The intention of James was to correct those who overlooked all the proper works of a believer. He was making a careful distinction between dead faith and true faith (xvii. 11).

        c. James himself is speaking of the declaration, not the imputation, or righteousness. It is as if he said: "Those who by true faith are righteous prove their righteousness by obedience and good works."

>>>>   James is not discussing in what manner we are justified but demanding of believers a righteousness fruitful in good works (xvii. 12).

>>> 3. Reward as inheritance of grace

>>>> a. Scriptural statements which affirm that God will repay every man according to his works: Matt. 16:27; II Cor. 5:10; Rom. 2:6, 9, 10; John 5:29; Matt. 25:34-35; Prov. 12:14, 13:13; Luke 6:23; I Cor. 3:8.
These passages indicate an order of sequence rather than the cause. And the word "to work" is not opposed to grace but refers to endeavor (xviii. 1).

>>>> b. The use of the term "reward" is no reason for us to suppose that our works are the cause of our salvation. The Kingdom of Heaven is not servants' wages but sons' inheritance (Eph. 1:18), which only they who have been adopted as sons by the Lord shall enjoy (cf. Gal. 4:7) (xviii. 2).

>>>> c. Reward as grace: A parable of vineyard (Matt. 20:1-16); they received a gift of grace, not the reward for their works. The reward of faith is eternal life (I Pet. 1:9). Our works are pleasing only through God's gracious pardon (xviii. 3).

>>> 4. The purpose of the promise of reward: To relieve the weakness of our flesh by some comfort but not to puff up our hearts with vain glory (xviii. 4).

VI. CHRISTIAN FREEDOM (xix)

>>> 1. Necessity of a doctrine of Christian Freedom

>>>> a. Apart from a knowledge of Christian freedom, consciences dare undertake almost nothing without doubting (xix. 1).

>>>> b. An appendage of justification: Necessary for a right knowledge about Christ, gospel truth, and inner peace of soul (xix. 1).

>>> 2. Freedom from works - righteousness (xix. 2)

>>>> a. The consciences of believers, in seeking assurance of their justification before God,

should rise above and advance beyond the law, forgetting all works - righteousness; embracing God's mercy alone; looking only to Christ.

    b. Freedom from the law, whose function to arouse men to a zeal for holiness and innocence, can give peace to our consciences.

3. Freedom from the constraint of the law

    a. Freed from the law's yoke consciences willingly obey God's will: not obey as a servant, but as a son, joyous obedience (xix. 4).

    b. Sons, who are more generously and candidly treated by their fathers, do not hesitate to offer them incomplete and half-done and even defective works, trusting that their obedience and readiness of mind will be accepted by their fathers, even though they have not quite achieved what their fathers intended. Such children we ought to be, firmly trusting that our services will be approved by our most merciful Father, however small, rude, and imperfect these may be (xix. 5).

    c. Believers need not fear the remnants of sin; God is not continually offended by those remnants (xix. 6).

4. Freedom in "things indifferent"

    a. Christians are free regarding outward things that are of themselves "indifferent": the unrestricted eating of meat, use of holidays and of vestments, drinking of sweet wine (xix. 7).

    b. We should use God's gifts for the purpose for which he gave them to us (xix. 8).

5. Nature of Christian Freedom (xix. 9)

    a. Christian freedom is a spiritual thing. Its whole force consists in quieting frightened consciences before God, which are anxious whether our unfinished works, corrupted by the faults of our flesh, are pleasing to God.

- b. Two errors in its use:
    - (1) Those who use it as an excuse for their own lust; for example, lavish banquets, bodily apparel, domestic architecture.
    - (2) Those who consider it consists in using it before men even to the harm of weaker brethren.
- c. Rules for lawful use of God's blessings (xix. 9-11):
    - (1) Soberness and moderation, and self-content.
    - (2) Regard for the brother's weakness and for their edification (Rom. 15:1-2, I Cor. 8:9).

6. Christian freedom in relation to civil government (xix. 14-15)

- a. Christ's death is nullified if we put our souls under men's subjection (cf. Gal. 2:21).
- b. Two-fold government in man: Different kings and laws have authority.
    - (1) Spiritual government: It instructs the conscience in piety and in reverencing God.
    - (2) Political government: It educates man for the duties of humanity and citizenship.
- c. We obey the civil government not only for fear of punishment, but for conscience' sake (Rom. 13:1, 5).

VII. PRAYER (xx)

A. THE NECESSITY OF PRAYER (xx. 1-3)

1. Faith and prayer (xx. 1)

    a. Man's helplessness is the basis of prayer.

- b. Faith instructs us to recognize whatever we need and lack is in God and in Jesus Christ. Then, we must ask of him in prayers what we have learned to be in him.
- c. True faith cannot be indifferent about calling upon God.
- d. Just as faith is born from the gospel, so through it our hearts are trained to call upon God's name (Rom. 10:14-17).

2. The Necessity of Prayer (xx. 2)

- a. Prayer: the chief exercise of faith, by which we daily receive those riches laid up for us with the Father; a communion of men with God; the only stronghold of safety.
- b. By prayer we call him to reveal himself as wholly present to us. Hence comes an extraordinary peace and repose to our consciences.

3. Reasons for prayer (xx. 3)

God ordained prayer not so much for his own sake as for ours. Prayer is our duty, lest our faith be sleepy or sluggish.

- a. to be fired
- b. to pour out
- c. to be prepared to receive
- d. to meditate upon his kindness
- e. to embrace with greater delight
- f. to confirm his providence

B. **RULES OF PRAYER (xx.4-16)**

1. First rule: reverence (xx. 4-5)

We should be disposed in mind and heart as befits those who enter conversation with God; freed from carnal earthly cares and thoughts. And we must seek the Holy Spirit as our guide and teacher to help us in prayers (Rom. 8:26).

2. Second rule: From a sincere sense of want, and with penitence (xx. 6-7)

3. Third rule: Stand humbly before God

Anyone who stands before God to pray, in his humility giving glory completely to God, must abandon all thought of his own glory, cast off all notion of his own worth, in fine, put away all self-assurance (xx. 8). The beginning, and even the preparation, of proper prayer is the plea for pardon with a humble and sincere confession of guilt (I John 1:9) (xx. 9).

4. Fourth rule: with confident hope

In true humility, we should be nonetheless encouraged to pray by a sure hope that our prayer will be answered. It is faith that obtains whatever is granted to prayer (xx. 11). Men should pray confidently, without terror but with reverential fear (xx. 14).

C. **CHRIST THE ONLY INTERCESSOR (xx. 17-20)**

1. Prayer in the name of Jesus (xx. 17)

Since no man is worthy to present himself to God and come into his sight, the Father himself has given us his Son, Jesus Christ our Lord, to be our advocate (I John 2:1) and mediator with him (I Tim. 2:5), by whose guidance we may confidently come to him, trusting nothing we ask in his name will be denied us.

2. The risen Christ as our intercessor (xx. 18)

The priest entering the sanctuary on behalf of the twelve tribes of Israel foreshadows our need for a Mediator in approaching God.

3. Christ is the only Mediator

Since Christ is the only way, and the one access, by which it is granted us to come to God (cf. John 14:6), no other way or access to God remain. Moreover, since the Father has sealed him as our Head and Leader, Christ is constituted the only Mediator, by whose intercession the Father is for us rendered gracious and easily entreated (xx. 19). He is called "the sole mediator between God and man " (I Tim. 2:5) (xx. 20).

D. **ERRONEOUS DOCTRINES OF INTERCESSION OF THE SAINTS (xx. 21-27)**

   1. Harmful effects of the intercession of the saints

      a. One who takes refuge in the intercession of saints robs Christ of the honor of mediation (xx. 21):
         The intercession of the saints arises solely from the fact that they are burdened by anxiety, just as if Christ were insufficient or too severe.

      b. Belief in the intercession of the saints leads to their veneration (xx. 22):
         There are very many who do not refrain from the horrid sacrilege of calling upon the saints now not as helpers but as determiners of their salvation.

   2. Roman proof-texts for intercession of the saints

      a. Believers' prayers are borne up to God's presence through angel's hands (cf. Heb. 1:14), but not through the saints' hands. Departed saints are not angels. From the passage of Jer. 15:1, "Though Moses and Samuel stood before me, yet my heart would not turn toward this people," the Romanists conclude that the departed saints intercede for the living. But on the contrary, that passage says that neither Moses nor Samuel interceded for the Israelites. Then, it follows directly that there was no intercession by the dead. For this reason, Paul, when he speaks of David, does not teach that he aided his posterity by prayers but only that he served his own generation (Acts 13:36) (xx. 23).

      b. Departed saints are not engaged in earthly cares, and thus have no contact with us (xx. 24).

      c. Invocation of names of the patriarchs is not relevant, but merely to remind us of God's covenant which we have inherited from them. The Israelites entreat God to remember his servants Abraham, Isaac, and Jacob (Gen. 48:16), because they know that their complete blessedness consists in the inheritance of the covenant that God had made with them (xx. 25).

    d. "For David's sake" is no support for intercession of the saints (cf. Ps. 132:10). So also is the covenant considered, rather than the man, and under a figure the sole intercession of Christ is declared (xx. 25).

    e. The saints' prayers are only examples to us that we ought to pray (James 5:17-18) (xx. 26).

3. Summary of refutation (xx. 27).

Faith grounded on the Word of God is the mother of right prayer. To direct prayer to others such as the departed saints involves manifest sacrilege.

E. KINDS OF PRAYER (xx. 28-30)

1. Private prayer (xx. 28)

    a. In asking and beseeching we pour out our desires before God, seeking both his glory and benefits for our own advantage. And in giving thanks, we praise his benefits to us and credit to his generosity every good that comes to us. Thus, there is an interconnection between petition and thanksgiving.

    b. God is the Author of all blessings, and to be praised and thanked without ceasing. All that we are, have, and do is to be committed to God, the sole source of our good and our only help.

2. Public prayer

    a. Necessity of public prayer: the public prayers of the church must also be done without ceasing. By common consent, certain hours can be agreed upon (xx. 29).

    b. Danger of public prayer: prayer with the vain talkative repetition (Matt. 6:7), which does not come forth from the depths of the heart (xx. 29)

    c. The true goal of prayer is either to praise God or to beseech his help (xx. 29).

d. The significance of church buildings:

   (1) Church buildings like the O.T. temple are analogous to divinely ordained public prayers. The prayers in the church buildings foster the unity of the faith among us (xx. 29).

   (2) But, the lawful use of church buildings excludes beliefs that God is preeminently present there, and that a special holiness is inherent there which makes prayers offered there more efficacious. For since we ourselves are God's true temples, if we would call upon God in his holy temple, we must pray within ourselves (John 4:23) (xx. 30).

e. The use of singing, and of the spoken language: To keep our mind attentive; to glorify God together with one spirit and the same faith; to mutually edify one another. The public prayers must be offered in the language of the people, which can be generally understood by the whole assembly, for the edification of the whole church. And normally, tongue and mind should join in prayer; the bodily gestures customarily observed in praying, are exercises whereby we try to rise to a greater reverence for God (xx. 31-33).

F. **THE LORD'S PRAYER (xx. 34-42)**

   1. The uses of the Lord's prayer (xx. 34)

      a. The Lord's Prayer teaches us not only a more certain way of praying but also the form itself, in which we may acknowledge God's boundless goodness and clemency.

      b. In the Lord's Prayer, God set forth as in a table all that He allows us to seek of him, all that is of benefit to us, all that we need ask.

2. Interpretation of the Lord's Prayer

   a. Invocation: "Our Father, who art in heaven."

      (1) It bespeaks God's loving fatherhood of us, and our sonship toward him in Christ (xx. 36).

      (2) It helps us to pray boldly in the Spirit (xx. 37).

      (3) This is the basis of our brotherly love (xx. 38).

      (4) His throne in heaven reminds us of his governing of the universe, thus of his care for us (xx. 40).

   b. First petition: "Hallowed be thy name" (xx. 41).

      (1) It calls upon men to honor God.

      (2) It is associated with our great shame. for God's glory was obscured partly by our ungratefulness and partly by our ill will.

   c. Second petition: "Thy Kingdom come" (xx. 42).

      (1) God reigns where men, both by denial of themselves and by contempt of the world and of earthly life, pledge themselves to his righteousness in order to aspire to a heavenly life. Thus, God by the power of his Spirit corrects all the desires of the flesh, and he shapes all our thoughts in obedience to his rule.

      (2) We are bidden here to entreat God to bring all men's minds and hearts into voluntary obedience to it.

   d. Third petition: "Thy will be done" (xx. 43)

      (1) God will be king in the world when all submit to his will, which is revealed in his Word.

(2) By this petition we are formed to self-denial, and God may create new minds and hearts in us (cf. Ps. 51:20)

 e. Fourth petition: "Give us this day our daily bread" (xx. 44).

  (1) By this petition we ask of God all things in general that our bodies have need to use. Thus, by this we give ourselves over to his care, and entrust ourselves to his providence, that he may feed, nourish, and preserve us.

  (2) The adjective "daily" emphasizes God's care for us day by day by physical as well as spiritual means, and bridles the uncontrolled desire for fleeting things. Therefore we are bidden to ask only as much as is sufficient for our need from day to day, with this assurance: that as our Heavenly Father nourishes us today, he will not fail us tomorrow.

  (3) The fact that we ask that the bread be given us signifies that it is a simple and free gift of God. For it is by his blessing alone that our labors truly prosper.

 f. Fifth petition: "Forgive us our debts..." (xx. 45).

  (1) The final two petitions sum up God's spiritual covenant for the salvation of the church: forgiveness of sins and protection against temptations by the power of the Holy Spirit.

  (2) Jesus calls sins "debts" because we owe penalty for them, and we could in no way satisfy it unless we were released by this forgiveness.

  (3) "as we forgive": This is our forgiveness: willingly to cast from the mind wrath, hatred, desire for revenge, and willingly to banish to oblivion the remembrance of injustice.

(4) By this word the Lord intended partly to comfort the weakness of our faith.

g. Sixth petition: "Lead us not into temptation" (xx. 46). This petition corresponds to the promise that the law is to be engraved upon our hearts (Prov. 3:3, II Cor. 3:3), but because of our continual warfare, here we seek to be equipped with such armor that we may be able to win the victory.

3. Conclusion (xx. 47)

a. All our prayers ought to look to the public edification of the church and the advancement of the believers' fellowship.

b. God's kingdom, power, and glory are eternal basis for our assurance and prayer.

c. "Amen" strengthens our hope and expresses the warmth of our desire to obtain what we have asked of God.

G. **PERSEVERANCE IN PRAYER (xx. 50, 51)**

1. Times and occasions of prayer (xx. 50)

a. Prayer at regular times: It is fitting each one of us should set apart certain hours for this exercise. For example, on rising in the morning, at meals, and upon retiring. And in our or other's adversity or prosperity, we must turn to God in prayer.

b. We must leave God free to decide what he is to do and when and how he is to do it. Therefore, we pray that his will be done (Matt. 6:10).

2. Patient perseverance in prayer (xx. 51)

a. If we allow ourselves to be ruled by the laws of divine providence, we shall easily learn to persevere in prayer and patiently to wait for the Lord, who will, in his own time, show he has not been deaf to our entreaty.

- b. God sometimes grants to such in wrath and fury what in mercy he denies to others to whom he is favorable.

3. Unheard prayers? (xx. 52)

    a. Our faith will make us sure of what cannot be perceived by sense. God will never forsake us, who cannot disappoint the expectation and patience of his people.

    b. Even if God grants our prayer, he does not always respond to the exact form of our request but, in a marvelous manner, he shows us our prayers have not been vain (cf. I John 5;15). Unless there be in prayer a constancy to persevere, we pray in vain.

VIII ETERNAL PREDESTINATION (xxi-xxiv)

A. LOCATION OF DOCTRINE OF PREDESTINATION

1. When we come to know God's eternal election (or predestination), we are convinced that our salvation flows from the wellspring of God's free mercy (xxi. 1).

2. Calvin's theological system:

    Book I, God ────> Providence
    (God created the universe and man, therefore he preserves and controls them with his providential care and sovereign lordship).

    Book III, Salvation ────> Predestination
    (Salvation depends upon God's election of free grace, not on our meritorious works).
    (Wenden: Predestination is the last consequence of faith, the grace of Christ).

3. Implication of God's grace:

    Where does our salvation come? Is it because God chose us freely. Our salvation comes about solely from God's mere grace.

    Where does our faith come? It is a gift of God. Faith comes from God. And so, a function of faith is to give glory to God.

4. According to the order of "Being" (the essence of God)

    (God)   Election ——> Faith ——> Believer

    "Knowing" (the two-fold knowledge)

    Election <—— Faith <—— Believer (men)

    Faith is the opening to the election. Through faith we come to know God's election. Faith is the witness to the election. Election precedes faith as to the divine order, but it is understood by faith alone.

5.
    Believers ◄— (CHRIST) —► Election

    Christ is the mirror wherein we must contemplate our own election. Election is to be understood and recognized in Christ alone. We have a sufficiently clear and firm testimony that we have been inscribed in the book of life (cf. Rev. 21:27) if we are in communion with Christ (xxiv. 5).

6. Basic presuppositions of the doctrine of predestination:

    First, God is _free_ (III, xxi. 5-6).
    Second, God is _active_, not passive, in election (III, xxii) and in reprobation as well (III, xxiii).
    Third, but man is still _responsible_ (III, xxiv).

B. DEFINITION (xxi. 5-7)

1. Election:

    a. God is the author

    b. Eternal (Eph. 1:4)

    c. Relates to individuals (cf. Rom. 9:7-8, Gal. 3:16ff)

2. Reprobation:

   a. God is the author (Mal. 1:2-3, Rom. 9:13)

   b. Eternal (cf. Rom. 9:11-13)

   c. Relates to individuals (Ps. 78:67-68)

3. Summary survey (p. 931)

C. **CAUSE AND GROUND (xxi. 6-7)**

1. Election: God's good pleasure and grace

2. Reprobation:

   a. Ultimately, God's good pleasure (cf. Rom. 9:18);

   b. Proximately, man's guilt.

D. **MEANS AND GOALS (xxiv. 10-14)**

	MEANS	GOALS
Election	Preaching of Gospel Calling Justification	Ultimate goal: God's glory Proximate goal: our justification
Reprobation	Absence of Preaching Blindness by Preaching	Ultimately, God's glory, especially as it is seen in God's justice or righteousness

E. **FIVE OBJECTIONS AND ANSWERS (xxiii)**

1. First objection: the doctrine of election makes God a tyrant.

   a. They ask: By what right the Lord becomes angry at his creatures who have not provoked him by any previous offense?

   b. Calvin answers: God's will is so much the highest rule of righteousness that whatever he wills must be considered righteous. When, therefore, one asks why God has so done, we must reply: because he has willed it (xxiii. 2). God's hidden decree is not to be searched out but obediently marveled at. Ignorance that believes is better than rash knowledge (xxiii. 5).

2. Second objection: The doctrine of election takes guilt and responsibility away from man (xxiii. 6).

   a. They ask: Why should God impute those things to men as sin, the necessity of which he has imposed by his predestination?

   b. Calvin answers: "God has made everything for himself, even the wicked for the evil day" (Prov. 16:4).

3. Third objection: the doctrine of election leads to the view that God shows partiality toward persons (xxiii. 10).

   a. They state: If you put the release of some from eternal destruction solely on the divine will, then you make God a "respecter of persons."

   b. Calvin answers: The fact that God chooses one man but rejects another arises not out of regard to the man but solely from his mercy. Free mercy is the only consideration.

4. Fourth objection: The doctrine of election destroys all zeal for an upright life (xxiii. 12)

   a. They assert: If God's predestination alone decides, then all men will throw themselves away, and in a desperate manner rush headlong wherever lust carries them.

   b. Calvin answers: Scriptures instruct us to be humbled to tremble before God's justice and esteem his mercy.

5. Fifth objection: The doctrine of election makes all admonitions meaningless (xxiii. 13).

   a. They claim: Predestination overthrows all exhortations to godly living.

   b. Calvin answers: Both the apostles and the early church fathers handle God's eternal election reverently, and hold believers under the discipline of a godly life.

IX. **THE FINAL RESURRECTION (xxv)**

    A. **IMPORTANCE OF THE RESURRECTION HOPE (xxv. 1)**

        1. Through the faith in the resurrected Christ, we are "no more strangers and sojourners, but fellow citizens of the saints and of the household of God" (Eph. 2:19) that we may lack nothing for full happiness.

        2. So long as we are confined in the prison house of the flesh, "we are away from the Lord" (II Cor. 5:6). For this reason, the faith and love of the godly have regard to hope that rests in heaven (Col. 1:4-5).

        3. When with our eyes fixed fast on Christ we wait upon heaven, the statement is truly fulfilled "that where our treasure is, our heart is" (Matt. 6:21).

        4. We can willingly renounce the allurements of present benefits and strive after a blessedness hidden from us.

        5. He alone has fully profited in the gospel who has accustomed himself to continual meditation upon the blessed resurrection.

    B. **MOTIVE FOR THE RESURRECTION HOPE (xxv. 2)**

        1. Longing for union with God kindles our hearts more and more each day to desire it.

        2. The final coming of Christ is called "our redemption" (cf. Rom. 8:23). This "redemption" sustains us until its completion.

    C. **PROTOTYPE AND BASIS FOR OUR RESURRECTION (xxv. 3)**

        1. Christ, the Author of perfect salvation, is clothed in heavenly immortality and glory so that the whole body may be conformed to the Head.

        2. Christ rose again that he might have us as companions in the life to come. And he will come on the Last Day as judge to conform our lowly, inglorious body to his glorious body (Phil. 2:20-21).

3. God's omnipotence is the foundation of the resurrection of the body. No one is truly persuaded of the coming resurrection unless he is seized with wonder, and ascribes to the power of god its due glory.

D. **SEVERAL OBJECTIONS AND REFUTATIONS (xxv. 5-8)**

1. Pagan denial of resurrection (xxv. 5)

    The sacred and inviolable custom of burial is an image of the resurrection and an earnest of new life.

2. The error of the chiliasts (xxv. 5)

    The chiliasts limited the reign of Christ to a thousand years. On the contrary, the number "one thousand" (Rev. 20:4) does not apply to the eternal blessedness of the church. And all the scriptures proclaim that there will be no end to the blessedness of the elect or the punishment of the wicked (Matt. 25:41, 46).

3. The resurrection of the soul (xxv. 6)

    Curious men have thought as if the whole man were to die, that souls would be resurrected with bodies. In other words, the souls of departed saints are not permitted to see the Beatific Vision until the resurrection. But, Scriptures say, "When our earthly house is destroyed, we have a building...in the heavens" (II Cor. 5:1); "Today you will be with me in paradise" (Luke 23:43). These passages are the clear testimonies to the immortality of our souls.

4. The resurrection with new and different bodies (xxv. 7)

    Curious men have thought that the souls will not receive the same bodies with which they are now clothed but will be furnished new and different ones. On the contrary, Paul says, "Everyone may receive back...through his body whether good or ill" (II Cor. 5:10); "For this perishable nature must put on the imperishable, and this mortal nature must put on immortality" (I Cor. 15:53). If God made new bodies, where would this change of quality appear?

E. **MANNER OF RESURRECTION (xxv. 8)**

As to substance we shall be raised again in the same flesh we now bear, but that the quality will be different (I Cor. 15:39, 41, 51-54). The substance will be changed and its condition may be far more excellent.

F. **THE RESURRECTION OF THE UNGODLY**

1. There will be a resurrection of judgment for the ungodly, and a resurrection of life for the godly. The final judgment will separate the lambs from the goats (Matt. 25:32) (xxv. 9).

2. The lot of the reprobate: the worst wretchedness is to be cut off from all fellowship with God. The faithless shall suffer the punishment of eternal destruction (xxv. 12).

G. **THE FINAL STATE OF EVERLASTING BLESSEDNESS (xxv. 10)**

1. Death will be swallowed up in victory. The eternal happiness is the goal of resurrection. the Kingdom of God will be filled with splendor, joy, happiness, and glory.

2. As God lavishes spiritual gifts upon the saints on earth, he adorns them with glory in heaven. The Scriptures also promise believers not only eternal life but a special reward for each (II Tim. 1:18, Matt. 19:29). As Christ begins the glory of his body in this world with manifold diversity of gifts, and increases it by degrees, so also he will perfect it in heaven.

BOOK FOUR

THE EXTERNAL MEANS OR AIDS

I. **THE DEFINITION OF THE CHURCH (i. 1-6)**

    1. Relationship of book three and book four: Book three deals with facts of the Holy Spirit, what the Holy Spirit does. Book four deals with the external means by which the Holy Spirit works, how the Holy Spirit does.

    2. The necessity of the church (i. 1)

        a. As explained in book three, by faith in the gospel Christ becomes ours and we are made partakers of the salvation and eternal blessedness brought by him. Since, however, in our ignorance and sloth we need external helps to beget and increase faith within us, and advance it to its goal, God has also added these aids that he may provide for our weakness.

        b. God has provided such for us through the preaching of the gospel and the administration of the sacraments, for which God instituted "pastors and teachers" (Eph. 4:11).

        c. Accordingly, our plan of instruction requires us to discuss the church, its government, orders, and power; then the sacraments, and lastly, the civil order.

    3. The church is holy and catholic (i. 2)

       The church is called "catholic" or "holy," because there could not be two or three churches unless Christ be torn asunder (cf. I Cor. 1:13). But all the elect are so united in Christ (cf. Eph. 1:22-23) that as they are dependent on one Head, they also grow together into one body, being joined and knit together (cf. Eph. 4;16) as are the limbs of a body (Rom. 12:5, I Cor. 10:17, 12:12, 27). They are made truly one since they live together in one faith, hope, and love, and in the same spirit of God. For they have been called not only into the same inheritance of eternal life but also to participate in one God and Christ (Eph. 5:30).

4. The church is "the communion of saints" (i. 3)

   The saints are gathered into the society of Christ on the principle that whatever benefits God confers upon them, they should in turn share with one another. If truly convinced that God is the common Father of all and Christ the common Head, being united in brotherly love, they cannot but share their benefits with one another.

5. The visible church is mother of believers (i. 4)

   There is no other way to enter into life unless this mother conceive us in her womb, give us birth, nourish us at her breast, and lastly, unless she keep us under her care and guidance. Our weakness does not allow us to be dismissed from her school until we have been pupils all our lives. Furthermore, away from her bosom one cannot hope for any forgiveness of sins or any salvation (cf. Is. 37:32, Joel 2:32, Ezek. 13:9). God's fatherly favor and the especial witness of spiritual life are limited to his flock, so that it is always disastrous to leave the church.

II. DOCTRINE OF THE CHURCH (i.7 - xiii)

   A. **MEMBERSHIP AND MARKS OF THE CHURCH** (i. 7-22)

      1. Membership (i. 7)

         a. Children of God by grace of adoption and true members of Christ by sanctification of the Holy Spirit.

         b. Not only the saints presently living on earth, but all the elect from the beginning of the world.

         c. The whole multitude of men spread over the earth who profess to worship one God and Christ.

         d. By baptism we are initiated into faith in him; by taking in the Lord's Supper we attest our unity in true doctrine and love; in the Word of the Lord we have agreement.

2. The marks of the Church

   a. Wherever we see the Word of God purely preached and heard, and the sacraments administered according to Christ's institution, there a church of God exists (cf. Eph. 2:20) (i. 9).

   b. The fundamentals of ecclesiology (i. 9):

      (1) The church universal is a multitude gathered from all nations.

      (2) It is divided and dispersed in separate places into individual churches, disposed in towns and villages according to human need.

   c. Some fault may creep into the administration of either doctrine or sacraments, but this ought not to estrange us from communion with the church (i. 12).

   d. Though the church of Christ is holy (Eph. 5:26), the church is at the same time a mingling of good men and bad (Matt. 13:47-58). It seems intolerable that a plague of vices rages far and wide in the church. Yet the church abides among them if the ministry of Word and sacraments remains unrepudiated there (i. 13, 14).

   e. The church is holy in the sense that it is daily advancing and is not yet perfect. Therefore, because of her impurity, we must nor forsake her to found new churches; so to speak, we must not break the unity by schism (i. 17, 18).

3. The power of the keys (i. 22)

   a. Unless we are sustained by the Lord's constant grace in forgiving our sins, we shall scarcely abide one moment in the church. By God's generosity, mediated by Christ's merit, through the sanctification of the Spirit, sins have been and are daily pardoned to all who have been engrafted into the body of the church.

       b. To impart to us this benefit of God's lasting forgiveness, the keys of the church have been given.

       c. This benefit is dispensed to us through the ministers and pastors of the church, either by the preaching of the gospel or by the administration of the sacraments: the chief power of the keys. Therefore, in the communion of saints, our sins are continually forgiven us by the ministry of the church itself when the presbyters or bishops, to whom this office has been committed, strengthen godly consciences by the gospel promises in the hope of pardon and forgiveness.

B. A COMPARISON OF THE FALSE AND TRUE CHURCH (ii)

  1. The basic distinction

       a. The ministry of the Word and sacraments is a perpetual token by which to distinguish the church (ii. 1).

       b. Wherever the ministry remains whole and uncorrupted no moral faults or diseases prevent it from bearing the name "church" (ii. 1).

       c. As soon as falsehood breaks into the citadel of religion and the sum of necessary doctrine is overturned and the use of the sacraments is destroyed, the church disappears (ii. 1).

       d. The Lord nowhere recognizes any temple as his save where his Word is heard and scrupulously observed (ii. 3).

       e. Since the church is Christ's kingdom, and he reigns by his Word alone, it is a lie to imagine that the Kingdom of Christ exists apart from his most holy Word (ii. 4).

  2. Defense against the charge of schism and heresy.

       a. The Romanists charge Calvin with schism and heresy because he preaches differently, does not obey their laws, and holds his separate religious assemblies (ii. 5).

- b. The communion of the saints is held together by two bonds, agreement in sound doctrine and brotherly love. Hence, heretics and schismatics can be distinguished as follows: heretics corrupt the sincerity of the faith with false dogmas; but schismatics break the bond of fellowship of brotherly love (ii. 5).

- c. The sole cause of our separation is that they could in no way bear the pure profession of truth (ii. 6).

- d. They have expelled us with anathemas and curses. This happened for Christ's sake (ii. 6).

- e. The Roman pontiff is Antichrist foretold by Daniel and Paul (Dan. 9:27, II Thess. 2:4) (ii. 12).

C. MINISTERS OF THE CHURCH (iii)

1. Necessity of human means

    - a. Christ appointed human means for the building up of his body (Eph. 4:10-13). Even though God could perfect his own people in a moment, he desires them to grow up into manhood solely under the education of the church. It is his will to teach us through human means (i. 5).

    - b. God alone should rule and reign in the church. Nevertheless, he does not dwell among us in visible presence, he uses the ministry of men to declare openly his will to us by mouth, just as a workman uses a tool to do his work (iii. 1).

    - c. This is the best and most useful exercise in humility, when he accustoms us to obey his Word, even though it be preached though men like us (iii. 1).

    - d. Nothing fosters mutual love more fittingly than for men to be bound together with this bond: one is appointed pastor to teach the rest, and those bidden to be pupils receive the common teaching from one mouth (iii. 1).

- e. This human ministry is the chief **sinew by** which believers are held together in one body. Through the ministers Christ dispenses and distributes his gifts to the church (iii. 2).

2. The Scriptural offices of the ministry

   a. Temporary and special offices: apostles, prophets, and evangelists (iii. 4).

   b. Permanent and ordinary offices:

      (1) Pastors: in charge of discipline, administration of the Sacraments, exhortations, and teaching of the Word of God (iii. 4).

      (2) Teachers: in charge only of Scriptural interpretation (iii. 4).

      (3) Elders: chosen from the people, in charge of the government of the church, the censure of morals, and the exercise of discipline (iii. 8).

      (4) Deacons: two kinds of deacons; one to serve the church in administering the affairs of the poor, the other in caring for the poor themselves (iii. 9).

D. **THE POWER OF THE CHURCH (xviii-xi)**

   1. Doctrinal authority

      a. The church has the spiritual power which consists either in doctrine or in jurisdiction or in making laws. The doctrinal side has two parts: authority to lay down articles of faith, and authority to explain them (viii. 1).

      b. The purpose of the power of the church: for up-building, not for destruction (II Cor. 10:8, 13:10) (viii. 1).

      c. The doctrinal authority lies in the Word of God which is to be proclaimed by the ministers of God, such as priests, prophets, apostles, and successors of apostles (viii. 2).

- d. Moses himself, the prince of **all** the prophets, could proclaim nothing at all except from the Lord (Ex. 3:4ff) (viii. 2). God does not allow anyone to teach more than he has commanded. When the prophets are bound by this reverence not to deliver anything but what they have received, then they are adorned with extraordinary power and excellent titles (viii. 3).

- e. The power of the church is not infinite but subject to the Lord's Word and enclosed within it (viii. 4). Not even the apostles were free to go beyond the Word: much less their successors. Faithful ministers are not permitted to coin any new doctrine, but they are simply to cleave to that doctrine (viii. 9).

- f. As Christ spoke not from himself but from the Spirit of the law and prophets, we speak from the Spirit of the gospel (viii. 13).

2. The Power of Making Laws

   - a. The concern here is not political order, but the worship of God and spiritual freedom (x. 1).

   - b. Necessity of church constitutions: for the safety of the church. When churches are deprived of constitutions, their very sinews disintegrate and they are wholly deformed and scattered (x. 27).

   - c. The purpose of decorum: The first point is that those in charge know the rule and law of good governing, and that the people who are governed become accustomed to obedience to God and to right discipline. The second point is, when we have the church set up in good order, we provide for its peace and quietness (x. 28).

   - d. We must not make any perpetual law for ourselves, but refer the use and purpose of observances to the upbuilding of the church, with freedom to change as circumstances demand (x. 32).

3. The Jurisdiction of the Church

   a. The basis of church jurisdiction: the discipline of morals (xi. 1).

   This power is nothing but an order framed for the preservation of the spiritual polity. This power depends upon the keys which Christ gave to the church. The power of the keys is simply the preaching of the Gospel, and with regard to men it is not so much power as ministry. For Christ has not given this power actually to men, but to his Word, of which he has made men ministers (xi. 1).

   b. The power of binding and loosing (Matt. 16:19, 18:17-18): the church binds him whom it excommunicates because it condemns his life and moral, and it looses him whom it receives into communion, for it makes him a sharer of the unity which it has in Christ Jesus (xi. 2).

   c. The judgment by believers is nothing but the proclamation of the Lord's sentence (xi. 2).

E. **THE DISCIPLINE OF THE CHURCH (xii)**

   1. Necessity and Nature of Church discipline

      a. To be kept in proper condition (xii. 1).

      b. Discipline serves as the sinew of church, through which the members of the body hold together, each in its own place (xii. 1).

   2. Stages of Church Discipline (xii. 2):

      a. To provide a place for private admonition.

      b. To be called to the tribunal of the church, that is, the assembly of the elders.

      c. To be removed from the believer's fellowship (Matt. 18:15, 17).

      d. Private sins are to be reproved privately; public sins are to be reproved publicly in the presence of all. To correct grave sins, we must use a more severe remedy.

3. The Purpose of Church Discipline (xii. 5)

   a. To preserve the honor of God.

   b. For the good of the body to be protected from evil.

   c. To repent for the recovery.

4. Moderation in Discipline (xii. 8)

   a. Do not be too quick and harsh, but be moderate based upon God's forgiveness.

   b. In excommunication the intent is to lead the sinner to repentance and to remove bad examples from the midst.

   c. When a sinner gives testimony of his repentance to the church and wipes out the offense as far as he can, he is not to be urged any further.

   d. Examples of moderate discipline in Cyprian, Chrysostom, and Augustine.

5. The Use and Purpose of Fasting

   a. The remaining part of discipline: fasting, solemn supplications, and other acts of humility, repentance, and faith - of which the time, the manner, and the form are not prescribed by God's Word, but left to the judgment of the church (xii. 14).

   b. The purpose of fasting: first, to weaken and subdue the flesh; second, to be better prepared for prayers and holy meditations; third, to be a testimony of our self-abasement before God (xii. 15).

   c. Biblical examples of fasting (xii. 16).

   d. The nature of fasting: to be tempered with frugality and sobriety; a tighter and more severe restraint in diet (xxi. 18).

6. Requirement of Clerical Celibacy

   a. The discipline of the ancient bishops: hunting, gambling, reveling, usury, commerce, or wanton dances were prohibited.

　　　　　　　　They were much stricter with themselves than with the people (xii. 22).

　　　　　b.　They are extremely rigid and inexorable in not permitting marriage to priests. This prohibition has not only deprived the church of good and fit pastors, but has also brought in a sink of iniquities (xii. 23).

　　　　　c.　The clerical celibacy came about by an impious tyranny not only against God's Word but also against all equity (I Tim. 3:2, Titus 1:6) (xii. 23).

　　　　　d.　The prohibition of marriage is a doctrine of demons (I Tim. 4:1, 3) (xii. 23).

　　　　　e.　Paul lists marriage among the virtues of the bishop, and Christ deems marriage worthy of such honor that he wills it to be an image of his sacred union with the church (Eph. 5:23-24, 32) (xii. 24).

　　　　　f.　The Levitical priests of the O.T. are not antitypes of the pastors of the church but of Christ, mediator of God and men (I Tim. 2:5). therefore, it is pointless to compare them with the priests (xii. 25).

　　　　　g.　Chrysostom's tribute: "The second sort of virginity is the chaste love of matrimony" (xii. 28).

III. **THE SACRAMENTS (xiv-xix)**

　　A.　**DEFINITION OF SACRAMENTS (xiv)**

　　　　1.　An outward sign.

　　　　　With the purpose of confirming and sealing the promise itself, by this means God provides first for our ignorance and dullness, then for our weakness. God's Word of truth is of itself firm and sure enough, but our faith is slight and feeble unless it be sustained by every means (xiv. 3).

　　　　2.　By which the Lord seals on our consciences the promises of his good will toward us (xiv. 6).

　　　　　a.　The sacraments are exercises which make us more certain of the trustworthiness of God's

Word.

    b. Augustine calls a sacrament "a visible word."

    c. "The pillars of our faith": Faith rests upon the Word of God as a foundation; but when the sacraments are added, it rests more firmly upon them as upon columns.

    d. "Mirrors": We may contemplate the riches of God's grace, which he lavishes upon us.

3. In order to sustain the weakness of our faith.

    a. The Lord offers us mercy and the pledge of his grace both in his Sacred Word and in his sacraments (xiv. 7).

    b. The Sacraments as the testimonies of God's grace sustain, nourish, confirm, and increase our faith (xiv. 7).

    c. God nourishes faith spiritually through the sacraments (xiv. 12).

4. We in turn attest our piety toward him in the presence of the Lord and of his angels and before men.

    a. The sacraments should serve our faith before God, and also, they should attest our confession before men (xiv. 13).

    b. By sacraments God wills to exercise his people, first, to foster, arouse, and confirm faith within; then, to attest piety before men (xiv. 19).

5. The Substance of all the Sacraments: Christ.

For in him they have all their firmness, and they do not promise anything apart from him (xiv. 16).

Therefore, let it be regarded as a settled principle that the sacraments have the same office as the Word of God: to offer and set forth Christ to us, and in him the treasures of heavenly grace. But they avail and profit nothing unless received in faith. And they are of no further benefit unless the Holy Spirit accompanies them. For he opens our minds and makes us receptive to this testimony (xiv. 17).

B. **BAPTISM (xv-xvi)**

  1. The meaning of baptism (xv. 1)

      a. Definition: the sign of the initiation by which we are received into the society of the church. Accordingly, it is a sign of our forgiveness, of our participation in Christ's death and resurrection and also in his blessings. It is given to serve our faith before God and to serve our confession before men.

      b. Rejection of Zwingli's view of sacrament as mere token or mark of our religion before men. The chief point of baptism lies in this promise: "He who believes and is baptized will be saved" (Mark 16:16).

  2. The virtue of baptism (xv. 2)

      a. The Pauline phrase, "cleansed with the washing of water in the Word of life" (Eph. 5:26), does not signify that our cleansing and salvation are accomplished by water, but that through the gospel a message of our cleansing and sanctification is brought to us; through such baptism the message is sealed.

      b. Baptism promises us no other purification than the sprinkling of Christ's blood, which is represented by means of water.

  3. Three benefits of baptism

      a. Token of cleansing for the whole of life (xv. 3).

      Baptism was conferred upon us not only for past time but for our whole life. Consequently, though the baptism was administered only once, it was still not destroyed by subsequent sins, because Christ's purity ever flourishes.

      b. Token of mortification and renewal in Christ (xv. 5).

>Baptism shows us our mortification in Christ, and new life in him (Rom. 6:3-5, 11; Col. 2:11-12; Titus 3:5). The free pardon of sins and the imputation of righteousness are first promised us, and then the grace of the Holy Spirit to reform us to newness of life.

    c. Token of our union with Christ (xv. 6)

>Baptism as a token: we are not only engrafted into the death and life of Christ, but so united to Christ himself. All the gifts of God proffered in baptism are found in Christ alone. We clearly discern in the Father the cause, in the Son the matter, and in the Spirit the effect, of our purgation and our regeneration.

4. John's baptism and Christian baptism (xv. 7)

    a. The different hands that administer baptism do not make it different.

    b. Not only John but the apostles baptized in Christ.

    c. John was a minister of water, but Christ the giver of the Holy Spirit.

5. Baptism and circumcision

    a. The promise given to the patriarchs in circumcision is what is given us in baptism, for it represents forgiveness of sins and mortification of flesh (xvi. 3).

    b. As Christ is the foundation of baptism, so he is the foundation of circumcision (xvi. 3).

    c. The promise is the same in both, namely, that of God's fatherly favor, of forgiveness of sins, and of eternal life. Then the thing represented is the same, namely, regeneration. The difference lies in the outward ceremony (xvi. 4).

6. Infant baptism

   a. Baptism is properly administered to infants as something owed to them. For in early times the Lord did not deign to have them circumcised without making them participants in all those things which were then signified by circumcision (cf. Gen. 17:12 (xvi. 5).

   b. The infant circumcision is a seal to certify the promise of the covenant. But if the covenant still remains firm and steadfast, it applies no less today to the children of Christians than under the O.T. it pertained to the infants of the Jews (xvi. 5).

   c. The children of Christians are considered holy (xvi. 6).

   d. Christ invited and blessed little children. Therefore, we should not exclude them from the sign, and the benefit, of baptism (cf. Matt. 19:13-15, Ex. 20:6) (xvi. 7, 8).

   e. Objections to the infant baptism (xvi. 8-20)

      First objection: infants cannot understand preaching.
      Second objection: infants are capable neither of repentance nor of faith.

      Our answers: God can give them true knowledge of himself by the illumination of the Holy Spirit apart from the medium of preaching. And infants are baptized into future repentance and faith, and the seed of both lies hidden within them by the secret working of the Spirit.

C. **THE SACRED SUPPER OF CHRIST (xvii-xviii)**

   1. Sign and Thing (xvii. 1)

      a. Signs: bread and wine

      b. Thing: Christ, the only life-giving food of our soul

   2. Necessity of the Sacred Supper (xvii. 1)

a. To fulfill the duties of a most excellent Father concerned for his offspring, he undertakes to nourish us with a spiritual food throughout the course of our life, that we may repeatedly gather strength until we shall have reached heavenly immortality.

b. Since this mystery of Christ's secret union with the devout is by nature incomprehensible, he shows its figure and image in visible signs best adapted to our small capacity.

3. The special fruit of the Sacred Supper (xvii. 2)

We have joyous assurance of our growth into one body with Christ, and hence into eternal life and deliverance from our sins. He has clothed us with his righteousness.

4. The Spiritual presence of Christ

a. In the sacrament the witness of Christ is so full it is as if we actually have Christ physically present among us: "take, eat, drink," "which is given for you," "which is shed for you." Therefore, the body and blood of Christ are represented under bread and wine so that we may learn not only that they are ours but that they have been destined as food for our spiritual life (xvii. 3).

b. Christ makes his abode in our flesh, and quickens our very flesh, that by partaking of him we may be fed unto immortality (xvii. 8).

c. By the secret power of the Holy Spirit, Christ offers and shows the reality there signified to all who sit at the spiritual banquet. The breaking of bread is a symbol. But through this breaking of bread he truly presents and shows his body. Therefore, when we have received the symbol of the body, let us surely trust that the body itself is also given to us (xvii. 10).

5. The chief function of the sacrament

a. It is not simply to extend Christ's body to us, but to seal and confirm the promise that his flesh is food and his blood is drink (xvii. 4).

b. The sacrament sends us to the cross of Christ: in living experience we grasp the efficacy of his death (xvii. 4).

c. We eat Christ's flesh in believing, because it is made ours by faith, and this eating is the result and effect of faith (xvii. 5).

d. The Lord intended, by calling himself the "bread of life" (John 6:51), to teach not only that salvation for us rests on faith in his death and resurrection, but also that, by true partaking of him, his life passes into us and is made ours - just as bread when taken as food imparts vigor to the body (xvii. 5).

6. Signification, matter, and effect of the sacrament (xvii. 11).

   a. Signification: contained in the promises

   b. Matter, or substance: Christ with his death and resurrection

   c. Power or effect that follows from both: redemption, righteousness, sanctification, and eternal life, all other of Christ's benefits.

7. No local spatial presence of Christ's body

   a. The Romanist transubstantiation: through consecration, what was previously bread is made Christ, so that thereupon Christ lies hidden under the appearance of bread. Lombard says, "Christ's body, which in itself is visible, after consecration lies hidden and covered under the form of bread." In other words, a conversion of bread into the body of Christ takes place through consecration; not that the body is properly made from the bread, but because Christ, to hide himself under the figure, annihilates its substance (xvii. 14).

   b. Lutheran idea of the physical presence in the Lord's Supper: the body of Christ is with the bread, in the bread, and under the bread. They are constrained not to allow the bread to be called the body, because it is the sign of the body. They saw that this simple proposition, "the bread is the body," was untenable. Their idea comes from the notion of ubiquity: Christ in his wholeness is present everywhere (xvii. 20).

    c.   Calvin's answer:

        (1)   Christ's body is limited by general characteristics of all human bodies, thus contained in heaven until his return in judgment (xvii. 12). Since the whole Christ is everywhere, in the Supper the whole Christ is present, but not in his wholeness. For in his flesh he is contained in heaven until he appears in judgment (xvii. 30).

        (2)   When Christ said "This is my body" (Luke 22:19), he took bread in his hands and declared it to be his body, but the bread was still shown (xvii. 20).

        (3)   The body of Christ from the time of his resurrection was finite, and is contained in heaven even to the Last Day (cf. Acts 3:21). The coming of the Spirit and the ascent of Christ are antithetical; consequently, Christ cannot dwell with us according to the flesh in the same way that he sends his Spirit (xvii. 26).

        (4)   In his Sacred Supper he bids me take, eat, and drink his body and blood under the symbols of bread and wine. I do not doubt that he himself truly presents them, and that I receive them (xvii. 32).

8.   Uses of the Lord's Supper

    a.   First use: to help man's weak mind to be raised up to heaven (xvii. 36).

    b.   Second use: to declare the Lord's death (I Cor. 11:26) before men; to exercise us in the remembrance of Christ's death (xvii. 37).

c. Third use: to inspire us both to purity and holiness of life, and to love, peace, and concord (xvii. 38).

IV. CIVIL GOVERNMENT (xx)

A. RELATIONSHIP OF CIVIL GOVERNMENT AND CHURCH (xx. 1-2)

1. Two extreme parties

    a. Man is under a two-fold government, spiritual and civil: one pertains to eternal life and the other pertains only to the establishment of civil justice and outward morality (xx. 1).

    b. Two extreme parties (xx. 1).

       (1) Insane and barbarous men furiously strive to overturn this divinely established order.

       (2) The flatterers of princes immoderately praise their power and set aside God's own rule.

       (3) Unless both these evils are checked, purity of faith will perish.

2. False ideas of freedom (xx. 1)

    a. Some Christian revolutionaries think freedom is possible only if courts, laws, magistrates, etc. be abolished. They think that they cannot benefit by their freedom so long as they see any power set up over them.

    b. It is a Jewish vanity to seek and enclose Christ's Kingdom within the elements of this world.

3. Ends of civil government (xx. 2)

    a. to cherish and protect the outward worship of God

    b. to defend sound doctrine of piety and the position of the church

    c. to adjust our life to the society of men

       d. to form our social behavior to civil righteousness

       e. to reconcile us with one another

       f. to promote general peace and tranquility

B. NECESSITY AND DIVINE SANCTION OF CIVIL GOVERNMENT

   1. The chief tasks of civil government (xx. 3);

       a. A public manifestation of religion may exist among Christians.

       b. Humanity may be maintained among men.

   2. The three parts of civil government (xx. 3):

       a. The magistrate, who is the protector and guardian of the laws.

       b. The laws, according to which he governs.

       c. The people, who are governed by the laws and obey the magistrate.

C. THE OFFICE OF MAGISTRATE

   1. Scriptural proofs (xx. 4).

       a. Scripture gives magistrates lofty titles and functions:

          (1) "gods" (God's vicegerents) (Ex. 22:8, Ps. 82:1, 6).

          (2) Their reign is God's doing (Prov. 8:14-16) by divine providence and holy ordinance.

          (3) "Ruling" is a gift of God (Rom. 12:8) to be used by Christ's servants for the upbuilding of the church.

          (4) Power is an ordinance of God (Rom. 13:2).

          (5) Princes are ministers of God (Rom. 13:3-4).

       b. Scriptural examples:

(1) Kings: David, Josiah, Hezekiah

(2) Lordships: Joseph, Daniel

(3) Civil Rulers of a free people: Moses, Joshua, Judges

2. Magistrates as God's faithful deputies

   a. The condition of the church is under the protection and care of the magistrates (xx. 5).

   b. The magistrates, vicars of God, should watch with all care to represent in themselves to men some image of divine providence, protection, goodness, benevolence, and justice (xx. 6).

   c. They are deputies of God, to whom they must hereafter render account of the administration of their charge (xx. 6).

D. **FORMS OF GOVERNMENT, AND DUTIES OF MAGISTRATES**

   1. Forms of government (xx. 8)

      a. Each of the basic forms of government has its own usefulness and arises out of particular circumstances.

      b. Three forms: kingly monarchism, noblemen's aristocracy, and people's democracy.

      c. In Calvin's opinion, aristocracy, or a system compounded of aristocracy and democracy, far excels all others, because that system affords checks and balances against human willfulness not found in absolute monarchies, so that the magistrates may help, admonish and teach one another.

   2. Concern for both tables of the law (xx. 9)

      a. First table: No government can be happily established unless piety is the first concern. It is fitting that the magistrates should labor to protect and assert the honor of God whose representatives they are, and by whose grace they govern. Scripture praises holy kings who restored the fallen or corrupted worship and decries anarchies.

- b. Second table: The magistrates are ordained protectors and vindicators of public innocence, and their sole endeavor should be to provide for the common safety and peace of all (cf. Jer. 22:3, Ps. 82:3-4, Deut. 1:16-17, 17:16-19). To carry out this duty the magistrates have two instruments: justice to vindicate the innocent, and judgment to withstand the boldness of the impious, to repress their violence, to punish their misdeeds.

3. The magistrates' exercise of force (xx. 10)

    a. Question: "How can magistrates be pious men and shedders of blood at the same time?"

    b. Answer: The magistrate in administering punishments does nothing by himself, but carries out the very judgments of God. All things are done on the authority of God who commands it. They are ministers of God to execute his wrath, avengers of wrongdoers (Rom. 13:4).

4. The right to wage war

    a. Wars undertaken to execute public vengeance against those who disrupt tranquility and perpetrate sedition are lawful (xx. 11).

    b. Princes must be armed not only to restrain the misdeeds of private individuals by judicial punishment, but also to defend by war the dominions entrusted to their safekeeping, if at any time they are under enemy attack (xx. 11).

    c. If they have to punish, let them not be carried away with headlong anger, or be seized with hatred, or burn with implacable severity (xx. 12).

5. The right to levy tributes and taxes (xx. 13).

    a. Tributes and taxes are the lawful revenues of princes, which they may chiefly use both for the public expenses of their office and for the magnificence of their household befitting their dignity.

       b.   These are almost the very blood of the people, which it would be the harshest inhumanity not to spare. Princes must therefore avoid waste and needless luxury, keeping a pure conscience before God.

E. **PUBLIC LAW AND JUDICIAL PROCEDURES (xx. 14-21)**

  1.   The perpetual rule of law:

       a.   to worship God with pure faith and piety and to embrace men with sincere affection (xx. 15).

       b.   All laws equally press toward the same goal of equity. Hence, this equity alone must be the goal and rule and limit of all laws (xx. 16).

  2.   Judicial procedures

       a.   Two extremes of men with respect to use of law courts (xx. 17):

           (1)   Those who reject recourse to law as forbidden in the New Testament: this is a wrong attitude, for the apostle Paul clearly testifies to the contrary (Rom. 13:4).

           (2)   Those of a vengeful spirit who enter lawsuits in a vindictive spirit: this is also wrong, for they fail to maintain Christian charity.

       b.   The right use of lawsuit (xx. 18):

           (1)   The defendant defends himself without bitterness to defend what is his by right.

           (2)   The plaintiff, undeservedly oppressed either in his person or in his property, puts himself in the care of the magistrate, makes his complaint, and seeks what is fair and good.

       c.   The principle of lawsuit: to treat one's adversary with the same love and good will as if the whole matter were already amicably settled (xx. 18).

F. OBEDIENCE TO THE MAGISTRATES (xx. 22-29)

1. Deference (xx. 22)

    The first duty of subjects toward their magistrates is to think most honorably of their office and to esteem and reverence them as ministers and representatives of God.

2. Obedience (xx. 23)

    The subjects should prove their obedience toward their magistrates, whether by obeying their proclamations, or by paying taxes (Rom. 13:1-3, Titus 3:1, I Pet. 2:13-14).

3. Obedience is also due the unjust magistrate

    Whoever the magistrates may be, they have their authority solely from God. They who rule unjustly and incompetently have been raised up by him to punish the wickedness of the people (cf. Job 34:30, Hos. 13:11, Isa. 3:4, 10:5, Deut. 28:29) (xx. 24). Therefore, they had to obey it and were not allowed to resist (cf. I Sam. 8:11-17, Jer. 27:5-8, 17) (xx. 26).

G. CONSTITUTIONAL DEFENDERS AGAINST THE TYRANTS

1. God's intervention (xx. 30);

    a. Open avengers

    b. Unwitting agents (eg. Moses, Othniel, Egyptians, etc.)

2. Constitutional defenders (xx. 31);

    Those who are appointed to restrain the willfulness of kings (eg. the ephors, the tribunes, the demarchs).

3. Obey God first (xx. 32);

    a. No human command is ever to be obeyed that contravenes God's will.

    b. "We must obey God rather than men" (Acts 5:29).

    GOD BE PRAISED.

CHRISTIAN LITERATURE CRUSADE

기독교문서선교회는 청교도적 복음주의신학과 신앙을 선포하는 국제적, 초교파적, 비영리 문서선교기관입니다.

기독교문서선교회는 한국교회를 위한 교육, 전도, 교화에 힘쓰고 있습니다.

만일 당신이 예수 그리스도와 그리스도인의 생활에 대하여 알기를 원하시면 지체말고 서신연락을 주십시요. 주 안에서 기쁜 마음으로 도움을 드리겠습니다.

서울 서초구 방배동 983-2
Tel. 586-8761~3

기독교 문서 선교회

저자 소개

- 전남대학교 법과대학 졸업
- 총신대학 신학연구원 졸업
- 미국 Covenant 신학교 졸업(Th. M.)
- 미국 Concordia 신학대학원 졸업(Th. D.)
- 현재 개혁신학연구원 교수
- 저서 「창세기 문답공부」, 「로마서 문답공부」, 「기독교 세계관 문답공부」, 「성경핵심입문」, 「그리스도인과 폭력」「현대신학 평가」
- 역서 「칼빈의 성경관과 주권사상」(존 머레이)외 다수

칼빈의 기독교강요 개설 CLC—388

저 자	나 용 화
초판발행	1992년 2월 29일
재판발행	1993년 9월 20일
발 행 인	朴 英 鎬
발 행 처	기독교문서선교회

주   소 / 서울시 서초구 방배동 983-2
전   화 / 586-8761~3
          FAX 523-0131
우편대체 / 012815-31-2453298
온 라 인 / 국민은행 043-01-0379-646(보통)
          조흥은행 350-4-070050(보통)

등   록   1980년 1월 18일 제 16~25호

값 13,000원 〈낙장·파본은 교환해 드립니다.〉